高等职业院校名师名家系列教材·商科类

U0646125

推销技术

主　编◎赵柳村

副主编◎赵小岚

参　编◎周　原　甘利英

TUIXIAO JISHU

北京师范大学出版集团
BEIJING NORMAL UNIVERSITY PUBLISHING GROUP
北京师范大学出版社

图书在版编目(CIP)数据

推销技术 / 赵柳村主编. —北京：北京师范大学出版社，2020.9

（高等职业院校名师名家系列教材·商科类）

ISBN 978-7-303-26298-4

Ⅰ. ①推… Ⅱ. ①赵… Ⅲ. ①推销—高等职业教育—教材

Ⅳ. ①F713.3

中国版本图书馆 CIP 数据核字（2020）第 165209 号

营 销 中 心 电 话	010-58802181　58805532
北师大出版社科技与经管分社	www.jswsbook.com
电 子 信 箱	jswsbook@163.com

出版发行：北京师范大学出版社　www.bnupg.com
　　　　　北京市西城区新街口外大街 12-3 号
　　　　　邮政编码：100088
印　　刷：天津中印联印务有限公司
经　　销：全国新华书店
开　　本：787 mm×1092 mm　1/16
印　　张：13.25
字　　数：296 千字
版　　次：2020 年 9 月第 1 版
印　　次：2020 年 9 月第 1 次印刷
定　　价：46.50 元

策划编辑：周光明　　　　　责任编辑：周光明
美术编辑：刘　超　　　　　装帧设计：刘　超
责任校对：赵非非　黄　华　责任印制：马　洁

丛书编委会名单

总主编：

杨群祥

编委会主要成员：

符莎莉	孔繁正	窦志铭	吴东泰	张　涛	杨叶飞
朱加宝	罗闻泉	陈进辉	李光见	李山赓	李　薇
何　静	陈文君	赵柳村	范娜娜	张友瑞	宋　炜
尹冬梅	朱　惠	沙鹏飞	朱幼恩	钟飞燕	黄建辉
刘存丰	张宏博	闫永博	王子飞	陈明发	徐　颖
王　舜	蔡善文	田宗碧	傅小龙	张书莲	刘忠印

总 序

职业教育是与普通教育不同类型、同等重要的两类教育之一，肩负着传承技术技能、培养多样化人才，帮助学生实现更高质量、更充分的就业创业的使命。而高等职业教育在职业教育体系中起着承上启下、示范引领的重要作用。2019 年 1 月 24 日，国务院颁发了《国务院关于印发国家职业教育改革实施方案的通知》(国发〔2019〕4 号，简称"职教 20 条")，随后各部委相继出台了一系列配套政策制度，其中深化"三教"改革是极其重要的一环。"三教"即教师、教材、教法的统称，是关于职业院校"谁来教、教什么、怎么教"的顶层设计问题。深化"三教"改革，就是要重点关注并研究解决当前高职教育教师、教材、教法中存在的问题。抓住"三教"改革，就是抓住了高职院校教学改革的"牛鼻子"。这对于进一步深化高职教育内涵建设具有重大的理论意义及重要的实践意义。其中，"职教 20 条"及其配套文件，对教材改革建设提出了一系列具体明确的要求：必须深入落实党中央、国务院关于教材建设的决策部署，积极培育和践行社会主义核心价值观，充分体现中华优秀传统文化、革命文化和社会主义先进文化，充分彰显职业教育的类型特点，弘扬劳动光荣、技能宝贵、创造伟大的时代风尚，充分发挥教材建设在提高人才培养质量中的基础性作用，努力培养德智体美劳全面发展的高素质劳动者和技术技能人才。由此可见，教材改革建设是一项极其重要的工作。

数字经济时代，产业变革、优化升级呼唤"新商科"，而"新商科"人才培养迫切需要新型教材。自 1881 年美国宾夕法尼亚大学成立沃顿商学院、开启大学商科教育，近 140 年来商科始终伴随着经济社会发展脚步不断改革和深化。当前，新一轮的科技革命和产业革命正在进行，互联网、云计算、大数据、人工智能等新型技术与模式正深刻改变人们的思维、生产、学习方式，新零售、新业态层出不穷，再加上 2020 年年初突如其来的全球疫情，不仅改变了人们的生活方式，也深刻改变了高职教育的教与学的状态。可以

说，在当前背景下急需进行一场教育范式的革命！"新商科"概念应运而生。"新商科"是对传统商科进行学科重组交叉，将新技术融入商科课程，用新理念、新模式、新方法为学生提供综合性跨学科教育。如果说传统商科是培养"商业技术人才"的，那么"新商科"则是培养"商业智能型人才"。"新商科"虽然没有"新工科、新农科、新医科"那么令人耀眼，但"新商科"对传统商科的快速变革却是实实在在的，而且是非常必要、非常有意义的：首先，"新商科"是商科教育主动适应技术创新和社会变革，创新融合新技术、多领域，形成的产教深度融合的良好商科教育生态，帮助学生学习和掌握一定的相关技术，以适应商界的转型升级；其次，"新商科"较传统商科采用西方理论和案例而言，将充分吸收中国数字经济创新实践的理论成果，采用中国案例，用中国理论解释中国现象、解决中国问题、指导中国的经济发展实践，着力构建中国特色的商学教育话语体系。这些为商科类教材改革建设提出了新要求，也指明了方向。

广东是商业实践的沃土和商科教育的发源地，在"新商科"背景下必须有新的担当、新的作为。广东得益于历史上的"海上丝绸之路起点"和千年不衰的通商港口，十三行远誉全球、商贾云集；更得益于近半个世纪来改革开放的先行先试，粤商"敢为人先、合作共赢"的商业精神，创造出许多鲜活案例，获得世界普遍认同，成为商业先行者的摇篮。与此同时，广东高等院校商科教育工作者联手厂长经理创造商科多个"第一"：20世纪八十年代初，珠江经济台每天半小时开讲"市场竞争术"；1983年率先创办全国第一个省级营销学会——广东营销学会；1984年率先牵头成立中国高等院校市场学研究会；1984年率先主办全国第一份营销类学术期刊——《营销管理》；1985年组织编著全国第一本营销专业教材《高级市场营销学》；1994年率先组织省级"十大营销人员"大赛、举办月度"营销沙龙"；2005年成立全国高职高专教育首个省级专业教学指导委员会——广东高职高专教育市场营销教学指导委员会；策划组织编写具有地方案例特色的高职高专专业统编教材——高职高专教育市场营销系列教材，并有6本获得普通高等教育国家级规划教材；2013年率先研制中高职衔接市场营销专业省级教学标准；2015年承接研制全国中高职衔接市场营销专业教学标准；2019年承接研制全国高职院校商务管理专业教学标准，完成首个省级高职教育市场营销专业建设蓝皮书发布等。40多年来广东商科教育与研究，培养了一大批"洗脚上田"的企业家、营销实战精英及商科类专家学者。今天，在"新商科"背景下，广东商科教育工作者担当作为，组织策划名师名家编写商科系列教材。本次商科类教材分市场营销专业系列、国际贸易专业系列、电子商务系列、会展专业系列等四个系列，每个系列各选定10本核心教材。

本次商科类系列教材，以"十三五"职业教育国家规划教材建设指导思想及原则为指南，以服务商科专业（群）建设为目的，以"新商科"创新发展为主线，以国内企业创新实践为支撑，以名师名家为骨干担纲编写，突出提质培优、强化特色。这具体体现在以下思考：一是坚持政治统领，国标导向。以习近平新时代中国特色社会主义思想为指导，全面贯彻党的教育方针，认真落实"课程思政"要求，对标国家规划教材，创新形式与内容，强化学生职业素养养成和专业技术积累，将专业精神、职业精神和工匠精神融入教材内容，确保优质教材进课堂。二是坚持产教融合，"双元"育人。引入商贸行业企业人员参与，"双元"合作开发教材，及时把新业态、新零售、新管理、新规范编入教材，兼顾"1+X"证书考核要求，充分反映了商科类岗位（群）职业能力的培养，确保教材实用性。三是坚持"互联网+"，拓展资源。围绕深化教学改革和"互联网+职业教育"发展需求，结合文科教材特点，依托信息技术，充分发挥图、表、例、视频等功能，配套开发和嵌入教学相关信息化资源，形成新形态一体化的教材等。

本人从2000年担任中国高等院校市场学研究会规划建设的全国高职高专教育市场营销专业首套系列教材之一的主编，到2005年策划组织编写具有广东特色的高职高专教育市场营销系列教材并任编审委员会主任委员，以及自己编写国家级精品课配套教材和专业资源库配套教材《商务谈判》《市场营销》等。这两本教材同时被确立为普通高等教育国家级规划教材，其中《商务谈判》经过了最多六次的修订，获得了中国书刊发行业协会"全行业优秀畅销书"称号。整20年教材编写经历，本人不仅见证了中国高职教育快速变革、健康发展进程，见证了教材改革建设的迭代要求，也见证了自己作为专业教师的成长旅程。本人深刻体会到，教材是高职教育教学改革的重要一环，是反映一个时期高职院校"教什么"的问题，假如教什么不清楚、不精准，教育教学活动就徒劳而无功；深刻体会到，教材编写是一项永无止境的工作，需要精心雕琢、艰苦付出，才能成为精品、上品。可喜的是，高职教育经过多年改革发展，已培养出一批优秀的专业教学名师。这次商科类系列

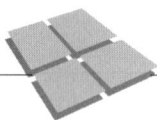

教材挑选出来的主编就是其中的一部分。他们都是在高职院校工作十年以上，拥有行业背景或海外留学、企业实践经历，具有副高以上职称的专业负责人。他们熟悉高职教育教学规律和学生身心发展特点，对本专业领域有比较深入的研究，熟悉商贸行业发展前沿知识与技术、企业用人要求，有丰富的教学、科研工作经验，以及教材编写经验和较高的文字水平，能够熟练运用中国特色的话语体系来编写教材内容。因此，我有足够理由相信，他们的担纲不仅能够胜任，而且能够推出适应"新商科"专业建设改革发展需要的精品教材，为培养更优更多的"新商科"人才做出新的贡献！

让我们共同期待！

杨群祥

于红英书苑

前　言

推销，作为一项人类活动自古有之。早在原始社会后期，产品开始有了剩余，于是部落之间就开始有了物物交换，推销也就开始萌芽。随着商品经济的不断壮大和发展，商品交换的形式与内容也变得更加丰富多样。商品经济是推销活动天然的土壤，可以说，哪里有商品交换，哪里就会有推销活动。

在今天，随着科技的进步，特别是信息技术的飞速发展，推销更像是插上了飞翔的翅膀，有了更广阔的舞台和施展十八般武艺的机会。各类电商被商家玩得风生水起，以"三微一端"为代表的社交电商更是成为了当今商场的"香饽饽"。做生意的环境在不断变化，与之相适应，推销的手段与策略也需要以变应变。尽管如此，不论形式上如何花样翻新，推销从本质上看都是一样的，那就是，通过满足对方的需要实现商品的价值让渡。通俗地说，就是要找到合适的顾客，把商品卖出去，争取做到你情我愿，皆大欢喜。本书作为高职市场营销专业的核心课教材，更应该立足于当今鲜活的推销实践，立足于高职学生的特点，突出推销员职业能力培养。

本书具有三个鲜明特色。

1. 本书基于推销工作过程，以项目为载体构建本教材内容体系，体现了职业教育特色。从推销员职业岗位需要出发，兼顾其未来职业成长，全书分三个模块：包括做好销售准备、打造销售精英、修炼销售主管。三个模块具体由七个项目构成，依次为：推销准备、接触顾客、洽谈业务、处理异议、促成交易、交易善后、销售团队管理。

2. 本书按照理论"必需、够用"、突出技能培养的原则，较好地处理了理论与实践的关系。本教材吸收了传统主流的推销理论与方法，又在总结实践经验的基础上有所突破，有所创新。在编写风格上，本书尽量避免抽象冗长的理论描述，用简洁、朴实的语言陈述，就像和老朋友亲切谈心一样，非常接地气。本书在理论陈述时会恰到好处地穿插各类案例或实例，所选案例新颖，篇幅精短。其中，相当一部分是从企业实践中总结提炼出来的原创成

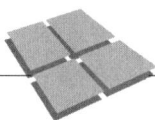

果。本书理论与实践有机融合，增强了对高职学习者的吸引力。

3. 本书体例活泼，资源丰富。本书在体例设计按照"边学、边思、边做"的理念，做了一些新的尝试。每个项目开篇先明确该项目的学习目标，包括能力目标与知识目标，紧接着以在企业营销实践中遇到的问题作为情境引导，努力把学习者带进真实的职业环境中。教材围绕部分重点、难点，穿插设计了"学而思"环节，边学习、边思考，并同步安排了二维码学习资源，包含视频、案例、微课等，拓展了学习空间，丰富了教材内容。每个项目结束时安排了"项目回顾"，总结梳理整个项目的主要内容或观点，同时配有思维导图、复习思考与训练题，便于"教学做"一体化教学的实施。

本教材在信息化、立体化方面做了一定努力。学习者扫描书中的二维码，关注公众号"渔夫生意精"即可免费获取相应资源。为方便教师教学，全书配有整套PPT课件及课后习题的参考答案。

本书从筹划、立项到完稿付梓，历时两载，尽管期间在寻求校企合作、校校合作上遇到一定困难，但经编写组全体成员努力，最终比原计划提前一年完成编写任务。

本书得以顺利与读者朋友见面，要感谢的人很多。首先要感谢广东省职业技术教育学会和广东省高职教育商业类专业教学指导委员会的大力推动和支持；特别要感谢我的家人，在工作环境和所需资源上给了我宝贵的支持；感谢广东仁源生物科技有限公司唐灵香女士的大力支持，感谢北京师范大学出版社的精心策划与鼎力支持及编辑团队的辛勤付出。

本书学习借鉴了他人的研究成果，能找到出处的在参考文献中列出或注明了资料来源，部分无法找到原始出处的，在此向原作者表示抱歉，并致以最诚挚的谢意，希望能与本书作者联系。

本书编写团队既有教学经验丰富的高职教师，也有企业营销精英。本书由罗定职业技术学院赵柳村副教授担任主编。各项目的具体分工为：项目一、二、三、四（罗定职业技术学院副教授赵柳村）、项目五（河源职业技术学院教师周原）；项目六（深圳市瑞格服饰创始人赵小岚）；项目七（广东仁源生物科技有限公司人力资源总监甘利英）

由于编者学识、水平有限，书中不妥之处，恳请读者朋友批评指正。

作　者

目 录

模块一　做好销售准备

模块二　打造销售精英

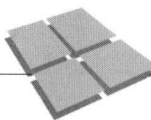

模块三　修炼销售主管

模块一　做好销售准备

项目一　推销准备

知识目标：

1. 了解推销员的工作过程，熟悉推销活动的特点，明确推销员的基本素质。
2. 知悉推销心态的内涵，掌握推销员调整心态的方法。
3. 明确各推销模式理论的主要观点及实施步骤。

能力目标：

1. 能够准确描述推销员的岗位职责，对推销员职业有正确的认知。
2. 能够确立正确的推销员心态。
3. 能够描述典型的推销模式理论的基本观点并能在推销实践中学会灵活运用。

情境描述

我的三个月

　　我在南方某省会城市一家互联网科技公司当业务员快三个月了。公司是南方最大的一家互联网广告代理公司，业务几乎覆盖所有主流的互联网广告类型，如微博广告、朋友圈广告、短视频广告等，与绝大多数实力平台包括腾讯、雅虎都有业务合作。

　　我所在部门专门负责推广朋友圈广告，主要工作就是找到合适的客户向他们介绍朋友圈广告。平时我们主要通过电话与客户沟通，有时方便的话也与客户面谈。因此，如何介绍产品才能引起客户兴趣？如何合理化解客户的疑问？如何与客户洽谈生意并促成交易？这些都是我需要重点琢磨并认真解决的课题。

　　如果约好与客户见面，我必须留点时间先化好妆，着装做到正式点，这样既是对客户的尊重，也能体现自己的专业水平，尽量为客户留下好的第一印象。接着，资料上的准备就很关键了，根据我的体会，结合客户业务特点整理出2～3个同行业的成功案例是非常必要的，正所谓"事实胜过雄辩"。我也不怕你见笑，自己往往是在见客户之前临时找案例做PPT，显得手忙脚乱，有时甚至顾此失彼，今后在这方面恰恰需要大大加强。当然，名片是一定要带足的，如果与意向比较明确的客户谈，合同书也要事先准备好。顺便说一句，如果你能写一手好字，客户见到你合同上漂亮的笔迹肯定是能加分的。

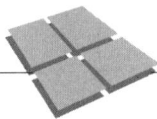

　　有人说，做业务员压力大。确实，业务员是靠业绩吃饭的，如果业务老做不好，不说公司会淘汰你，你自己也会感到不适应主动离开的。我也有因为开不了单而抓狂的时候，但是抱怨或者自暴自弃都是不可取的，我尽量不让那些负能量的东西左右我。不开心的时候，我会利用周末去跑步或者学跳舞，解压与锻炼两不误。

　　我大学是读的市场营销专业，对做生意我有浓厚的兴趣，我也愿意接受有一定挑战的工作。大四时，我在一家大型招聘网站实习，从事电话销售工作。公司对我做了一个很简短的培训后就正式上岗了，其实，理论与实践差别很大，好多东西根本不懂，需要慢慢学习、慢慢适应。

　　幸亏有大学时的那段实习经历，现在公司虽然也每个月考核业绩，我基本上能够适应，每个月的考核指标也能达标。当然，我现在的业绩与同事比，并不算突出，勉强合格，今后还要努力学习，争取成为一名优秀业务员。

　　思考与讨论

　　1. 从"我"初入营销职场的经历看，作为业务员你认为"我"有哪些优点？哪些不足？

　　2. 结合该情境，谈谈做一名合格的业务员需要做好哪些准备。

▶任务一　推销员岗位认知

【案例分析 1-1】

××药业公司的招聘启事

　　××药业公司是我国一家经销药品与医疗器械设备的专业公司，旗下有 5 家子公司，年销售额超过 10 亿元。因业务扩展，欲招聘在广东省工作的 OTC 销售代表数十人。

　　岗位职责：

　　1. 负责辖区内零售渠道产品推广和业务拓展，完成销售指标；

　　2. 对终端门店进行有效的拜访和沟通，加强店员产品知识的培训，提升终端推荐力；

　　3. 建立并维护与终端门店良好的客情关系；

　　4. 维护公司产品在终端门店的良好陈列；

　　5. 执行与跟进市场促销计划；

　　6. 熟悉并了解所辖终端门店的库存动态状况；

　　7. 负责所辖药店的店员教育活动组织、患者教育等；

　　8. 协助完成新品的上市铺货工作；

　　9. 准确、按时完成公司要求的各项工作报表；

　　10. 掌握市场动态及竞争产品的信息，及时反馈。

　　任职要求：

　　1. 专科以上学历，相关专业；

2. 有 2 年以上的 OTC 行业的从业经验；

3. 工作认真细致，积极主动，责任心强，勇于挑战，善于分析问题，有团队协作和创新精神；

4. 具有良好的沟通协调和谈判能力。

（资料来源：智联招聘 https://jobs.zhaopin.com/251980636250781.htm）

思考与讨论

1. 结合该公司招聘启事，你认为销售员主要是做哪些工作？

2. 你认为一名合格的销售员应该符合哪些条件？

推销有广义与狭义之分。

广义的推销，指任何活动主体，大到一个国家，小至某个组织或个人试图通过一定的方法和技巧说服特定对象接受某种事物或思想的行为。生活中凡是通过施展某种影响力让另一方接受某个标的物包括产品、观念、情感、建议或方案等的行为都可理解为推销。推销的过程，其实也是推销者影响力实现的过程。从这个角度看，人生就是一个推销大舞台，"人生无处不推销""人人都是推销员"。

狭义的推销，即商品推销。是指推销员以满足双方利益或需要为出发点，主动运用一定的方法与技巧，帮助和说服顾客购买某种商品或劳务的行为过程。本书是从狭义的角度来研究推销的。

认识推销，可以从了解推销工作的过程开始。

一、推销工作过程

推销工作对不同行业、不同企业来说，既具有个性，又具有共性。因行业不同推销活动会带有明显行业色彩，比如推销保健品与推销房子是有很大区别的。加上每个企业实际情况有差异，推销工作岗位的内涵与要求会各具特点，因而不同行业、不同企业的推销工作会各具个性。尽管如此，推销工作的基本过程与内容是大致相同的，一些推销技术与方法是通用的，具有推销共性的一面。一个完整的推销工作过程大致可分为 7 个步骤，如图 1-1 所示。

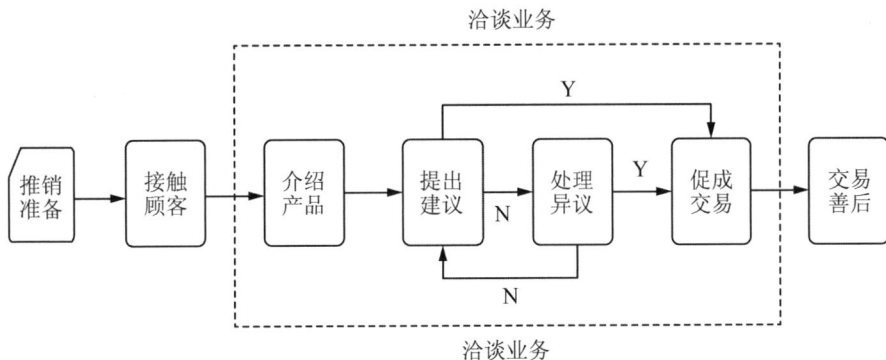

图 1-1 推销工作过程

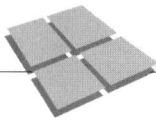

1. 推销准备

兵马未动，粮草先行。推销员在学习掌握推销有关理论与技术的基础上，主要应做好以下准备：第一，要非常熟悉自己所推销的产品，包括它的主要特征、性能与功效、对顾客带来的利益等，特别重要的是，要知道自己产品的卖点是什么，与竞争品的比较优势体现在哪些方面。第二，要充分了解顾客，推销员要善于利用各种手段调查了解顾客信息，包括顾客的需求信息和顾客个人特征方面的信息，做到知彼知己。第三，要做好物品资料与方案准备。经验表明，对陌生拜访，为了增加对顾客的信任感，一定要带上能够证明自己身份的物件，比如工作证、胸卡、名片等。出发前，根据拜访顾客的目的不同，准备好相应的资料与方案。比如，初次向陌生顾客推介产品，一般要认真准备好产品介绍资料包括图片、视频资料、宣传册、价目表、成功案例等。有经验的推销员善于整合相关资料，做成精美的汇报 PPT 方便向顾客展示介绍。如果有把握成交，当然少不了合同书。同时，还要针对顾客的实际情况认真思考推销的方式与方法，要制订推销预案，针对顾客可能存在的疑问提出合理的解决方案，对重要顾客的拜访最好能事先就推销预案进行模拟演练。第四，整理好自己的仪容和着装。做到整洁、干净、舒服，既符合礼仪规范，又显得自信大方，精神抖擞，给顾客留下良好的第一印象。

2. 接触顾客

这包括寻找顾客、约见顾客、接近顾客三个环节。具体内容详见项目二接触顾客。

3. 介绍产品

介绍产品绝不是简单地向顾客背一下产品说明书，这样做既没必要，效果也不大。推销员要学会通过细心观察、巧妙提问进一步了解顾客的需要和兴趣点，突出卖点，做到有的放矢。优秀的推销员往往善于运用操作示范吸引顾客，好的推销员还非常善于"讲故事"，巧妙发挥实例的说服作用。

4. 提出建议

在顾客对产品有所了解，并初获认可的情况下，推销员要趁热打铁向顾客提出购买方案或建议，以试探顾客。如果顾客提出不同意见，则进入下一步：处理异议。如果顾客基本答应，即可跳过第 5 步，直接进入第 6 步。

5. 处理异议

在推销过程中，顾客提出反对意见是很正常的。推销员应该先判断该异议的真假，然后再分析其背后的原因，对症下药巧妙化解。具体内容详见项目四处理异议。

6. 促成交易

当顾客有了购买意向但是又犹豫不决时，推销员就应当区别不同情况，采用保证、优惠或者寻找替换方案等各种办法化解顾客最后的疑虑，或者帮助顾客解决具体问题，努力达成交易。具体内容详见项目五促成交易。

7. 交易善后

真正的销售是从成交以后开始的。优质的售后服务、得体的客户关怀是赢得回头客和转介绍的重要法宝。只有懂得如何做好交易善后工作，才算真正理解销售。具体内容详见项目六交易善后。

学而思： 推销员的工作过程包括哪些环节？

>>> 营销实战

A与B两个老板的生意经

A与B都在深圳一个大型电子产品批发市场租了铺位做电子配件批发生意。这里平时生意繁忙，竞争也激烈。A与B两个老板铺位的位置相当，都是批发手机配件为主，但两人的经营理念相差很大，各自的生意也有巨大反差。

A老板做生意遵守这里不成文的出货原则，即所有货品现场测试，一经售出概不退换，没有所谓售后服务。A老板货物批出后生怕别人再找上门，一有纠纷就找理由为自己开脱，哪怕手机配件没有破损，也常以时间长，或达不到厂家退换货标准而拒绝客户要求。为此，不少客户愤愤不平，才买回去的货就发现有问题，转身来找就不能质保，非常生气，发誓再也不来这家进货，以致客户流失不断。

B老板做生意却并不遵守这里的潜规则，反而十分重视售后服务。他批出的货只要是外观没有破损，就跟厂家协商换货，哪怕过一两个月也可以进行售后服务，并且销售过程很热情，主动加微信，经常发些问候信息，还会更新近期配件价格，可远程下单，对于金额大的还可以走安全交易平台。有意思的是，B老板办公桌上还经常摆些零食、瓜子、山楂、糖果、口香糖、水果及饮料，客户在谈生意时像在做客，会有被尊重的感觉。如此，客户口碑相传，回头客越来越多，形成良性循环。

二、推销的特点

（一）主动性

在推销活动中起主导作用的是推销人员，从寻找潜在顾客到与顾客建立联系，从运用推销技巧唤起顾客购买兴趣，激发购买欲望到化解顾客异议，说服顾客最终促成交易实现，整体推销过程都始终体现了这种主动性。因而，可以说，推销是推销人员"主动出击"的活动。

（二）互动性

互动性也称双向性。一方面，推销员在接触客户的过程中，必须随时通过观察、倾听、提问等方式了解顾客的行为反应和态度变化，随之动态调整推销方案，甚至说话时的语速、语调也要做出相应调整。只有这样才能做到"对症下药"，否则就是对牛弹琴，收效甚微。另一方面，推销员在向顾客传递信息的同时，也要注意收集顾客的信息，了解顾客对企业产品的意见与要求，并及时反馈给企业，为企业的经营决策提供依据。

（三）互利性

互惠互利是交易的基本规则。尽管推销主体双方各自代表不同的立场，有不同的

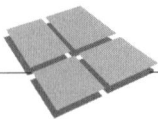

利益诉求，但推销洽谈的过程应当是各参与方相互照顾彼此关切，双方妥协、彼此让步，最终在利益上寻求各方都能接受的平衡点的过程。如果推销员只考虑自己的业绩，而忽视顾客的利益，搞强行推销，交易往往无法达成。即使在特殊情况下勉强成交，也不利于长期合作，最终"搬起石头砸自己的脚"。

(四)针对性

推销总是在特定的时间、特定的地点向特定的对象推销某一具体的商品或服务，而不可能随意地向毫不相干的人进行推销。因此，只有选择适应本次特定推销环境的推销策略和方法，才可能是有效的。可见，推销活动明显具有针对性的特点，也称特定性。

(五)灵活性

虽然推销活动是针对具体的对象进行的，但影响市场环境和推销对象需求的不确定性因素很多，环境与需求都是千变万化的。因此，推销人员必须学会以变应变，善于根据具体的环境特点，灵活运用推销原理和技巧，恰当地调整推销策略和方法。可以说，灵活机动的战略战术，是推销活动的一个重要特征。

三、推销三要素

做好推销工作，有必要准确地分析影响推销活动的主要因素。除了宏观环境因素的影响外，推销人员、推销对象、推销品是影响推销活动能否顺利进行的三个基本要素。推销人员与推销对象共同构成推销活动的主体，推销品则是推销活动的客体。

(一)推销人员

是指经过专门训练以推销为职业的人员。推销人员在推销活动中起主导作用，所以，推销员在与顾客接触时，一方面要注意自己的仪容、仪表和行为举止，讲究商务礼仪，自信、大方，保持良好的精神状态，给顾客留下良好的第一印象。另一方面推销员要加强业务学习，懂得分析顾客消费心理，学会沟通与推销洽谈技术，要不断学习新知识、新技能，学会运用新的营销工具与方法提高成交效率。

(二)推销对象

推销对象是人，而不是物，即顾客或购买者。没有推销对象就不会有推销活动，推销对象是推销人员实施推销活动的目标，是说服的对象。

推销员要学会同各种各样的顾客打交道，有性格温和的，也有脾气暴躁的；有直爽、大方的，也有斤斤计较的；有文化素质高、理解能力强的，也有反应迟钝、接收能力差的。对不同的顾客，必须因人而异，要学会用顾客容易听懂的语言、顾客喜欢接受的方式去沟通和说服。此外，推销员还要善于灵活运用 MAN 法则，精准分析和识别有效顾客，不要在无效顾客身上浪费时间和精力。

(三)推销品

推销品是推销活动的客体,也称推销客体,主要包括商品、服务、观念,三者彼此之间是紧密联系的。人们在推销商品和服务的同时,事实上,同时也在推销一种观念。研究推销品、熟悉推销品是成功推销的重要前提。所以,推销员要努力成为所推销商品的专家,包括对商品的物理属性、功能特征、使用操作方法、技术发展趋势等方面知识要尽力做到了如指掌。既要非常清楚自己所推销商品的卖点是什么,也要掌握与竞品比较的优势与不足之处,只有这样,才能够对顾客的提问对答如流,增加顾客的信心。经验表明,顾客通常更愿意与更专业的销售人员做生意。

学而思:结合推销三要素谈谈如何成功推销?

四、推销员的素质

众所周知,企业的生存和发展靠赢得客户的订单,而这绝不是一件容易的事情,它与很多因素有关,比如市场的潜力与成熟度、企业产品开发的实力、竞争激烈的程度等。但是最直接的因素还是取决于推销员的素质。俗话说,推销员要走遍千山万水,要吃尽千辛万苦,要走访千家万户。如果没有过硬的综合素质,是难以胜任的。

【案例分析1-2】

地毯钉的买卖

李经理开车看到路边一家机械配件门市部开始放慢车速,停靠稳当,下车与店小伙打招呼。

李经理:"哎,小伙子,怎么称呼你?"

小杨:"您好,叫我小杨就行。十分乐意为您效劳,请问需要我做点什么?"

李经理一边微笑着以示应答,一边走进店里张望,好像在寻找是否有自己需要的东西。他本来准备要买一些与油毡有关的工具和配备。突然,他的目光停留在散落在地上的几颗地毯钉上。

李经理:"伙计,你这里卖不卖地毯钉?"

小杨:"我卖不卖地毯钉?(小杨近乎兴奋地大叫起来)天啊!我卖的可是市场上最好的地毯钉!我马上可以证明给你看。"

李经理凭着职业的敏感,意识到这是一名成功销售人员的信号——能用一大堆事实证明做后盾。为证实自己的想法,他也很配合等着后面的事情发生……

小杨:"我卖不卖地毯钉?"

他仍旧沉浸在刚才的兴奋中,顺手抓了一把地毯钉伸过去,好让李经理看得更清楚些。

小杨:"瞧,我卖的是经过消毒、绝不生锈、小巧、斜角头的地毯钉。这和普通的扁头钉不同。"

李经理:"哦,是吗?"

小杨一边热情地介绍着他的地毯钉,一边用眼睛与李经理交流。

小杨："普通的扁头钉钉到地毯里面后，会扯住地毯的毛，因此，会显露丑陋的钉头。我的地毯钉代入地毯后，会藏到地毯的毛里面，从上面一点也看不出来。是的，先生，至少到目前为止，这是市面上最好的地毯钉！"

李经理最终买了他的产品。而且是买了一整盒他说的好东西，虽然李经理当时根本没有地毯需要钉。

李经理："小伙子，你一定卖了不少这种地毯钉吧！"

小杨："我每个月都要卖上一整吨——一年共是四百八十万枚。李总，这真是不可多得的地毯钉啊！"

（资料来源：波西·怀汀. 销售的五大金科玉律[M]. 黑立言，译. 北京：中国友谊出版公司，2001）

思考与讨论

1. 从推销员的素质看，小杨具有哪些优点？

2. 分小组讨论：作为一名合格的推销人员应该具备哪些基本素质？

一名合格的推销人员还应具备以下素质。

(一)思想素质

做事先做人，凡事德为先。推销人员首先必须用正确的思想武装头脑。

1. 具有正确的职业道德

推销人员应当遵守商品交换的基本道德准则，做到"守信、负责、公平、互利"而不能唯利是图。由于推销员单独面对顾客的业务活动较多，必须懂得"慎独"，守住法律底线，具有较强的自制力，不利用职务便利，损害顾客或公司的利益。

2. 强烈的事业心和开拓精神

强烈的事业心是成功的首要条件，它包括对工作满怀热情，富有进取心，积极的人生态度和创业敬业精神。推销工作是一件挑战性很强的工作，遇到顾客拒绝是家常便饭，这就要求推销员有"永不服输"的精神，百折不挠，开拓进取。

3. 坚定的自信心

自信就是始终对自己保持充分的信心，保持足够的勇气。信心是一种力量，只有充满了自信，才可能通过语言和行为感染客户，影响客户，最终达成交易。缺乏自信，语言上词不达意、行动上缩手缩脚，很难让客户产生信赖感。

4. 正确的推销理念

推销理念是推销人员进行推销活动的指南。正确的推销理念要求推销员在工作中要正确处理好国家、企业、顾客及自己的个人利益之间的关系，树立以客户为中心的观念，真心实意地为顾客服务，把顾客满意的程度作为检验推销活动成功的标准。

(二)能力素质

能力是完成一项目标或者任务所体现出来的综合素质，推销员的能力素质，简单说就是推销员在推销工作中表现出来的具体本领。

1. 表达能力

推销人员语言表达应做到文明、规范、清晰、准确，与顾客交流时要逻辑清晰，言简意赅，重点突出，切忌啰唆。要注意语速、语调适当，音调以明朗悦耳的低音为主。优秀的推销员说话富有感情，善于以风趣、幽默的语言，配合丰富得体的肢体语言，具有很强的感染力。

2. 观察能力

观察能力是指对客观事物认识分析并善于发现、抓住其典型特征及内在实质的能力。人的任何行为表现都与内心活动有关，顾客也不例外。推销员要善于观察顾客的眼神、表情及行为举止，哪怕是很细微的变化。只有善于收集这些信息，才有可能真正读懂顾客，为接下来的工作打好基础。

3. 判断能力

判断能力是指一个人辨别事物真伪，还原事物真相，探索事物规律的能力。优秀的推销员懂得顾客"读心术"，他能够从观察收集到的信息中进行去伪存真，通过逻辑推理化繁为简，由此及彼，善于捕捉顾客的心理变化，揣摩顾客的购买动机，发现其消费行为规律。

>>> 营销实战

"超级侦探"吉拉德

乔·吉拉德说："有经验的推销员好比一个出色的侦察兵，应该是一名超级侦探，可以一眼看穿顾客。"比如，他可以根据顾客开来的旧车的里程表数和修理店的贴纸判断其对车子的小心程度；根据汽车前座及杂物格的推销信、广告册判断其在寻找什么车，得了什么报价；根据车胎磨损情况判断其买新车的可能性；根据行李、物品判断其兴趣和爱好等。

4. 创新应变能力

创新，不一定就是搞发明创造。推销员只要不守旧，勇于革新，在工作中想到一个绝妙的主意，找到一个高效的方法都是创新。推销员工作所面临的市场环境复杂多变，随着现代科技的进步，这种变化呈明显加速趋势。很多营销新工具、新办法层出不穷，如近年出现微信、短视频、直播、网红等，推销员应当积极拥抱新事物，善于学习新知识、新技能，创新工作方法。同时，推销员经常在不同地方接触不同的顾客，随时可能遇到许多意想不到的情况。比如，在赴约的过程中遇到交通堵塞；又如，在做 PPT 汇报演示的时候，突出停电等。这都要求推销员应该具备随机应变能力。

5. 社交能力

推销工作，实质上是在跟人打交道。只有先赢得顾客的信任，才有可能成做生意。正所谓"推销，必先成功推销自己"。因此，推销员必须懂得为人处世的基本准则与方法，学会与人沟通的技巧。提高社交能力，可读一些指导交际的书籍；注意观察模仿善于交际的人的行为；要主动与人交往，不要封闭自己；懂得各种社交礼仪等。推销

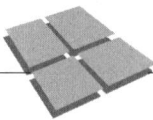

员要在社交圈受人欢迎，要善于用好两个强大的武器：一个是微笑，一个是赞美。微笑是最好的名片，赞美是零本万利的买卖。

(三)业务素质

推销是一项挑战性很大的工作，推销员自身的业务素质越过硬，推销成功的把握就越大。一个优秀的推销人员应该具备下列几方面的知识。

1. 产品知识

推销人员必须全面了解所推销商品的技术性能、结构、用途、用法、维修与保养；不同规格、型号、式样的差别；本行业中的先进水平；产品性能的发展趋势；现有用户的反应；使用中应注意或避免的问题；与竞争对手产品相比它有哪些特征及其他有关的商品知识。

2. 企业知识

推销人员应掌握本企业的历史背景、在同行业中的地位、生产能力、产品种类、技术水平、设备状况、企业发展战略、定价策略、销售政策、交货方式、付款条件、服务项目等信息。

3. 顾客知识

推销人员应对具体的推销对象了如指掌，弄清谁是产品的购买决策者，其购买动机和购买习惯如何，对交易条件、交易方式和交易时间有什么要求。如一位推销员与一个购买小组谈了多次一直未能成交，后来了解到购买设备的决策权不在那位年长一些的高级工程师手里，而在更年轻的一位副厂长手中，后来推销员积极与那位副厂长联系，终于达成了交易。

4. 市场知识

推销人员要研究市场，全面掌握市场信息，包括目标消费者的信息、市场供求信息、商品经营效果信息、同行业竞争对手的信息等。

这里提到的消费者信息不是指具体某位顾客的个性信息，而是指企业的目标消费者群体共性的信息，主要包括：消费者特征、经济状况、购物习惯，对商标、品牌、商店的偏好、对新产品的反应等。

市场供求信息主要包括：国内外市场需求的变化及发展趋势；现有市场需求量、销售量、供求平衡状况等。

商品经营效果信息指企业经营中所采用的各种营销策略的效果，如包装的改变、价格的改变、销售渠道的变化等。

同行业竞争对手的信息，如：竞争者在市场中的地位、作用及优劣势比较；对手的销售价格及竞争产品的更新状况；分销渠道及网点设置；竞争对手促销手法的变化；竞争对手目标市场及市场占有率的变化等。

5. 推销实务知识

推销是一门操作性很强的实务性工作，需要熟练掌握推销基本理论与方法，懂得如何寻找顾客、接近顾客，如何合理化解顾客异议，要学习掌握沟通与业务谈判技巧，能够做好客户维护工作，扩大自己的客户"朋友圈"。

6.社会与法律的知识

推销人员应了解市场所在地区的经济地理知识和社会风土人情，以及和推销活动有关的民族、宗教、心理等多方面的知识，学会入乡随俗。如：和日本人谈话，盯着对方眼睛被认为是失礼的；而在美国，与人谈话时不注视对方眼睛，则被认为是不礼貌的和狡猾的。推销人员还要熟悉所在国的法律，自觉遵守当地的法规，特别是与交易有关的外汇管理、知识产权保护、税收、合同管理等法律知识。

(四)身体素质

推销工作任务艰巨，压力大。推销员常出差在外，吃住无规律，劳心费力。有人说得很形象，推销员的工作就是要走遍千山万水，要吃尽千辛万苦，要走访千家万户，如果没有强壮的体魄肯定是无法胜任的。因此，推销员平常要多注意饮食，加强体能锻炼。

(五)心理素质

推销员还应该端正心态，养成健康的心理素质。关注生命，尊重生命，认识自我，接纳自我，学会自信。要虚心，对顾客有足够耐心，学会热情工作，努力积极进取。在紧张的工作中学会放松心情，始终保持阳光心态。详细内容将在任务二推销员心态准备中学习。

学而思：推销员应如何加强自我修养？

五、推销员的职责

(一)促成产品销售

推销员是用业绩说话的，因此销售产品是推销员的重要职责。按照销售漏斗理论，如图1-2所示，推销员从寻找和识别客户、发现线索、挖掘机会、确定意向客户到业务洽谈、促成交易、签单。如同一个开口向上不断紧缩的大漏斗，随着工作的推进，初始的客户资源不断地被筛选和过滤，最终能成交客户必定是其中的极少数。所以，推销员要完成好的销售业绩，关键要从三个途径上多下工夫。一是创新方法，不断寻找客户，拓宽自己的客户池；二是不断改进方法，提

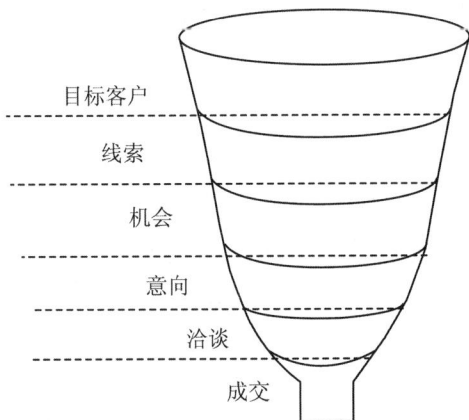

目标客户
线索
机会
意向
洽谈
成交

图1-2　销售漏斗示意图

高推销与洽谈技术，提高成交率；三是制订合理的客户访问目标，测算自己的客户成交率，确保每天足够数量的新客户电话访问量。比方说，你售卖网站设计服务，手里

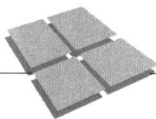

有 20 个潜在客户，经过沟通结果只 2 个人会买。这样，你的成交率就是 10%。如果你的销售目标是 1 个订单，你就需要和 10 个潜在客户沟通，如果你需要有 6 单，你就需要找 60 个。从事销售工作的时间越长，这个比率就会越精确。找到这个比率就是打开销售成功之门的金钥匙。

（二）传递收集信息

一方面是传递信息。推销员应准确、及时地向目标市场传递有关企业、产品的信息，通过向顾客展示、介绍、示范、证实，激发顾客购买欲望，促成交易。另一方面还应收集和反馈市场信息。既要了解顾客对信息的理解和接受程度，了解顾客对推销品在质量、规格、式样、材质、价格等方面的态度、意见和要求，还要了解顾客的潜在需要及消费变化趋势，掌握竞争者在产品、销售服务与促销等方面的动态。这些信息是帮助企业合理决策，改善经营管理的重要依据。

（三）维护客户关系

不少推销员只注重开发新客户，而不重视维护老客户，就像猴子抓西瓜，尽管抓了不少，但最终手里仍只有一个西瓜。有一项调查表明，企业开发一个新客户的成本是维护一个老客户的 5～6 倍。因此，聪明的推销员更懂得维护老客户的价值。

视频：推销员职责

维护老客户重点要做好三个方面的工作：（1）通过打电话、发信息、寄资料或卡片、送礼物等多种方式继续与顾客保持联系，定期与顾客接触，了解他们对产品使用情况的满意程度。（2）整理客户信息，建立客户档案，如顾客的基本情况、购买商品的情况、顾客的意见、顾客未来的需要、竞争对手的新产品等。（3）运用 ABC 分类管理法，对重点顾客进行分析和管理，用更多精力去关注更多价值的重点客户。

（四）提供销售服务

随着市场竞争的加剧，商品同质化的趋势越来越明显。因而，今后企业之间的竞争重心必然由原来单纯的商品竞争转移到更加注重销售服务上来，包括售前、售中与售后服务，其中，售后服务更是关键。

售后服务形式多种多样，一般来说，主要包括以下三项。

（1）交易后，推销员继续同客户保持联系，提供各种服务，如"三包"服务、送货上门、代办托运、软件优惠或免费升级等。

（2）检查客户需求的满足程度，完善客户服务标准。

（3）处理服务投诉，保存、整理和分析客户服务资料。

>>> 营销实战

友惠汽车保险是一家主营汽车保险代理业务的公司，公司规模不算很大，属小企业，但生意做得风生水起。该公司推出一项"汽车尊享会员"制度，凡是该公司的客户，都可以免费成为会员。会员可以免费享受多项服务，其中包括免费代办年检，免费代办交通违章处理，在约定的汽车维修店修车可以享受九折优惠。这几项优惠措施精确瞄准客户的需求，很受欢迎，特别是一些跑运输的车队老板，平时最烦心的事就是每年汽车接受年检会耽误不少时间。不少跑物流运输的小老板就是偏爱这招免费代办年检而来的。

▶任务二 推销员心态准备

【案例分析 1-3】

我的推销实习

我大学的最后一个学期是实习，当时我很荣幸地通过人才市场应聘，找到一份知名招聘网站业务员的工作。主要工作是通过电话联系顾客推广网站的"招聘广告及相关服务"。客户资源是由公司通过软件自动抓取后分配的，不需要每位业务员自己去寻找。

刚开始，感觉公司各项业务考核指标压得我喘不过气来，其中一项指标就是每天的"有效通话时间"。起初，我老在这个指标上过不了关，主要原因是电话刚打通，说不上两句话对方就挂电话了。而这样的通话时间属于"无效通话"不计入"有效通话时间"考核指标，当时很苦恼。后来，我一边向有经验的同事请教，一边上网找资料，或上网到专业社区、论坛发帖求助，经过一段时间研究琢磨，终于找到解决办法，业绩也迅速提升。

三个月后，我还成功赢得了一次我们部门的单月业务冠军。学校学习的营销理论教给了我思考的方法，当然还得结合工作实际具体运用。我们面临的市场环境每天都在变化，新的技术、新的营销平台与工具层出不穷，这都要求我们要不断学习新知识，掌握新技能。很庆幸，公司经常组织各种业务培训学习和业务能手经验分享活动，这对我适应新市场、提高业务水平帮助很大。可以说，不断学习是对一个业务员的基本要求。

思考与讨论

1. 结合"我"的实习经历，谈谈你对推销员心态的理解。

2. 你认为推销员应该确立什么样的心态？

好心态决定好出路，良好的心态是销售成功的重要前提。

正确的心态是推销员成长的催化剂，时刻催促着你前进，也时刻鞭策着你努力，心态决定命运，她凌驾于能力之上，表现于行动之中。正如狄更斯所说："一个健全的心态，比一百种智慧都更有力量。"

一、确立正确心态

学而思：什么是推销员的健康心态？

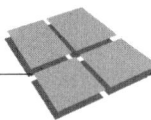

(一)积极心态

积极心态的人像心中充满了阳光,照到哪里哪里亮。积极心态的人,不是不会遇到困难与挫折,而是勇于面对,积极寻找办法去解决。毛主席曾经告诫我们,"我们的同志在困难的时候,要看到成绩,看到光明,要提高我们的勇气。"推销员工作时最容易遭到顾客误会甚至直接拒绝,所以尤其需要有这种革命的乐观主义精神,把每一次顾客的拒绝当作新的学习机会,把每次拒绝的痛苦变成了成长的快乐,始终保持一种百折不回、昂扬向上的姿态。面对困境,能辩证地看问题,找出其中的有利因素为我所用,化危为机。如果只看到消极的一面,整天抱怨、消沉,最终将被负能量所包围,失去继续前进的动力和勇气。乔·吉拉德说:"当客户拒绝我七次后,我才有点相信客户可能不会买,但是我还要再试三次,我每个客户至少试十次。"这就是世界销售冠军与一般销售人员的区别。

微课:推销员
十大心态

(二)自信心态

信心是一种力量。拥有自信的人,在面对困难的时候,不但比常人多一份果敢与乐观,而且还能把力量传递给他人,影响和感染周围的人。当年,红军之所以能够完成艰苦卓绝的长征胜利达到陕北,就是革命必胜的信念深深地融入了战士们的骨子里。

自信应成为推销员的标配。吉姆推销模式理论的核心就是自信,强调推销员要成功推销首先必须学会自信,包括对推销员自己要自信,对自己所推销的产品要自信,对自己所代表的企业要自信。

不自信的人,除了心理素质不过硬之外,还有一个原因是对自己知识与能力的不足所表现出来的一种担忧。解决之策,一是平时要注意多练习,给自己壮胆;二是要注重学习,不断提升素质,增长才干。

(三)空杯心态

所谓空杯心态,也就是清零心态,强调要虚心学习,先要把自己想象成"一个空着的杯子",而不是骄傲自满。"谦虚使人进步,骄傲使人落后",这是颠扑不破的真理。一代武学宗师、功夫巨星李小龙曾说过:"清空你的杯子,方能再行注满,空无以求全。"做人就得像稻谷一样,越成熟腰弯得越低。不管你过去多么优秀,也不能因循守旧,拒绝学习,陶醉在自己过去的功劳簿里。

推销员所处的市场环境本来就是一个复杂多变的大系统,消费者的需求在不断变化,现代科技的进步日新月异,知识更新的速度空前加快,营销的新理论、新工具、新方法层出不穷,再加上市场竞争越来越激烈,因此,推销员必须坚持学习,学会学习。同事是老师,上级是老师,客户是老师,竞争对手也是老师。学习不但是一种心态,更应该是我们的一种生活方式。3天不学习可能会落伍,30天不学习可能被淘汰。推销员更应该明白一个道理,对大脑的投资,是回报率最高的投资。你对学习的态度决定了你未来成就的高度。

(四)双赢心态

做买卖必须坚持双赢,实现互惠互利。推销员必须为顾客创造他需要的价值,让顾客感觉到花钱购买真正"值",交易才能成功,合作关系才能长久。推销员不能因为有业绩压力而违背职业道德把顾客不需要或不合适的东西推销给他。这样,即使成交,也是严重的短期行为,一旦顾客醒悟,会形成对推销员不利的口碑,导致客户资源流失,最终损害自己的利益。

有远见的生意人,懂得先成就顾客,帮助顾客成功,然后获得利益就是水到渠成的事情。马云就是这样的成功典型,早在创业初期,他同样面临资金压力,迫切需要赚钱。但他始终只坚持做好一件事,那就是只想帮助无数中小企业成功,让"天下没有难做的生意",这是一件了不起的事业,赚钱只是顺带的副业而已。

(五)感恩心态

"谁言寸草心,报得三春晖","衔环结草,以恩报德"。感恩是每个人应有的基本道德准则,是做人的起码修养。

牛津字典这样解释感恩:"乐于把得到好处的感激呈现出来且回馈他人。""感恩"之心,就是对世间所有人所有事物给予自己的帮助表示感激,铭记在心;"感恩"之心,就是我们每个人生活中不可或缺的阳光雨露,一刻也不能少。只要你常怀感恩的心,就必然会源源不断地获得诸如温暖、自信、坚定、善良等这些美好的处世品格,成为一个高尚的人。

推销员要学会感恩,感谢自己父母的养育恩,感恩老师帮你增长知识才干的教育恩,感谢公司给你提供平台和资源的知遇恩,感谢客户给你订单,感谢给你带来帮助的人,也感谢给你带来成长的对手,珍惜才会拥有,感恩才会天长地久。

(六)包容心态

作为推销员,工作中会接触到各种各样的经销商和五花八门的消费者,不同的人,有不同的爱好与需求,脾气也会有很大差异。推销员是为客户提供服务的,一切活动是为了满足客户的需求。这就要求我们学会包容,包容他人的不同喜好,包容别人的挑剔。另外,推销员一般会归属一个工作团队,你的同事也许与你也有不同的喜好,有不同的做事风格,你也应该去包容。

水至清则无鱼,海纳百川有容乃大。推销员需要锻炼同情心,需要去接纳差异,需要学会包容差异。

(七)坚持心态

"吃得苦中苦,方得人上人。"销售工作是非常辛苦的,推销员的业绩是用脚跑出来的,用嘴磨出来的。工作时要不断地去拜访客户,去协调客户,甚至跟踪消费者提供

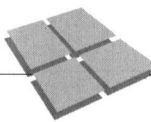

服务，或者是不断地打电话寻找销售机会，要耐心地跟顾客解释，有时甚至说得口干舌燥仍没有结果。这就要求推销员能吃苦，抗压力，面对困难与逆境不回避，不放弃，始终相信"办法总比困难多"，具有坚持不懈的韧性。有一句话说得好，今天会很残酷，明天会很残酷，后天会很美好，但大部分人会死在明天晚上。所谓"剩者为王"，能成大事者，都是能够以超强的毅力熬过痛苦的"黑暗期"坚持到最后的人。号称日本"推销之神"的原一平，就是在遭受一次次失败打击之后，凭着"不服输"三个字，一路坚持，终于成为一名伟大的推销员。

美国明星史泰龙在没有成名前，为了能够演电影，在好莱坞各个电影公司一家一家的去推荐自己，在他碰了一千五百次壁之后，终于有一家电影公司愿意用他。从此，他走上影坛，靠自己坚韧不拔的韧性，演绎了众多的硬汉形象，成为好莱坞最著名的影星之一。

(八)热情心态

热情，指人参与活动或对待别人所表现出来的热烈、积极、主动、友好的情感或态度。很难想象出，一个对推销工作没有丝毫热情的人能够将自己全身心投入到工作中去，并且创造出好的销售业绩来。热情是推销员最重要的品德之一，它是推销员事业成功的动力。推销离不开热情，热情让推销员能够充分挖掘自身潜力，激发想象力和创造力。推销员只有在工作中始终保持高度的热情，才能让顾客同样感染我们的热情。

当然，推销员对待顾客的热情，应当适度，要注意时机，如果热情过度只会引起顾客误会，欲速则不达。世界著名推销大师齐格拉有句名言："可能你会由于过分热情而失去某一笔交易，但也会因为不够热情而失去一百次交易！"

(九)平常心态

平常心态，可以理解为一个人对一件事在经过拼尽全力之后出现的结果，不管是成功还是失败，都能够理性平静地接受的心理状态。

有人把平常心态与"消极、无为、知足"画等号，其实，这是只看到某些表象而已，是片面的认识。平常心强调过程努力，在结果出现之前也要"积极、有为、争取"，这样，哪怕最终结果不是自己所期待的，也能坦然接受，不苛求完美，也不怨天尤人。

平常心本应该是一种"常态"，人人都可以具备。生活中，之所以不少人没有平常心态，是因为这些人被世俗的名利困住了，走不出自己的小天地。

推销员应该学会以平常心对人对己，特别是在成败与荣耀面前。

当顾客拒绝我们时，不要气馁，要学会换位思考。假如我是顾客，对不充分了解的商品或对还没有建立信任的推销员同样会不愿意接受的。所以，遇到顾客拒绝是很平常的事情。有时候，即使多次努力尝试，仍然无法达成交易，这种情况也不足奇怪。

推销员对自己也要有平常心态，人无完人，不要苛求自己。不是不要正视自己的缺点，而是要给自己成长的机会，让自己有一个不断学习、不断完善的过程。面对过去的成绩，不要过于留恋，应该把它当作新的里程碑，重新出发。居里夫人曾经把英国皇家学会刚刚颁发给她的一枚金质奖章给小女儿当玩具，好让她从小就明白一个道理"荣誉就像玩具，只能玩玩而已，绝不能永远守着它，否则将一事无成。"

（十）合作心态

推销员要具备合作心态具体包含两层意思：一个是使顾客变成合作伙伴，另一个是强调团队合作。

把顾客变成合作伙伴，就要求推销员在工作中要合理处理与顾客的利益关系。只有确立正确的顾客观，能够照顾到双方的正当利益，这种合作关系才能长久和巩固。

推销员还要有团队合作精神，正确处理与团队成员之间的利益关系，敢于承担属于自己的责任，学会担当。懂得分工与合作，积极配合协助团队其他成员完成团队目标。推销员应该明白，只有把自己融入到团队中，依靠团队的力量才能提升自己，成就他人的同时也成就自己，最终取得成功。

二、克服不良心态

不良的心态，会吞噬一个人的精神，消磨一个人的斗志。推销员在工作中要不断自检、自省，切实提防出现以下各种不良的心态。

（一）缺少目标，安于现状

有的推销员对自己缺乏职业规划，职业发展方向不明确，没有制定职业发展目标，甚至平常工作的目标也不清楚，满足于现状，缺乏激情。

（二）计划不周，办事拖沓

有的推销员平常工作中缺乏自我约束，也不懂时间管理，导致工作无计划，分不清工作重点与轻重缓急，工作效率低。

（三）害怕拒绝，不敢行动

有的推销员职业心理不成熟，好所谓的"面子"，遇到几次顾客拒绝就胆怯，裹足不前。

（四）守株待兔，缺乏主动

有的推销员不思进取，只想等顾客主动找上门来，不善于捕捉销售机会或者不愿意主动创造成交机会，工作被动。

（五）害怕竞争，不思进取

有的推销员不敢面对竞争，只害怕内部员工之间的业务竞争，也害怕外部同行竞争，碰到困难容易退缩。

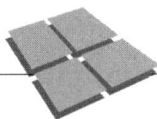

(六)经常抱怨，缺乏反思

有的推销员自己业绩不佳，喜欢抱怨，老是给自己的失败找借口，不会主动从自己身上找原因，缺少自我反省的勇气，实际上也是在拒绝接受进步。

(七)遇到挫折，缺少坚持

还有的推销员对推销工作缺乏正确认识，也缺少必要的心理准备，"三天打鱼，两天晒网"，遇到挫折心理承受力较弱，自信心容易遭受打击，甚至半途而废，主动放弃。

三、学会调整心态

学而思：推销员如何调节负面情绪？

每个人内心有一个另外的"我"，有时这个"我"甚至会成为自己强大的敌人。当工作压力大，身心疲惫之时，人们通常会出现一些负面情绪，这也正常。只是明智的人，不会老是让这种负面情绪困扰自己，而是能够找到恰当的方法去排遣，消除其负面影响，重新找回正确的轨道。法国作家雨果曾说过："思想可以使天堂变成地狱，也可以使地狱变成天堂。"推销是挑战性较强的职业，工作压力大，因此，推销员学会正确调整心态就能不断激励自己，勇往直前，否则就会被坏情绪吞噬掉。

(一)心理宣泄法

人们在受到挫折时容易出现负面情绪，化解之道不是"堵"，而是要"导"，让情绪及时得到宣泄就是为了"导"。当推销员遇到这样那样的心理创伤、挫折或失败后，若找不到合理的途径宣泄或转化，则容易导致一些心理疾病。心理宣泄的方法有多种，比如：书写，是通过写信、日记、绘画等形式发泄自己的不满；向人倾诉，是把自己的烦恼、愤怒、痛苦等向老师、朋友或亲人一一倾诉或大哭一场，以缓解心理压力；还有打假人、摔东西、撕碎纸片等。

(二)注意力转移法

即通过开展一些能够让自己放轻松的活动，把注意力从消极情绪的事情上转移开来，让自己忘掉烦恼，在内心重新找到平衡。推销员如果感到心里很苦闷，可按照自己的兴趣爱好选择适当的方式去转移注意力。比如，看一场刺激的电影，听一场音乐会，去郊外跑步，玩一把过瘾的游戏，放松心情去旅游等都是不错的主意。

(三)反向思维法

就是从事物的反面去考虑，充分发掘积极的因素，抑制消极的因素。即使出现很糟糕的事情，也要学会从积极的方面去想，尽力使心态放松，保持宁静的心境。古有"塞翁失马"，推销员有时也需要一点"阿Q精神"。正常的精神安慰对人的心理健康是十分有益的，每个人都必须学会从失落中走出来，必须学会调节心理，使它获得某种平衡。否则，我们将长期处在名利的斤斤计较中而痛苦。推销员在工作中哪怕发生了一件很不利的事情，如果放到更长的职业生涯中去看，你会发现，事情其实远没有想象中的那么严重。比如，你费了很多时间与精力开发的一个大客户有一天突然被你的竞争对手挖走了！你当时肯定很气愤，甚至抓狂，或许会难受想哭。这时候，你可以尝试从反向去思考，学会放下。既然事情已发生，我反而要感谢它，因为通过这件事我可以从竞争者身上学到一种开拓大客户的策略与技巧，或者从客户身上悟出一个客户服务的理念与方法，损失是暂时的，今后我将得到更多。学会这种反向思维法，你就会在"山重水复"的逆境中看到"柳暗花明"，重新燃起战胜困难的勇气。

(四)积极的自我暗示

即人们在出现紧张、焦虑、担心、恐惧的负面情绪时，通常是出于对未来不可预知的一种担忧，是不自信的表现，此时，不断地默念"我可以！""我可以！"，在内心不断地给自己打气、壮胆，有利于驱赶上述负面情绪，重拾信心。

(五)心理咨询法

"心病还需心药医"，心理咨询可以帮助来访者认识自己，调整情绪，从而使心理健康成长。目前，在我国许多大中城市均设有心理咨询中心，一些大医院设有心理咨询门诊，及不少大学也设有心理咨询中心或辅导中心。推销员如果遇到心理困扰，通过自我调节仍没有达到效果的话，就应及时向心理医生求助，千万不要为所谓"面子"误了最佳心理介入机会。

▶任务三 推销模式理论

【案例分析1-4】

地板砖的买卖

小魏："老板，来选砖呀？"

顾客："嗯，随便转转。"

小魏："一看您这身名牌，就知道是有钱人。您在哪里置办的豪宅呀？"

顾客："哪里哪里，你真爱说笑，我们这种穷人哪买得起豪宅，就在二环边上买了个小房子，嘉仑台二期。"

小魏："嘉仑台呀，您还说没钱，那边起价就五千多。能住那里的可都是白骨精呀！"

顾客："什么？'白骨精'？"

小魏："白领、骨干加精英呀。"

顾客："哈哈，你真会说话。什么白骨精，都是打工仔吧！"

小魏："话说回来，感觉我们还确实很有缘分的。嘉仑台有好多业主都是用我们的

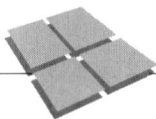

砖，一期四座楼 300 多户，我们起码做了 120 多户。"

顾客："哦，是吗？我怎么不知道我们小区有这么多人用你们的砖。"

小魏："您还不信，等一下，我去给你拿销售纪录。"

片刻之后，小魏拿着一个册子走了过来。

小魏："您看，不光是嘉仑台，就连心海假日、帝景豪庭……这些楼盘都有很多客户用我们的砖。"

顾客："好像是有不少，现在买你的砖有什么说法吗？"

小魏："嘉仑台的业主大多数都是在外资公司上班的白领，我们针对这些客户推出了两款推荐产品，购买这两款产品的话，现在能够享受特价优惠和超值服务。您来看一下，就是这两款产品。"

顾客："确实不错，特别是这款绿的，看上去清新淡雅，很有档次的样子。"

小魏："您真是有眼光，这款'清溪流泉'在嘉仑台卖得最好，我们的客户百分之八十都是选用的这款产品。像您这样的精英，一看就是单位里的骨干，工作压力肯定特别大，每天要很晚才回家。回家一开灯，地砖淡雅的色泽在灯光的映照之下，就好像是绿色的小溪在流动一样，多么提神解乏呀。您肯定知道，绿色是所有颜色当中，最能够让人放松心情的颜色了。"

顾客："花色是不错，可是标价 168 元是不是搞错了？隔壁看上去花色差不多的砖标价才 98 元而已。"

小魏："您看，这是一支油性笔，您在这片砖上随便写几个字。"

顾客按照小魏的要求在砖上写了几个字，小魏拿起一块抹布又轻轻地将字迹擦去。

小魏："为什么说我们这款砖是针对高档社区专门推出的呢？就是因为它拥有顶级的防污能力。我们这个砖从配方到选料，从研磨到烧成，全都是采用从意大利和西班牙进口的机器设备和高档原料，最后再应用纳米技术对这片砖进行防污处理。您想想，当您不小心把茶呀、油呀、墨水呀、葡萄酒呀这些东西不小心洒在地上的时候，只要用抹布一擦，就还您一个干净的地面。既不用您每个月固定请家政公司打扫，又不用在家里准备一大堆酸性、碱性的清洁剂，蹲在地上擦呀擦的搞半天，又省钱又省时间，多合算呀。"

顾客："人家隔壁店里的砖也能擦掉呀！"

小魏："我知道，不仅仅是隔壁，现在很多牌子的砖都做这种防污演示。但是请您注意，能够擦掉水性笔留下的痕迹是抛光砖基本的防污能力，我们这里用的是油性笔，油墨的附着和渗透能力远远胜过水墨，只有能够擦掉油性笔痕迹的砖才是真正防污的好砖。我把这支笔和这块抹布都借给您，省得您以为笔和抹布上作了手脚，现在您去其他的店里照我们刚才的样子做一遍，看看是不是还能擦掉。"

顾客："好，也不必去别的店里试了。就算我信你说的，你们的砖防污能力好，可是也贵不了这么多呀！这样吧，每一片我多出十块钱，108 元一片。同意，我马上订货！不行的话，我就只好去别家了。"

小魏："是这样的，老板，我们这个 148 元是含着很多服务在里面的。别的店送货是送到楼下，我们是送货上门。您知道的，请搬运工的话，一箱砖上一层楼要两块钱，您住几楼？七楼。一箱三片砖，这样的话每一块砖要摊 4 元。而且我们这款产品是送铺贴的，一片八百的砖铺贴费 8 元，技术好一点的师傅 9 元，加上水泥沙，至少 14 元，我们都是合作了很多年的老师傅，技术很好，铺贴完之后还无条件把多余的砖和水泥沙退回来。这些服务的成本就在 20 元左右，把这些扣掉我们的砖也就差不多 128 元。选我们的砖，您只要到时候等着工程验收就行了；您要是买别的品牌，还要自己去市场里买水泥和沙子，自己请师傅，还要时刻盯着怕他偷工减料铺不好，铺完以后多出来的砖和水泥沙还要自己处理，算算这个成本和时间精力，我们的产品价格并不贵哟。"

顾客沉默了，心里认可小魏说得有道理，只是价格如果砍不下来，不心甘。

……

（根据销售网资料改编）

思考与讨论

1. 分析上例中推销员在介绍地板砖时有什么亮点？
2. 举例说明推销员为了激发顾客的兴趣，刺激其购买欲望做了哪些方面的努力？

所谓推销模式，就是根据推销活动的特点及对顾客购买活动各阶段的心理演变所采取的策略，归纳出一套程序化的标准推销形式。

一、爱达模式

爱达模式是欧洲著名推销专家海因兹·姆·戈德曼于 1958 年在其专著《推销技巧——怎样赢得顾客》中提出的。"爱达"是 AIDA 的译音，分别取自 Attention（注意）、Interest（兴趣）、Desire（欲望）、Action（行动）这四个英文单词的首写字母。

爱达模式是最具代表性的推销模式之一，它被认为是国际成功的推销模式。它的主要内容可简要概括为：一个成功的推销员必须把顾客的注意力吸引或者转移到所推销的产品上，使顾客对所推销的产品产生兴趣，这样，顾客的购买欲望也就随之产生，然后再促使顾客采取购买行动。

爱达模式具体包括四个步骤：引起顾客注意（Attention）；诱发顾客兴趣（Interest）；激发顾客购买欲望（Desire）；促成顾客购买行为（Action）。

二、迪伯达模式

迪伯达推销模式也是欧洲著名推销专家海因兹·姆·戈德曼根据自身推销经验总结出来的一种行之有效的推销模式，与传统的爱达模式比较，该模式强调以需求为核心，被认为是一种创造性的推销模式。它的要诀在于：先谈顾客的问题，后谈所推销的商品，即推销人员在推销过程中必须先准确地发现顾客的需要和愿望，然后把它们与自己所推销的商品联系起来。

"迪伯达"是 DIPADA 的译音。DIPADA 则是由 Definition（发现）、Identification（结合）、Proof（证实）、Acceptance（接受）、Desire（愿望）、Action（行动）这六个英文单词的首写字母拼成的。

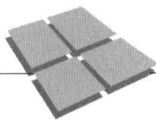

迪伯达推销模式包括六个步骤：准确发现（Definition）顾客有哪些需要与愿望；把顾客的需要与要推销的商品结合（Identification）起来；证实（Proof）所推销的商品符合顾客的需要和愿望；促使顾客接受（Acceptance）所推销的商品；刺激顾客的购买欲望（Desire）；促使顾客采取购买行动（Action）。

学而思：迪伯达推销模式适合什么情况下使用？

【案例分析 1-5】

免费检测促成交易

一位专业提供室内污染防治业务的推销员找到一位新房的业主陈先生试图做成买卖。推销员介绍来意后，陈先生一口拒绝："真是杞人忧天，花这么一笔冤枉钱，你认为我傻？"推销员遭到拒绝并不生气，反而提出可以免费帮陈先生的新房做一个全面检测，并承诺做不做生意没关系。

仪器检测结果很快出来了，多项指标显著超标。接着，推销员趁热打铁讲了一个陈先生的同事刘老师的故事："刘老师用大半辈子的积蓄好不容易买了一套 110 平方米的商品房，装修完毕后，刘老师感到室内气味很大，听其他人介绍，在室内放几盆水、在新做的衣柜里放些茶叶、柚子皮可以除味。刘老师都照做了，过了两周后，刘老师一家高高兴兴搬了新家。可不曾想到，到新家半个月不到，刘老师和她 9 岁的女儿出现全身发痒，咽喉干涩，头昏等症状。医院诊断，为甲醛中毒。治愈后，刘老师经朋友介绍找到我们公司，经检测有 3 项指标严重超标，2 项指标超过 40% 以上。最终，刘老师欣然接受我公司的解决方案。采用当今世上有效的空气净化手段即 JMRS 工法，通过添加负离子的光触媒产品在净化的空气中释放负离子，即在洁净的空气中增加了优化空气质量的功能，从而彻底治理室内危害健康的污染物。刘老师对我们的服务非常满意，过了一年多了，上周元旦节刘老师还特意打电话对为她服务的公司员工表示感谢呢。"

推销员见陈先生很有兴趣地听着，稍停顿片刻，说道："我有刘老师的电话，你可以与她沟通一下。""不必了，相信你"陈先生见推销员说话很诚恳，表示愿意接受他公司的服务。

（资料来源：赵柳村. 推销与谈判实务［M］. 2 版. 广州：暨南大学出版社，2014）

思考与讨论

1. 案例中推销员为了消除顾客的疑虑，推销员是如何向顾客"证实"的？

2. 推销过程当中顾客说"我不需要"时，推销员应该怎么做？

三、埃德帕模式

"埃德帕"是 IDEPA 的译音。IDEPA 是由五个英文单词 Identification（结合）、Demonstration（示范）、Elimination（淘汰）、Proof（证实）、Acceptance（接受）的首写字母组成的。这五个单词概括了埃德帕模式的五个阶段：即把推销品与顾客的愿望结合（Identification）起来；向顾客示范（Demonstration）推销品；淘汰（Elimination）不合适的产品；证实（Proof）顾客的选择是正确的；促使顾客接受（Acceptance）推销品。

四、费比模式

费比模式是由台湾中兴大学商学院院长郭昆漠教授总结出来的。"费比"是 FABE 的译音，它是由特征（Feature）、优点（Advantage）、利益（Benefit）、证据（Evidence）这 4 个英文单词的首写字母拼成的。费比模式的推销步骤如下。

1. 详细介绍推销品的特征

推销人员首先要针对顾客的关注点有重点地向顾客介绍推销品，包括它的材质、结构、功能、外观、操作的简便性、使用的耐久性、维护的方便性等。介绍时为了增强效果，可以用对比法，既可与自己以前的老产品对比，也可与市场上同类产品对比。加深顾客对推销品的认识，引起购买兴趣。

2. 充分展示推销品的优点

推销人员在详细介绍推销品特征的基础上，应进一步挖掘出推销品的特殊作用、特殊功能以及与相关产品的差别优势，并用精确、形象、简练的语言和熟练的示范表演介绍给顾客，以激发顾客的购买兴趣。

3. 尽数推销品给顾客带来的利益

把推销品的特征和优点逐一转化为购买利益，并投其所好，用顾客喜欢的方式把它们展示出来，是打动顾客购买的有效途径。因为，推销员说得再好，如果没有让顾客感觉到购买带来的好处，顾客是不会轻易掏钱的。

4. 用有力的证据说服顾客购买

推销人员经过前面几步的努力，已能看到成交的希望。最后，再用真实的数字、实物、实例等证据进一步证实物有所值，同时也证明推销人员的真诚人品，解除顾客的各种疑虑，那么，顾客购买就是水到渠成的事了。

值得探讨的是，费比模式在实际应用时，并非一定要刻板地按上述四个步骤严格执行。事实上，有经验表明，如果调整一下原有次序，即按"利益—证据—特征—优点"的思路进行推销效果更佳。首先强调你的产品能给对方带来哪些利益，然后用证据来说服对方，等对方有了兴趣，再介绍自己产品的特征和优点。

五、吉姆模式

"吉姆"（GEM）是英文单词产品（Goods）、企业（Enterprise）、推销员（Man）的第一个字母 GEM 的译音，也称推销三角理论。所谓吉姆模式，它强调的是：作为一名推销员，必须具有说服顾客的能力，推销员的推销活动应建立在相信自己所推销的产品、相信自己所代表的公司、相信自己的基础上。可见，吉姆模式的核心是自信，包括对推销员自信、对自己所代表的公司自信、对推销员自己自信。

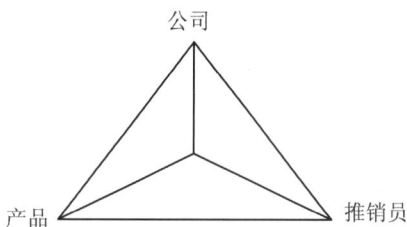

图 1-3   吉姆模式示意图

（资料来源：赵柳村. 推销与谈判实务［M］. 2 版. 广州：暨南大学出版社，2014）

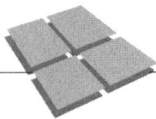

▶任务四　编制销售计划

目标对人生有巨大的导向性作用。一个人没有目标，就好像大海中没有目的港航行的轮船，失去了前进的方向，四处飘荡，仅仅是在消耗资源而已。哈佛大学曾做过一项十分著名的关于目标对人生影响的调查，经过长达 25 年的跟踪调查发现，当年那些占 3％的有清晰且长期的目标的人，在长达 25 年的时间里，初心不改，始终朝着自己设定的目标努力，后来，他们几乎都成了社会各界的顶尖成功人士，他们中不乏白手创业者、行业精英、社会精英。而那些约占 27％的，是那些 25 年来没有目标的人群，他们几乎都生活在社会的最底层，生活都过得很不如意，常常失业，靠社会救济，常常怨天尤人。

制订合理的目标能够帮助销售员确立使命感，促进其业务成长，也是销售员加强自我管理的重要手段。而目标的实现，又有赖于制订周密的计划和果断、高效的执行力。

学而思：推销员如何制定合理有效的工作目标？

一、确立工作目标

销售员确立工作目标应该遵行 SMART 原则。所谓的 SMART 原则是由五个英文字母构成：Specific（具体的）、Measurable（可衡量的）、Attainable（可实现的）、Relevant（相关的）、Time-based（有时限的）。

(一)目标必须是明确、具体的(Specific)

目标必须是明确、具体的(Specific)，即制定目标要求用具体的语言清楚地说明要达成的行为标准，而不能是含糊其辞。要清楚地描述部门或个人需要做哪些事情，要求完成到什么程度。例如，"每天多打陌生电话，提高客户成交率"这样的目标就是不明确，不具体，到底每天打多少通电话才算"多"，成交率多少才算"提高"？这个目标是无法达成的，因而，是无效目标。

(二)目标必须是可以衡量的(Measurable)

只有能够用数字量化的目标，才能便于衡量与考核目标的达成度。如果目标没有办法衡量，就无法判断这个目标是否实现，目标也就失去存在的价值。如上例的目标改为"每天的陌生客户电话访问量不低于 20 个，月平均成交签单在去年的基础上提高15％以上"，这样用数字指标来描述的目标就变得非常明确，具有可操作性。

(三)目标必须是可以达到的(Attainable)

制定目标必须要考虑到能提供支持的资源包括人、财、物、信息、政策等多方面的条件和个人的素质与能力水平。企业制定各部门或个人销售目标时，要做到全员参与，上下左右充分沟通，得到员工的认可。制定的目标既有一定的挑战性，又必须切实可行，达到"跳起来摘桃子"的效果。不切实际的目标，如"水中捞月"，好看不中用。

(四)目标必须和其他目标具有相关性(Relevant)

目标的相关性是指实现此目标与其他目标的关联情况。如果实现了这个目标，但对其他的目标完全不相关，或者相关度很低，那这个目标即使被达到了，意义也不是很大。企业制定目标要注意处理好公司总体目标与部门目标、个人目标之间的关系，长期目标、中期目标与短期目标的关系，做到环环相扣，层层推进。还要特别注意制定目标应该与部门或岗位工作职责相关联，不能互相冲突。

(五)目标必须具有明确的截止期限(Time-based)

制定目标必须要有时间限制。因为，一个目标只有在一定的时间内达成才有意义。没有时间限制的目标没有办法考核，或带来考核的不公。比如，如果有人给自己制定这样一个目标"年销售额完成50万元，业绩排名进入公司前五位"，这个目标就没有明确的时间限定，是当月还是当年"业绩进入公司前五位"？如果多少年以后达到"前五位"算不算达成目标？显然，这样的目标缺乏时间上的刚性标准，容易给自己找借口，对实际执行不利。

二、制订工作计划

工作目标是对未来的一种期待和愿景，往往是一个总体性的工作规划和蓝图。工作目标能否实现，还需要制订相应的具体计划。一份工作计划从内容上看，一般具备五个要素：时间(When)、地点(Where)、任务描述(what)、责任人(Who)、质量要求或达成效果(How)等；从时间上看，工作计划可分阶段性计划，如长期计划、中期计划和短期计划，有年计划、月计划、周计划、日计划等。实际工作中，销售员个人销售计划常采用矩阵表的形式，简洁直观。可以编制时间—产品表(见表1-1)、时间—渠道表、时间—地区表、产品—地区表(见表1-2)，等等。

表1-1　2019年销售员甲月销售计划表　　　　　　　　　　　　单位：元

产品	1			2				……		12			合计
	计划	实际	完成率	计划	实际	完成率		……		计划	实际	完成率	
A													
B													
C													
……													
小计													

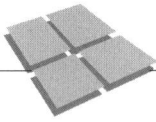

表 1-2 2019 年销售员丙年度销售计划表 单位：万元

产品	A 渠道	B 渠道	C 渠道	D 渠道	……
A 产品					
B 产品					
C 产品					
D 产品					
合计					合计

由总计划分解到月计划或周计划时，需要充分考虑市场与商品的特点，再结合历史经验数据和个人的情况具体确定。如某啤酒销售员当年的销售目标是完成销售额 90 万元，毛利 15 万元。其中有畅销但毛利较低 A 品牌和知名度不高但毛利率较高的新品牌 B。在制订各月计划时，当然不能简单地按总任务量除以 12 得出各月计划指标。而是既要考虑啤酒销售有明显淡旺季之分，还要兼顾两种啤酒在销量与毛利之间平衡，找到合适的销售组合。

制订客户拜访计划是销售员工作计划的重要内容，拟订合适的拜访计划能加强推销工作的针对性，起到事半功倍的效果。销售员的客户拜访计划一般应包括五个方面的内容。

学而思：推销员如何制订切实可行的客户拜访计划？

(一)确定拜访顾客名单(Who)

确定计划拜访的顾客对象应主要考虑两大因素，即销售员近期工作重点及顾客购买意向。例如，有时候工作重点可能是开发新客户，有时候可能是开发重点客户或大客户。从购买意向因素考虑，一般情况下，要优先安排拜访购买意向比较明确的客户，对一般性产品介绍可以先在电话中初步沟通，以节省成本。当然，也要具体情况具体分析，不同客户区别对待，比如，对某些大客户可能需很多次拜访才有可能产生购买意向，电话沟通也许效果不理想。

(二)确定拜访路线(How)

销售员要依据确定走访的顾客名单合理设计拜访顾客的路线，根据顾客的重要程度合理分配访问的时间，再结合交通的便利性统筹安排，努力提高工作效率。

具体有三种路线规划模式。

(1)直线模式。如图 1-4 所示，一般应对每一条销售路线所规划里程进行限制，比如 50 千米以内，具体要根据公司营销战略和市场变化确定。

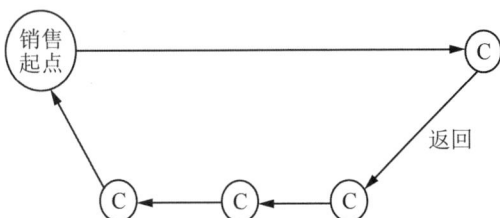

图 1-4 客户拜访路线直接模式

（2）苜蓿叶模式。如图 1-5 所示，C 为客户；Base 为销售人员的办公地点，每条叶形线路上的客户一般安排在一天内拜访完毕。

（3）主要城区模式。如图 1-6 所示，1 为中心商业区，2～5 为其他商业区。

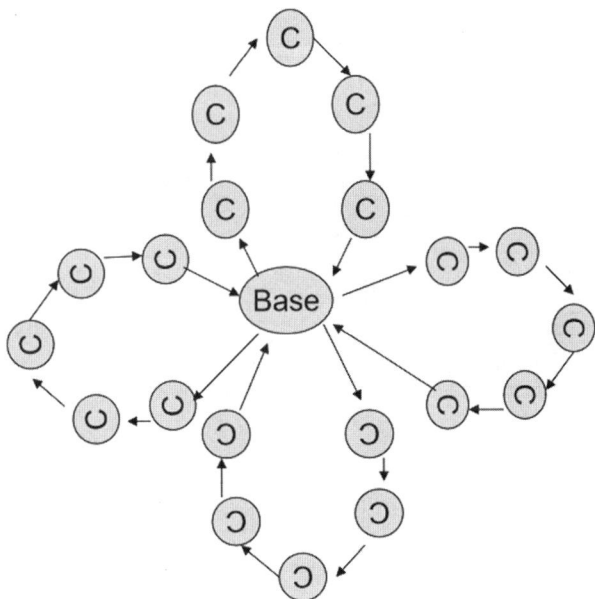

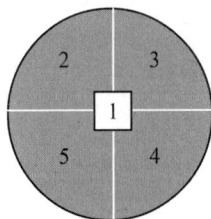

图 1-5 客户拜访路线苜蓿叶模式   **图 1-6 客户拜访路线主要城区模式**

(三)安排拜访时间和地点(When & Where)

确定拜访顾客的访问时间与地点。一般来说，访问时间能够预约成功，也就相当于推销成功了一半。拜访顾客的访问时间与地点安排，要优先考虑顾客的爱好，以顾客方便与乐于接受为原则，而访问地点与环境应具有不易受外界干扰的特点。

(四)拟定现场行动纲领(Why & How)

拟定现场行动纲领（Why & How），即根据拜访目的不同，针对顾客与产品的特点，结合竞争的情况为某次顾客拜访制定一套策略与具体方案。包括如何设计开场白，顾客可能会提出哪些不同意见，如何合理解答，哪些问题必须争取，哪些问题可以让

步及如何实施让步等，通常还要设计另外一套应急方案，以备不时之需。

(五)准备推销工具(What)

在推销时除了要带上自己精心准备好的产品介绍材料和各种有助于取信顾客的资料如样品、照片、鉴定书、录像带、典型案例等，还要带上介绍自我的材料如介绍信、工作证、法人委托书、项目委托证明等，带上能证明企业合法性的证件或其复印件也是非常必要的。如果有合适的纪念品当然也不要忘记带。最后当然还应放上一些达成交易所需材料，如订单、合同文本、预收定金凭证等。

>>> 项目要点回顾

本项目从推销工作过程、推销活动的特点、推销的三个基本要素、推销人员的素质及职责等方面帮助学习者多角度加深对推销员岗位的认知；探讨了推销员应确立的10个职业心态；简要介绍了几个典型的推销模式理论；最后，对推销员如何制定工作目标，如何制定客户拜访计划提供了具体的方法指导。

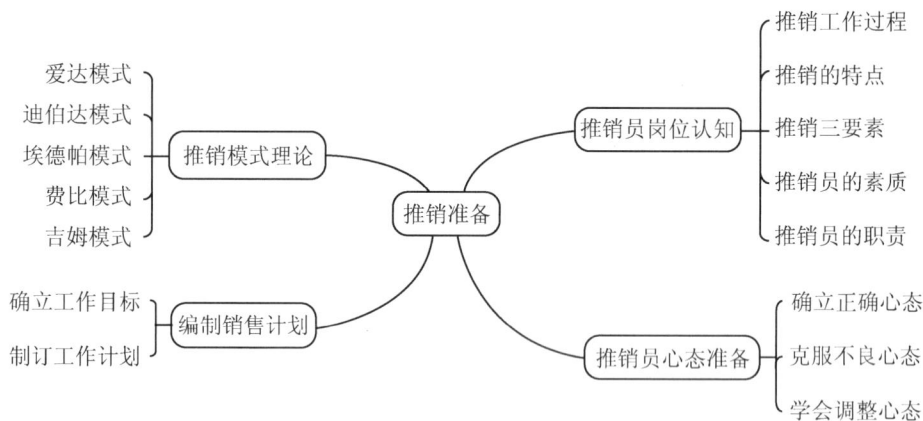

>>> 复习思考与训练

一、判断题

1. 商品推销是指推销员以自己的利益出发，主动运用一定的方法与技巧，帮助和说服顾客购买某种商品或劳务的行为过程。　　　　　　　　　　　　　　(　　)

2. 交易善后，主要是指在交易完成后与顾客个人处理好关系。　　　　(　　)

3. 推销是一项互动性很强的工作，推销员工作时不能只顾自己说，更要认真倾听顾客的意见，注意观察顾客的反应。　　　　　　　　　　　　　　　(　　)

4. 推销员是推销活动的主体，顾客是推销活动的客体。　　　　　　　(　　)

5. 推销员的职责就是推销商品，完成业绩任务。　　　　　　　　　　(　　)

二、单项选择题

1. 业务员小江向牛先生推销节能台灯，以下描述不正确的是(　　)。

A. 小江是推销员　　　　　　　　B. 牛先生是推销对象

C. 节能台灯是推销对象　　　　　D. 节能台灯是推销品

2. 以下工作不属于推销员职责范围（　　）。

A. 收集市场信息　　　　　　　　B. 办理银行贷款

C. 销售商品　　　　　　　　　　D. 结算货款

3. 爱达推销模式的关键词是（　　）。

A. 注意—兴趣—证实—行动　　　B. 发现—注意—兴趣—行动

C. 注意—兴趣—欲望—行动　　　D. 兴趣—结合—欲望—行动

4. 费比推销模式的关键词是（　　）。

A. 特征—优点—淘汰—证据　　　B. 优点—利益—结合—证据

C. 特征—优点—利益—证据　　　D. 特征—优点—利益—行动

5. 吉姆推销模式的核心思想就是强调（　　）。

A. 自信　　　　B. 乐观　　　　C. 坚持　　　　D. 双赢

三、多项选择题

1. 以下属于推销准备工作的内容（　　）。

A. 熟悉自己所推销的产品　　　　B. 研究了解顾客

C. 整理好自己的仪容着装　　　　D. 做好物品资料与方案准备

2. 接触顾客包括以下三个环节（　　）。

A. 寻找顾客　　B. 登记顾客　　C. 约见顾客　　D. 接近顾客

3. 正确的心态是推销员健康成长的前提。推销员正确的心态包括（　　）。

A. 积极心态　　　　　　　　　　B. 空杯心态

C. 感恩心态　　　　　　　　　　D. 双赢心态

4. 推销员调整不良心态的方法有（　　）。

A. 注意力转移法　　　　　　　　B. 心理宣泄法

C. 心理咨询法　　　　　　　　　D. 反向思维法

5. 以下关于工作目标的描述正确的是（　　）。

A. 目标必须考虑预算的限制　　　B. 目标必须是可以衡量的

C. 目标必须是可以达到的　　　　D. 目标必须是明确、具体的

四、实务操作题

1. 用 Smart 原则分析以下工作目标的描述是否符合要求，如不符合，指出不足并修改正确。

（1）某软件电话销售员工作目标：下周要多打一些陌生客户的电话，争取开拓一些新的客户。

（2）某广告代理销售员工作目标：下个月完成 5 个订单，综合毛利率达到 15%。

（3）某家装设计销售员工作目标：6 月开拓新渠道 1 个以上，销售额提高 10%；每周自学英语，争取通过英语六级考试。

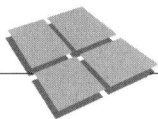

2. 以下是业务员张勇制订的年度销售目标。请结合本任务所学知识，分析其销售目标是否恰当，如有不当，请提出修改建议。

2020 年销售规划

销售额的来源	期望实现的目标	目标客户	实现的方法
开发新客户	300 万元	代理商 20 家、制造商 10 家、去年在谈的客户 10 家	代理商展示会 3 次、开发大客户、跟踪，促成交易
老客户的再次合作	100 万元	升级成网络版 20 家、购买许可证 4 家	紧密跟踪
增加交易金额	50 万元	劝说购买 X-4 型软件	加强对 X-4 型的介绍和展示

3. 演讲：推销大家谈。

(1)实训项目：5 分钟演讲。

(2)实训目的：加深对推销的认识，提升上台演讲技能。

(3)活动策划：各人自选与推销有关的题目作为演讲主题，选题不要太大，以小题切入为宜，例如："谈推销员的空杯心态""我对推销活动互动性的认识"，等等。准备 15 分钟，以小组为单位每人轮回演讲，然后推举优胜者作为小组代表参加全班汇报演讲。教师点评，并把演讲者表现作为平时成绩考核依据之一。

(4)实训学时：2 学时。

(5)活动结束，小组讨论总结，每人撰写实训总结报告。(《实训报告》格式参考本书附录一)

模块二　打造销售精英

项目二　接触顾客

知识目标：

1. 熟悉寻找顾客的方法，掌握 MAN 法则。
2. 认识约见顾客的意义，掌握约见顾客的方法。
3. 掌握接近顾客的方法。

能力目标：

1. 具备搜索与识别目标顾客的能力。
2. 能够运用恰当方法寻找顾客。
3. 能够运用恰当方法约见并成功接近顾客。

情境描述

我是如何寻找顾客的

我的第一份工作是在一家有知名度的网上招聘企业做销售，主要工作是找到客户资料后，通过电话联系，找到有意向的顾客详细沟通，争取成交。首先要突破的第一步，就是要知道自己的顾客是谁，在哪里可以找到他们。这件工作，说起来似乎轻描淡写，真正做起来并不容易。公司会通过电销系统从客户数据库中选取部分潜在顾客资料分发到每位销售员的子系统中，但分发来的顾客资料并不是一劳永逸地专属于你，系统会按一定算法自动评估，如果某些客户资料在一个人的子库中闲置太久，系统就会把这些信息调配给其他销售员，并相应缩减你的客户资源配额。

当然，有必要的话，自己也可寻找顾客资料，以充实自己的顾客数据库。我常常在一些网站搜索一些公司的招聘广告，然后记下其联系方式。由于，他们的招聘需求是明确的，沟通起来难度并不大。我还有一个重要的来源，就是通过家人、朋友帮忙，在一些大学的校招会上现场收集 HR 的名片，这种方法效率也是比较高的。

作为一名业务员要有敏锐的职业嗅觉，随时随地都要留意收集顾客信息。有时在餐馆吃饭时无意间听到电视里的招聘信息，有时在公交车里在人们的闲聊中听到有用的线索，有时在逛街时偶尔发现的小广告、招贴牌等，只要处处留心，也许不经意间就会挖到金矿。

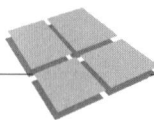

找到顾客信息对我来说，并不是太难。难的是，如何找到能做主的人，并愿意给机会听我介绍。很多情况下，电话一接通，对方就会本能地排斥销售员，有时一句话还没说完就被对方挂电话了。"好的，有需要的话再联系你。"用这句话打发销售员算是很客气了。事实上，只要电话一挂，顾客下次再主动联系销售员的概率，与买彩票中奖的概率绝对不会高多少。

思考与讨论

1. "我"在工作中用到哪些方法寻找顾客资料？你认为还可以用哪些方法？

2. 为什么初次接触，很多人会拒绝销售员？你有什么好的建议解决这个问题？

▶ 任务一 寻找顾客

顾客是企业生命之源，对业务员来说，顾客是销售员的业绩保障。因此，寻找顾客对企业、对销售员个人都是至关重要的工作。

寻找顾客，首先必须想明白第一个问题，即"谁是你的顾客？"。销售员要非常熟悉企业产品的目标市场，掌握目标顾客的消费特点和生活习性，能够为自己潜在的顾客进行精准"画像"。接下来的第二个问题，就是要弄清楚"你的顾客在哪里？"。大街上，漫无目的地找如大海捞针，无法找到自己的潜在顾客。通常，先要根据市场的特点，确定推销区域与目标顾客群体的范围。如，某品牌瓷砖，走的是高档路线。所以，从推销区域上考虑，以一二线城市为主。从目标顾客群体范围看，个人消费者当然是那些居住在一定档次的小区，想买房或买了房准备装修的业主为主。第三个问题，就是用合适的方法，把符合这些条件的具体顾客信息一个一个地找到，并建立自己的顾客数据库。

一、寻找顾客的方法

(一)逐户访问法

逐户访问法又称"地毯式"访问法，就是推销员针对特定区域、特定行业或特定职业的潜在顾客挨家挨户、逐一访问，以确定潜在顾客的方法。业内人士常形象地称之为"扫楼"。如某早教培训机构派推销员到一个小区挨家挨户发名片宣传介绍自己的业务。

1. 优点

(1)这种"一网打尽"式的方法，访问范围广，涉及客户多，潜在顾客不易被遗漏。

(2)销售员与访问对象面对面交流，互动性强，有利于准确了解顾客意向，及时收集顾客信息。

2. 缺点

(1)拜访客户没有针对性，盲目性大，且耗费大量人力、财力，销售效率较低。

(2)如果没有预约上门拜访，容易遭到拒绝，会给销售员造成较大的心理压力。

这种方法虽然有点"笨",效率不高,但实践证明,在推销员不太熟悉推销对象的情况下,只要对推销区域或范围有比较准确的分析判断,推销得法的话,也是一种行之有效的市场开拓方法。

(二)广告开拓法

广告开拓法即通过发布各类商业广告寻找潜在顾客的方法。常见的广告形式很多,按广告载体类型不同,有传统的电视广告、报纸广告、杂志广告、广播广告,也有路牌广告、公交广告、墙体广告等户外广告形式,还有网络广告、包装物广告、赠品广告等。随着互联网信息技术的快速发展,广告手段与形式也在不断创新发展,如网络广告不再局限于传统的微博广告、搜索引擎广告、门户网站广告等形式,以公众号、小程序、游戏、短视频、网络直播为主要手段的广告形式日趋活跃,受到商家欢迎。

学而思:以某一个短视频 APP 为例,说说具体有哪些广告形式?效果如何?

广告开拓法是企业拓展业务最常用的一种方法,特别是在移动互联网盛行的今天,企业要特别注意紧跟市场步伐,创新营销手段,学会运用新媒体社交工具投网民所好,创新广告形式,精准吸引潜在顾客。

【案例分析 2-1】

雀巢咖啡在抖音发起挑战赛[①]

2019 年 3 月,雀巢咖啡联合微播易在抖音平台发起了一场以"愉悦在手 召唤晴天"为主题的挑战赛活动(图 2-1)。为了扩大活动的影响力,特意挑选了 10 位来自不同领域、匹配品牌调性的抖音达人,各位达人在各自擅长的细分领域依据挑战赛主题展开内容创作,并亲自示范推广,激起了用户的创作热情。

经过为期 20 天的传播,该挑战赛的视频播放量超 11.7 亿次,参与人数超 18 万,品牌主页涨粉量 3 万,品牌主页涨赞量 57.9 万,不仅达到了迅速曝光品牌产品的目的,而且积累了高质量的种子用户。

图 2-1 雀巢咖啡在抖音的活动主页截图

思考与讨论

雀巢咖啡玩抖音有什么成功经验值得借鉴?

1. 优点

(1)传播速度快、范围广,影响力较大。

(2)广告形式丰富多样,特别是电视、网络等多媒体广告表现力强,便于企业根据自身特点灵活选择。

---

① 根据搜狐号"微播易"的贴文《一场抖音挑战赛,播放量 16.9 亿,品牌主页涨粉 3 万,雀巢咖啡都做了什么?》改编。https://www.sohu.com/a/312327324_378903? spm = smpc.author.fd－d.1.1565929375021xEXyuRq。

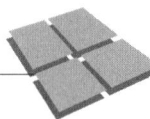

2. 缺点

费用贵，难以掌握客户反应，广告效果难衡量。随着市场竞争加剧，广告费用也水涨船高，而且广告的实际效果难以科学准确地测量。

(三)连锁介绍法

连锁介绍法就是推销员请现有顾客介绍潜在顾客的方法。A 介绍 B，B 介绍 C，C 介绍 D……如此无限连锁接力，因此又叫无限连锁法。这种方法在西方被称为最有效的寻找客户的方法之一，号称黄金客户开发法。

学而思：如何让老顾客乐意介绍新顾客？

1. 优点

这种方法最大的优点就是寻找客户针对性强，成功率高。由于这种方法通常是熟人之间相互介绍，彼此比较了解，克服了盲目性，而且经熟人介绍，容易建立信任关系，有利于推销员成功接近顾客，提高成交率。

2. 缺点

这种方法操作起来有一定难度。如果顾客因为某种顾虑不愿意配合，推销员往往无计可施，比较被动。这就要求推销员要学会机灵一点，首先要把老顾客服务好，提高顾客服务满意率，在消费者心目中积累好的口碑。其次，对老顾客愿意帮忙介绍新顾客的，可给予适当奖励或优惠。

该方法常用于寻找具有相同消费特点的客户，适合销售群体性较强的商品时采用。

>>> 营销实战

时间过得很快，屈指算来我到公司已经一年零七个月了。自己的业务能力得到较大提升，当然这与公司的培养及自己的努力是分不开的。上个月，自己还在小组成员中得了一个业绩冠军，受到公司奖励。回顾总结一下，我觉得除了加大了陌生客户访问力度外，通过老客户介绍也确实帮了我大忙。这不，上个月我的一个老客户——一家餐厅的老板林总突然在微信中向我发来信息"我有个搞摄影朋友想做朋友圈广告"。我当然简直不太相信自己的眼睛，还认为看错了。有了林总的推荐，加上这位老板又有谈的意向，我没费多大工夫就在当天达成了协议，在我的月份业绩榜单上增加了宝贵的一单。

(四)名人介绍法

名人介绍法，也称"中心开花法"，是连锁介绍法中的一种特殊形式，即利用公众的从众心理和对名人崇拜的偶像情结，借助有影响力的名人来推介商品、吸引顾客的一种方法。这里指的所谓"名人"，可以是影视娱乐圈的明星大腕、体坛明星；也可以是政坛大人物、行业协会的专家、知名学者等；也可以是某个领域或某个群体中有影响力的"意见领袖"。

1. 优点

(1)名人影响力较大，对广大消费者具有示范效应。

(2)重点突出，推销人员可集中精力为少数"名人"提供优质的产品与服务，避免四面撒网，起到事半功倍的效果。

(3)借助名人效应，可以提升品牌形象。

2. 缺点

(1)如果将希望完全寄托在个别人或少数人身上，风险较大。特别是当某位名星出现不道德事件、声誉受损后，其代言的产品往往会受到严重影响。

(2)商家要取得"名人"的配合并非易事。在我国，政治人物出席商业活动有严格的限制。《中国广播电视播音员主持人职业道德准则》也明文规定，广播电视播音员主持人不得从事任何商业广告宣传。况且"名人"的出场费用都比较贵，特别是一线名星往往还有档期限制。

(五)会议寻找法

会议寻找法是指销售员利用参加各种会议、展会或组织现场活动的机会，与其他与会者或参加者建立联系，寻找客户的方法。实践中常见的有三种做法：第一种是参加各类交易会、展销会或者摆摊设点举办现场推广活动。企业购买展位并精心设计布展，业务员借助实物、视频、文字图片等资料或通过现场操作示范以吸引客户，向前来咨询的客商介绍宣传产品。如每年春秋两季举办的广州交易会都会吸引国内外一大批商家参加。另外，还有不少企业乐于在街头摆摊设点，通过现场表演、抽奖、免费服务等方式吸引行人，以发现潜在顾客。

案例：会议营销

第二种是邀请顾客参加聚会。通常在公司或推销员家中、酒店等场所举办邀请新客户参加的，利用联欢会、新产品发布会、产品分享会等形式举办的产品推销活动。一些经营保健品、化妆品的企业就经常会邀请一些潜在顾客参加一些会议活动，如日常化妆与保养知识讲座、中老年人健康知识讲座等，会议一般会安排专家讲座、顾客经验分享、产品现场销售等活动。实际操作时，考虑到时间与兴趣因素，这类会议的邀请对象以中老年人为主。第三种是以普通参会者身份参加一些与推销品相关联的由政府部门或行业协会主办的专业会议或学术会议，会上交朋友，会后通过通讯录与相关人员建立联系。也有的企业通过赞助会议的形式取得主办方同意，在会上安排相关的专题讲座委婉地宣传推广自己的产品，或者在会议休息间布置小型商品展览以吸引顾客。例如，一些出版机构非常乐意赞助一些教育系统的研讨会，然后在会场茶息室陈列教材样书供老师们免费索取或要求填写个人信息资料后，通过快递免费赠送样书。

1. 优点

(1)利用会议寻找潜在顾客，人员集中，可以提高工作效率。

(2)针对性强。参加哪一类会议，企业要结合自身实际事先做好评估，一般会选择与产品目标市场相符的会议。采用会议营销的形式，主办方会对会议的邀请的对象事

先做评估，一般以邀请企业产品的潜在的目标顾客为主，因此，用这种方式寻找顾客成功概率较大，效果较好。

2. 缺点

(1)参加一些大型交易会、展销会，费用比较高，不仅展位费用较贵，如果在距离较远的地点，展品运输费、人员差旅费等费用都是不小的开支。

(2)对参加专业学术类会议来说，要得到会议举办方的同意也是一个不小的考验，需要注意策略与技巧，否则商业味太浓，易引起对方反感。

(3)在街头组织现场推广活动，需要取得管理部门的批准。

(六)电话寻找法

电话寻找法就是在提前收集客户信息资料的基础上，销售员通过电话与客户初步沟通确定意向客户的方法。

1. 优点

(1)费用低。一位销售员只需一部电话，就可以足不出户坐在办公室与四面八方的顾客取得联系，突破时空限制与气候影响。电话费与广告费、差旅费等销售费用相比简直微不足道。

(2)效率高。销售员先通过电话交流初步了解顾客需求与购买意愿，然后再有针对性地安排当面洽谈，可能减少无效拜访，节省富贵的资源，提高销售工作的效率。

2. 缺点

(1)拒绝率高。人们对推销有本能的抗拒，特别是在电话中，很多人只要一听到"销售"两个字，就会习惯性把它当作"骚扰"电话予以拒绝。如果打100个销售电话，其中有90个人拒绝了你，这一点都不奇怪。

(2)对电话销售人员要求高。一个合格的电话销售员不仅要懂得扎实的推销技巧，熟悉商品知识，精于处理人际关系，尤其要有过硬的心理素质，内心必须足够强大，不怕当顾客的"出气筒"。要培养出这样高职业素养的电销人员绝非易事。

电销人员要提高销售成功率需要在以下方面多下工夫：第一，选择合适的时间打电话，最好先有预约，避免给对方的工作或休息造成困扰。第二，精心设计好开场白，找到一个合适的理由让对方感兴趣，愿意听电话。第三，提前做好信息收集准备，找对公司，找对人。第四，事先把顾客可能拒绝的理由全部列出来，再逐一找到合适的对策化解，编成个性化的"销售话术"反复练习，直到对答如流。

(七)委托助手法

它是指委托与客户有联系的专门人士协助寻找客户的方法，又称"销售助手法"。这种方法在西方很常见。具体说，在受托人找到目标后，立即联系销售员进行销售访问或洽谈。当然，也有不少企业通过签订委托代理协议的方式，直接授权委托第三方以授权方的名义开展业务，如保险公司委托汽车修理行、银行或专门的第三方代理机构销售保险理财产品。类似的业务方式在电信服务类产品的销售中也很普遍。

1．优点

（1）委托助手法可节省销售员的时间，减轻其工作量。

（2）这种方法具有经济、高效的特点。委托助手，有利于发挥助手熟悉当地市场的特长，同时还可充分利用助手的人脉资源，便于在各自区域市场精耕细作，一举两得。面对巨大的市场，企业自身的销售力量常常会显得相形见绌，委托助手不失一种明智选择。

2．缺点

（1）助手的人选要求高，不易确定，而确定适当的助手又是该方法成功的关键。

（2）把一个区域市场全部寄托在一个助手身上，本身也是一种风险。

（3）企业或销售员与被委托人在利益分配上通常比较敏感，处理不妥，容易导致纠纷。事先需要双方本着互惠互利的原则，友好协商，签订合同，以明确双方的权利与义务。

【案例分析 2-2】

一次失败的会议营销

N 药业是一家比较知名的企业，影视明星做代言人，央视的抢眼广告深入人心。他们不远千里来到山西某地，业务员带着各种宣传资料和产品的促销政策。同当地的 C 医药公司洽谈了合作开发市场的意向。为此，双方作了精心的策划。选一个日期，订一家酒店，落实了标准。C 商召集了六七十个终端客户，N 药业的省区刘经理也来了，是个女的，很精干。中午，终端客户陆续进场。按计划，由 N 药业经理通过幻灯片，向客户宣传他们公司的形象和产品促销政策。而刘经理一上来就不厌其烦地向每个客户促销他们的产品，并诱导客户订购产品，行话叫"拉单"。C 商反对这种做法，委婉地说，刚到一个新市场，首先要宣传自己公司的品牌和产品，让客户认同，拉单的事由我们的业务员去完成。可刘经理坚持道："我们公司都这么做，先拉单后吃饭，不拉单不开饭。"这弄得客户和 C 商很不高兴。为此，客户勉强在订单上落实了产品。中午一点半总算开了席，可菜一上来，跟事先定的标准相差很远。客户和 C 商问酒店大堂经理，大堂经理一副为难的样子。事后才知道，N 药业业务员背着 C 商擅自降低了标准。席间，刘经理很满意今天的订单，C 商认为无效订单多，怕到时配送不出去。最后该上主食了，刘经理关照厨房每桌少上一碗面条，天哪，那是一个人的主食呀！理由是费用超标不上主食，山西人主食最讲究的就是面条。说话间，客户，还有 C 商的业务员全部离席走人。结果 N 药业忙里忙外，也没少花钱。可拉出来的订单，发出来的货，基本上搁在 C 商的仓库里，终端客户大部分拒收。C 商也很难堪，客户是他们请来的。

（资料来源：中国会销网 http://www.huixiao.cn/news/6951.html）

思考与讨论

N 药业的这次会议营销为什么失败？你认为有什么教训值得吸取？

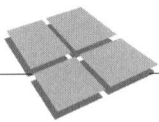

（八）资料查找法

资料查找法是指推销员通过查阅各种有关的情报资料来寻找客户的方法。销售人员要具备较强的收集信息和处理信息的能力，善于查阅各种资料，获取有用信息。销售员获取信息的渠道十分广泛，如工商企业名录、产品目录、专业团体会员名册、同学名录、电话黄页簿，各类统计年鉴，专业报纸杂志、广播电视、互联网络，以及各类广告宣传资料等。

1. 优点

（1）现代信息社会资讯发达，获取信息资料变得十分便捷。

（2）成本较低，收集第二手资料，不如自己亲自调查那么费时费力。

2. 缺点

（1）由于间接得来资料良莠不齐，一些资料的真实性无法保障，影响信息资料的准确性。

（2）时效性不强，市场瞬息万变，通过第二手收集到的资料，有些会因过时而无效。

因此，销售员在收集资料时，要注意分辨，去伪存真，确保信息真实可靠。

（九）网络查找法

网络查找法是指销售员利用互联网信息技术搜索寻找客户的方法。随着互联网信息技术的快速发展和电子商务普及推广，通过网络查询信息资料变得越来越便利。多数商家也顺应潮流纷纷"触网"，有的建立了自己的门户网站，有的在互联网上通过多个平台发布企业相关信息。因此，销售员要不断提升自己运用互联网信息手段收集与处理信息的能力。既要熟练掌握几种常用的搜索引擎工具，如百度、搜狐、雅虎等，还要学会根据信息需求找到一些专业的网站收集客户相关信息。如通过国家企业信用信息公示系统的网站可以查询到相关企业的名称、法人代表、公司地址、经营范围、信用状况等资料。通过黄页网站、企业库、蚂蚁搜索之类的企

图 2-2 李佳琦抖音主页截图

业信息专业网站，可以按行业找到相关企业的具体信息，包括经营范围、主营产品、公司地址、联系人电话等关键信息，但收录的企业大多数是以制造业为主。业内人士的实战经验表明，如果想要查找服务贸易类的企业信息，推荐去找到、企查宝、启信宝、脉脉等这类专业网站或 APP 搜索。另外，值得关注的是，近年来，新媒体、短视频、网络直播成了人们津津乐道的热门话题，由此网红经济得到商界高度关注，有的网红其销售力远超出常人想象。如网络达人李佳琦，号称"口红一哥"，近来活跃在多个短视频平台，仅在抖音就注册运作了好几个账号，其中一个账号（抖音号：166＊＊2759）在 2019 年 8 月 19 日这一天

的平台数据显示，拥有粉丝 3000 多万，获赞 1.7 亿次。2018 年"双 11"，李佳琦与马云 PK 直播卖口红，5 分钟卖出 15000 支，创下了短时间单品销售的神话(图 2-2)。

学而思：如何通过网红寻找顾客？要注意哪些问题？

>>> 营销实战

以找到网为例寻找客户资料。第一步打开"找到"网主页，验证通过后，在搜索栏里输入关键词，即可得到相关的企业名单列表。如图 2-3 所示，以输入关键词"餐饮"为例，立即可看到与餐饮有关企业名单，点击其中感兴趣的任何一家企业，即可进一步查看该企业的基本资料，包括企业规模、年营业额、邮箱、联系电话、公司地址、主营业务简介等详细信息，如图 2-4 所示。

图 2-3　找到网主页图

图 2-4　企业信息搜索详情

1. 优点

(1)网上有海量资源，内容丰富，便于在更大范围内满足销售员的信息需求。

(2)查询信息便捷、方便，效率高，不受时间与空间影响。

(3)成本低。互联网上很多资源都是免费的，可降低营销成本。

2. 缺点

(1)网上存在不少重复、虚假的信息，需要信息收集者有较强的鉴别能力。

(2)信息不全面。受到信息安全或个人隐私保护政策的影响，一些关键信息无法在网络中找到。

(3)上网对象受限。尽管现在手机上网突破了设备上的障碍，但仍有不少人没有"触网"，特别是在农村地区中、老年人群体比较集中。目前，我国网民的主体仍以年轻人为主，如果通过网络广告寻找客户，可能会受到网民对象的限制。因此，要注意信息的受众与企业产品的目标市场是否吻合。

(十)个人观察法

指销售人员通过自己对周围环境的观察和分析判断来寻找客户的方法。这是一种古老的寻找顾客的方法。潜在顾客无处不在，销售员平常应该保持高度的职业敏感，处处留意，眼观四面，耳听八方，时刻准备着。一旦发现某种有用线索可以先记录下来，再顺藤摸瓜为我所用。

【案例分析 2-3】

人生何处不推销

有一天，原一平到一家百货公司买东西。任何人在买东西的时候，心里总会有预算，然后在这个预算之内，货比三家，寻找物美价廉的东西。忽然间，原一平听到旁边有人问女售货员："这个多少钱？"

说来真巧，问话的人要买的东西与原一平要买的东西一模一样。

女售货员很有礼貌地回答："这个要 7 万日元。"

"好，我要了，你给我包起来。"

想来真气人，购买同一样东西，别人可以眼也不眨一下就买了下来，而原一平却得为了价钱而左右思量。原一平有条敏感的神经，他居然对这个人产生了极大的好奇心，决心追踪这位爽快的"有钱先生"。有钱先生继续在百货公司里悠闲地逛了一圈，他看了看手表后，打算离开。那是一只名贵的手表。

"追上去。"原一平对自己说。

那位先生走出百货公司门口，横过人头汹涌的马路，走进了一幢办公大楼。大楼的管理员殷勤地向他鞠躬。果然不错，是个大人物，原一平缓缓地吐了一口气。

眼看他走进了电梯，原一平问管理员：

"你好，请问刚刚走进电梯那位先生是……"

"你是什么人？"

"是这样的，刚才在百货公司我掉了东西，他好心地捡起给我，却不肯告诉我大名，我想写封信给他表示感谢，所以跟着他，冒昧向你请教。"

"哦，原来如此，他是某某公司的总经理。"

"谢谢你！"

（资料来源：赵柳村．推销与谈判实务［M］．2 版．广州：暨南大学出版社，2014）

思考与讨论

原一平在案例中用什么方法寻找客户？对你有何启发？

1. 优点

（1）这种方法操作方便，成本低廉，不需要他人协助或者使用工具，随时随地可以进行。

（2）有利于培养销售员所必备的观察与分析能力。

（3）销售员亲自深入市场通过观察收集市场情报，便于掌握市场变化动态，为企业营销决策提供提供参考。

2. 缺点

（1）对销售人员的观察和判断能力要求较高，且要求判断时尽可能客观。销售人员的观察能力和营销经验有一个成长积累的过程，短期内这种方法很难达到预期效果。

（2）由于事先对客户缺少了解和联系，贸然访问容易导致对方反感，加大了推销的难度。

【案例分析 2-4】

一位销售高手开发客户的秘诀

有一位销售高手总结了一套自己的开发客户的方法。其中，有超市抄写法、同行资源共享法。

所谓超市抄写法，即在逛超市时，找到相关商品的包装物，记下公司名称、地址、电话等信息，再从网络上查找更多信息予以完善的一种方法。

所谓同行资源共享法，是指业务上有关联或互补的推销员之间，利用自己的交际网络，共享各自的客户资源，达到成倍地、快速有效地扩大客户网络的目的。比如，电线销售员与灯管、开关销售员之间相互介绍客户，共享客户资源。

思考与讨论

这两种方法各自的优缺点及适用范围是什么？

>>> 边学边做

假如你所在的公司是开发销售电子商务模拟培训软件的。那么请回答你公司的产品主要卖给谁？又通过什么方法寻找到他们？

二、顾客资格审查——MAN 法则

推销员通过努力从多个渠道收集到一些潜在顾客资料，这些顾客是否都适合作为销售员的推销对象呢？答案是否定的。实际工作中，也不可能这样理想化，往往收集

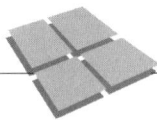

来的这些顾客信息中夹杂着大量的无效信息，为了提高销售工作的精准性，需要提前进行顾客资格审查，按照一定的评价标准剔除无效顾客信息，把最有希望的意向顾客资料筛选出来作为销售工作的重点对象，这个去伪存真的过程就是顾客资格审查的过程。

【案例分析2-5】

买汽车的顾客

美国有位汽车推销员应一个家庭电话的约请前往推销汽车，推销员进门后只见这个家里坐着一位老太太和一位小姐，便认定是小姐要买汽车，推销员根本不理会那位老太太。经过半天时间的推销面谈，小姐答应可以考虑购买这位推销员所推销的汽车，只是还要最后请示那位老太太，让她做出最后的决定，因为是老太太购买汽车赠送给小姐。结果老太太横眉怒目，打发这位汽车推销员赶快离开。后来又有一位汽车推销员应约上门推销，这位推销员善于察言观色，同时向老太太和小姐展开攻势，很快就达成交易，凯旋而归。

思考与讨论

这两个推销员为什么一个推销失败，而另外一个则能达成交易？应该如何判断顾客的资格是否有效？

MAN法则是顾客资格审查的有效工具，它具体包括三方面：购买能力审查(Money)、购买决定权审查(Authority)、顾客购买需求审查(Need)。

(一)顾客购买需求审查——"要不要"(Need)

顾客需求审查，是指销售员对潜在顾客是否需要推销品做出分析与判断，确认顾客是否真的"要不要"的问题。顾客需求审查，是顾客资格审查的第一步，如果顾客的确没有某方面的需求，那么推销员能力再强，针对这位顾客的努力往往也是徒劳的。那种带有欺骗性的、靠强制性的推销手段销售商品的做法，即使一时得逞，也是严重的短期行为，它既坑害了顾客利益，也违背了商业道德，导致推销员声誉受损，从长远看，只会搬起石头砸自己的脚，极不明智。因此，推销员平时要对顾客需求进行认真细致的调查，确认顾客的真实需求。只有这样，才能克服推销的盲目性，提高推销效率。

值得注意的是，顾客的需求表现并不都是明确的、外在的，有些内在需求，可能连顾客自己也没有意识到。例如，某位中学生学习很勤奋，但成绩并不理想，也许她自己觉得还不够用功，或许是怪自己有点"笨"。而没有想到是不是自己学习方法有问题，需要找一位懂行的老师给自己辅导。有时候，顾客为了摆脱推销员的纠缠，一律以"不需要"来打发。很明显，这时候顾客说的"不需要"，并不是真的没有需求，只是顾客用来拒绝推销员的一个漂亮借口而已。这就需要推销员区别对待，首先要争取赢得顾客信任，通过启发、引导、教育、帮助，挖掘和创造顾客需求，争取销售机会，这与强买强卖是本质不同的。即使顾客当时不需要是真实状况，也要用发展的眼光看问题，既要审查其现实需求，也要分析预测其潜在需求。

推销员进行顾客需求审查，要搞清楚三个问题：第一，是否需要。顾客的需要表现形式是多样的，有时是明确的、具体的，如"帮我找一双 25 厘米的男式跑鞋，软底加网面的"。有时只有大致需求范围，并不清晰，甚至是模糊的，如"帮我找一双 25 厘米的男式跑鞋，舒服一点的"。这个"舒服一点"就是个模糊概念，不同的人有不同的理解，需要销售人员与顾客做进一步沟通，以确认其需求的具体内涵。第二，何时需要。顾客需求时间的不确定性，会使推销工作增加变数。所以，有经验的推销员懂得与顾客确认购买时间。比如，售楼小姐会对看房的准顾客说："刘先生，如果合适，您今天可以下定金吗？"第三，需要多少。需求的数量与价格等交易条件是相关联的，推销员正式谈买卖之前，最好对顾客的需求数量加以确认。

(二)购买能力审查——"买得起"(Money)

购买能力审查，是指销售员对顾客是否有能力足额支付推销品货款所进行的一项评估，确认顾客是否有钱"买得起"的问题。

对个人或家庭来说，购买能力审查，主要是调查其收入水平与消费结构，尤其是消费者收入中可任意支配的收入是影响其消费规模与消费结构的关键因素，特别是对一些选购品的消费影响很大。通常，如果一个人他的可任意支配的收入充足，那么他在高档奢侈品方面的高消费会比较积极，如购洋房、买豪车以彰显自己的社会地位。他们同样也是高档家电、时装、名表，高级化妆品、昂贵宠物以及美容、高尔夫等高档消费的主力军。因此，推销员可以通过观赛顾客所住的小区、家具用品的档次、着装及家庭日常生活消费品的品类等方面大体推测顾客的消费能力和购买力水平。但要注意结合其他方面的资料全面衡量，切不可凭单一因素，以偏概全，一叶障目。比如，有些大富豪平时衣着也很简单朴素，如果仅以衣貌取人就犯判断错误。

对组织而言，购买能力审查，主要是调查其生产经营状况、财务状况、信用状况、人才招聘等。对顾客购买能力评估，需要从多个渠道调查获取信息，包括从其主管部门、司法部门收集相关信息，也可以根据其顾客的反映，公司内部观察与调查的资料去评估。应该明白，判断顾客购买力难度非常大，除了上市公司的财务信息及其他重大信息必须按要求向公众公开披露外，其他企业的敏感信息特别是财务信息是保密的。

学而思：对支付能力暂时不足的顾客如何运用营销手段帮助解决？如何有效管控由此带来的财务风险？

(三)购买决定权审查——"能做主"(Authority)

购买决定权审查，是指销售员对顾客是否拥有购买决策权进行分析、判断。如果洽谈对象不能对本次交易做主，或者在重大问题上没有决策权，那么，推销员的工作就具有一定盲目性，工作效率就会受到严重影响。

对家庭购买来说，特别是购买一些价值较贵重的大件商品，不同的家庭成员往往

会充当不同的角色，包括倡议者、影响者、决策者、购买者、使用者。其中，决策者对交易的影响举足轻重，但其他角色的意见也会在不同程度上影响着购买决策者的意见。分析家庭购买决策特点，必须考虑家庭决策的类型和商品的特点。家庭购买决策按家庭角色不同可分为妻子决定型、丈夫决定型或者民主协商型。多数家庭偏向民主协商型，大件商品共同商量，个人用品各自决定。比如，汽车、烟酒、电子产品等由丈夫决定为主，而日用消费品、小家电、服装、化妆品等商品由妻子决定为主。推销员在工作时要注意观察顾客表情、肢体语言，还可通过巧妙提问，加上平时经验积累对顾客购买决策权进行分析、判断。

对组织购买来说，情况比较复杂，购买决策权会因组织性质与组织结构等方面的不同而存在差别。因此，推销员在进行判断时，首先要了解组织的性质与结构、决策运行机制、规章制度，企业各层次的决策权限等；其次要调查研究具体人物在组织购买行为决策过程中的地位和角色，了解相关人物在组织内部的职务、权限、处事风格、声望与人际关系等信息，帮助做出中肯的分析结论。

对政府机关、事业单位的采购来说，政策性较强，除了需要了解一般组织购买决策的有关信息外，还应该了解政府采购、招投标方面的政策规定，熟悉其信息的主要发布渠道及招投标具体操作流程。

▶任务二　约见顾客

约见顾客，就是指推销员在与顾客正式见面之前预先约定的行动过程。这一环节，是推销准备工作的延续，也可以说是推销工作开始的前奏。由于人们对推销员的工作多数情况下缺乏热情，甚至遭到拒绝也是常有的事。因此，在约见顾客这个环节，同样会面临不小的挑战，需要推销员讲究策略与方法。

一、约见顾客的意义

约见顾客在推销工作中具有重要的意义，具体表现在以下几方面。

(一)有利于减少顾客不满，增加与顾客的接洽机会

平时每个人都在为各自的工作与生活忙碌着，每天也会有自己的时间安排，因此，不乐意自己的工作生活节奏被陌生人所打乱，更害怕被推销人员纠缠不放，这是人之常情。约见顾客，就是为了征得顾客同意才做上门拜访，同时，约见顾客也是尊重顾客，讲究商业礼仪的体现。因此，约见顾客可以大大降低顾客的抱怨和不满，为下一步成功与顾客接洽创造条件。

(二)有利于收集顾客信息，准备推销预案

在与顾客约见的过程中，推销员可以初步了解顾客的反应和态度，并据此制定或调整原有推销工作策略与方法。其中的重点是根据已掌握有关目标顾客的初步信息，预先推演该顾客可能提出的各种异议，找到相应的策略与方法逐一化解，以增加成交

的把握。

(三)有利于推销员合理地规划推销时间，提高工作效率

推销员为了保证业绩，每天需要拜访一定数量的准顾客。通过约见顾客，事先可以了解准顾客的大致意向，将那些明确拒绝见面或近日不方便见面的准顾客名单从自己的当日拜访计划中剔除或作例外标注。这样，有利于推销员合理规划顾客拜访的行程与时间，减少因盲目拜访而浪费宝贵的时间和资源。

二、约见顾客的内容

约见顾客的内容，即约见的基本要素，是指推销员在与顾客约见时需要明确的基本事项，包括访问的对象、访问的事由、访问时间与访问地点。

(一)访问的对象

约见顾客首先要确定具体的访问对象，避免在无权或无关人员身上浪费时间。通常推销员需要访问的对象指对购买行为具有决策权或者对购买活动具有重大影响的人。当然，不同的顾客类型购买不同的商品，确定访问对象是有差异的。比如，组织购买相对于家庭购买就复杂得多，可能会涉及多个部门不同的参与者。他们对整个购买行为都产生不同程度的影响，需要推销员妥善平衡好某些微妙的关系。对企业来说，董事长、总经理、厂长是企业的决策者，拥有最终决策权，但有时候，与购买相关的公司中层决策者往往对购买具有更直接的影响力。

需要注意的是，在实际工作中，推销员直接约见有决策权的企业高管难度很大，常常被前台或秘书挡驾。这既需要推销员具有一定情商，学会处理各类人际关系，也需要掌握突破前台的一些技巧。

突破前台常用的方法有以下几种。[①]

(1)"装"亲切。为了突破前台，对需要找的人用尊称并不是好主意，这时候，如果改用亲昵的称呼反而会让接线员产生错觉，认为你与"要找的人"关系非同一般。例如，"请帮我找一下阿慧"。

(2)装高腔。有时对一些喜欢软磨硬泡的前台服务生或秘书来说，讲客气，也许效果并不佳，如果反其道而行之，摆出高姿态，虚张声势装高腔反而很管用。

【案例分析 2-6】

约见陈经理

电话销售员："请帮我接陈经理。"

秘书："您好，请问有预约吗？"

电话销售员："真的有重要的急事找他，请通融一下。"

秘书："对不起，陈经理正在忙。如果有急事的话，可以先给我讲，我会转告陈

---

① 赵柳村.电话销售十步到位[M].北京：中国财富出版社，2015.

经理。"

电话销售员:"给你讲?你能拍板做主吗?告诉你,耽误了事,你要负责任的。"

秘书:"不好意思,陈经理现在真的走不开。"

电话销售员:"算了,你不想转,我也不勉强你。你告诉我叫什么名字?如果事情搞砸了,陈经理等会儿过问此事,我也好告诉他跟你交代过了。"

秘书:"这——,要不,请您稍等,如果陈经理忙完了,我就让他接电话。"

电话销售员:"那辛苦你了。"

(资料来源:赵柳村. 电话销售十步到位[M]. 北京:中国财富出版社,2015)

思考与讨论

销售员是用什么方法成功突破前台的?使用这种方法时需要注意什么问题?

(3)装"傻"。前台来电转接还是不转,完全凭前台人员对来电重要性的主观判断,"重要的"就转,"不重要的"就不会转。因此,推销员可以故意装傻,含糊其辞,达到蒙混过关的目的。

(4)装"错"。推销员有时故意"打错"电话,却假装不知道,以此与对方交流获取客户公司关键人物的相关信息。

(5)装隐私。面对前台工作人员刨根挖底式追问,一般人很难招架。推销员如果打出"隐私"牌,强调事情的私密性,不方便对其他人讲,可有效地阻止前台的进攻。

(6)迂回法。在实际工作中,推销员想直接找到客户公司的"关键人员",特别是公司的高管,难度确实是相当大的。如果让前台工作人员转接到一些"次级部门",比如维修部、客服部或销售部,就会变得容易得多,然后再通过这些"次级部门"找到"关键人员"的信息。

(二)访问的事由

成功约见顾客,一定要有足够的正当理由。这也是推销员与准顾客通话的目的,如果通话的目的不明确,就不能有效地设计好与顾客的"开场白",影响约见的成功率。一般情况下,推销员约见顾客的目的有以下几种。

(1)结识顾客。初次见面,是为了结识顾客。可以以"请教"、赠送小礼品等作为约见目的。

(2)推销产品。这是推销员最常用的约见目的。推销员事先应该对准顾客的需求进行调查,在此基础上,强调推销品的优势和给顾客带来的好处。如果产品真的适合顾客需要,赢得见面的把握是比较大的。

(3)市场调查。推销员以市场调查为由约见顾客,容易让顾客放松心理戒备,往往易赢得顾客的支持和配合。这有利于收集顾客的信息资料,为进一步推销做好准备,避免强行推销给顾客造成心理压力。

(4)提供服务。做营销,就是做服务。特别是企业的售后服务系统越高效,就越有利于产品的市场销售。反过来,企业的产品销售越好,就越需要有良好的售后服务系统做保障,两者相辅相成,彼此促进。在推销工作中,当销售员以提供服务为由约见顾客时，能够赢得顾客好感，常常很容易得到顾客的认可和配合。同时，推销员在为顾客提供服务的过程中，还可以更具体地发现顾客需要，便于精准地引导顾客需求，为实现新的推销任务创造条件。

（5）签订合同。如果前期沟通到位，成交的条件成熟，即可约见顾客签单。推销员需要提前草拟好合同，多数情况下，公司有印好的格式合同，只需要填上具体的品名、规格、价格与货款等信息即可。为了防止出错，正式填写合同之前，需要先就订单各项信息与顾客逐一核对确认，这项工作非常重要，千万不可省略。另外，如果是现场签约，合同没有预先盖印的话，还需要准备好合同印章，有时还需要准备好正式的书面委托书。

（6）收取货款。收取货款是推销员的重要职责，它直接关系到推销员个人的业绩酬金。通常，许多公司核算推销员业务酬金时，不仅仅只看其销售业绩，还往往把推销员经手的业务货款回收情况挂钩。对企业来说，资金流就好比人身体流动的血液，是企业的生命。回收货款的情况直接关系到企业的资金周转，影响着企业的业务运转，意义十分重大。

学而思：以收取货款为理由约见顾客，怎么才能获得对方的配合？

（7）其他事由。此外，推销员还可以根据具体情况不同随机应变，用其他正当理由约见顾客，比如，客户回访、联络感情、受人委托、代传口信等。

（三）访问时间

约见顾客的时间安排是否适宜，影响到约见顾客的效率，甚至关系到推销洽谈的成败，应予以足够重视。具体应根据目标顾客的职业特点、兴趣爱好、习俗惯例以及事情的重要程度等因素，综合衡量，灵活确定。

1. 尊重客户意愿约定时间

推销员约见客户，一定要以客户为中心，千万不能图自己省事和方便。约见时先询问客户有没有时间，什么时候有时间方便约谈，这点也是出于对客户的尊重。

2. 根据地理位置来安排

推销员约见顾客要根据不同的地理位置情况，合理的安排见面的时间。假如客户距离推销员很近的话，那么时间安排上还有足够余地，如果推销员和所要面谈的客户不在一个城市，那就一定要提前询问征求客户意见再做约定。

3. 根据事情的轻重缓急来安排时间

就是指根据客户的重要程度来决定见面的时间，对关键客户，推销员一定要优先按照客户的意愿安排时间。对一般的客户，可以双方协商后再见面。

【案例分析 2-7】

约见王总

销售员所在 S 公司的主要业务是各式礼品定制。在一次展览会上偶遇做跨境电商业务的王总，看到 S 公司展出的礼品，无论从工艺，还是样式，王总都很欣赏，并表

示有意合作拓展海外市场，希望销售员带几件针对中东市场的样品找时间进一步洽谈。

"王总，您好！我是去年在广交会上与您见过面的 S 公司业务小姚，您当时嘱咐小姚带几样销往中东市场的样品过来，我也知道您平时很忙，想约个时间过来向您请教请教。请问您是星期二上午，还是下午比较方便呢？"

"下午吧，上午有个会。"

"那请问下午三点行不行？"

"下午三点，公司目前是没有特别安排，不过，你最好提前半天与前台预约一下。或者也可在动身之前与我本人电话确认一下，免得放你鸽子。"

"太好了！到时见！谢谢王总。"

（资料来源：赵柳村. 电话销售十步到位[M]. 北京：中国财富出版社，2015. 有改动）

思考与讨论

销售员用二项选择法成功约见王总，请问该方法有什么优点？用该方法约见顾客时，要注意什么问题？

4. 避开禁忌安排时间

推销员要合理安排约见顾客的时间，需要平时重视收集顾客资料，了解顾客的兴趣爱好，培养自己的职业敏感。

实践经验表明，以下情况不宜安排见面。

①不约大清早。如果大清早打扰顾客，会影响顾客一天的情绪。

②不约饭点时。除非是约顾客吃饭，否则，这个时候去见面会让人家很为难，难道想让客户请你吃饭？也许人家正准备去应酬呢。

③不约坏心情。一个人的情绪往往会影响一个的行为。当试图说服别人的时候，最好选在他高兴的时候，如果推销员在顾客心情低落不开心的时候找上去门去，就自讨没趣，不会有好结果。

④不约忙碌时。人们在工作忙碌的时候，更不愿意被人打扰。例如，月底是公司财会人员最忙的时候。在学校，一个学期期末是老师们最忙碌的时候，忙着出考题、监考、阅卷，还要写总结，一大堆工作都集中在这一段时间需要完成。

⑤不约休息日。现代人平时工作节奏快，好不容易等到双休日或节假日，可能早有计划，或做家务、或在家休闲、或外出度假，如果遇到推销员临时打扰，就会与事先的安排冲突，令人不快，约见效果欠佳。

（四）访问地点

选择约见地点，应坚持方便顾客，有利于约见和推销的原则。通常有以下几种情况。

1. 工作地点

如果访问对象是法人团体，那么，访问地点适合安排在对方的办公地点。

2. 社交场所

按照顾客的喜好，安排在合适的社交场所见面，往往更收到办公场所无法取得的效果。因为在社交场所谈生意，如咖啡馆、茶室、宴会厅等，不像在办公室里谈那么正式、受拘束，气氛更轻松、自然，有利于促成交易。

3. 居住地点

如果是针对家庭个人推销日用消费品，约在顾客住所，可方便为顾客讲解或示范操作外。但一般情况下，要避免约在顾客家里见面，以影响顾客及其家人休息。

4. 公共场所

对于某些顾客来说，工作地点和居住地点都不便于会见推销人员，并且又不愿意在社交场所抛头露面，那么，安排一般的公共场所作为见面地点，如公园、广场等，就顾及到了顾客的感受。

三、约见顾客的方法

推销员要成功获得顾客的约见，还得讲究方式、方法。常见的约见方法有六种。

(一)电话约见

电话约见即通过电话约见顾客。这是推销工作中一种高效率的约见方式，十分常见。

主要优点是方便快捷，成本低。一部电话联通世界，不必满世界盲目奔走。并且电话约见可以及时、迅速地与顾客取得联系，也能很快得到反馈结果。

不足之处，由于电话约见只是通过声音交流，不见真人，要取得顾客信任并不容易，通常拒绝率很高，需要推销员掌握扎实的电话销售技巧，并懂得电话沟通的礼仪。

【案例分析 2-8】

两个约见电话

其一

甲推销人员想约见某公司的王经理。他在电话中说："王总经理，我想今天晚上六点钟探望您，可以吗？"

其二

乙推销人员也给这位王经理打电话："王总经理，我是××公司的推销代表李民。我们张总常提起您，今天来贵市出差，受张总委托，让我拜望您并带给您一封信。您看是今天晚上好呢，还是您明天晚上方便呢？"

（资料来源：庞如春，岳元峰. 现代推销技术[M]. 2 版. 北京：高等教育出版社，2012）

思考与讨论

对比分析甲乙两个推销员电话约见客户的做法，谁会更有成功的把握？对你约见顾客有什么启发？

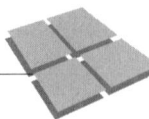

(二)信函约见

信函约见是指推销员利用各种信函约见顾客的方法。信函通常包括个人书信、会议通知、社交柬帖、广告函件等，其中，采用个人书信的形式约见顾客效果最好。但这种方式适合在熟识的老顾客之间使用，如果是初次打交道，会有冒昧之嫌，也不会引起对方重视。对陌生顾客，通常要先打电话说明情况，再寄送信函，这样才不会引起别人反感。寄送约见信函，应当在预计信函到达后两至三天内再通过电话与顾客确认是否收到。如果对方没有收到，可趁热打铁尝试在电话中再次约见，这样可以大大提高约见的成功率。

主要优点是正式庄重、费用低，操作简便，且信息方便保存。

不足之处是这种方式属于单向沟通，加上人们一般对广告类信息比较抵触，信息反馈率很低。另外，即使信函到达目的地，也不一定保证能送达收件人手中。如果是通过电子邮件发送，对群发类广告邮件一般会被对方的过滤软件当作"垃圾邮件"自动过滤掉，根本不可能出现在目标顾客的邮件"收件箱"里。即使不是群发邮件，对方一看到邮件标题，马上就能识别出是广告信息，打开的概率也是极小的。

学而思：用 E-mail 约见顾客，为了提高吸引力，如何撰写邮件标题？邮件内容的撰写有什么要求与技巧？

(三)当面约见

当面约见是指推销员与顾客面对面约定见面的方法。如在展销会或订货会上、在社交场所、在推销旅途中或在其他见面场合与顾客不期而遇，不过，这种机会可遇不可求。

优点是能及时得到顾客的反应，面对面交流，有利于建立彼此间的信任关系。另外，由于没有中间环节，不担心信息失真，确保信息传递准确、可靠。

不足之处在于：一是受地理制约，远程顾客面约既不方便，也不经济。二是受时机制约，有时很难碰巧遇到想要约见的顾客。三是受效率制约，如果顾客较多，采用面约的方式既不现实，也影响推销效率。

(四)委托约见

委托约见是指推销员委托第三者约见顾客的一种方法。接受委托的人通常是与推销员有某种社会关系或有过交往的"熟人"，他们可能是推销员的同学、同乡、战友、老师、朋友、亲戚、邻居、同事、上司、同行、秘书等，也可以是中介机构，还可以是推销员服务过的老顾客。

委托约见的优点：由于所委托的人一般也是目标顾客的"熟人"，这样便于建立与目标顾客的信任关系，对方碍于情面也不太好拒绝，所以，约见成功率较高。

不足之处，这毕竟是商业请托，要取得受托人的配合并不容易。另外，也受到推销员人脉资源的制约，多数情况下，所约的顾客不一定有与推销员共有的"熟人"适合充当受托人，如果关系一般，还可能带来负面影响。

（五）广告约见

广告约见即推销员通过各种广告媒介发布广告信息约见顾客的方法。这种方法适用于需要约见的顾客人数多且分布较分散的情况，或者是约见的对象不明确、不具体，或者约见对象的姓名、地址、联系方式等关键信息不清楚的等情形。广告约见常用于展销会、贸易洽谈会的邀请。

主要优点：一是广告信息传播快，覆盖面广，可约见的潜在顾客数量多；二是能够吸引顾客主动上门约见或吸引顾客主动咨询，从而收集了解顾客信息，赢得推销工作的主动权。

不足之处：一是广告费用看涨，成本高；二是广告制作要求高，如果没有特色，就会淹没在广告的海洋里，达不到推广的效果。

（六）网上约见

网上约见即利用互联网与顾客在网络上进行约见的一种方法。随着互联网的普及推广，特别是近几年以手机为主要媒介的移动互联网发展迅速，以微信为代表的各类社交工具、以抖音为代表的各类短视频 App 十分盛行，还有各类网络直播平台吸引着成千上万的粉丝，尤其受到年轻人的追捧。这些有影响力的社交工具与网络平台为商家吸引顾客打开了一扇新的大门，有的利用网红销售业绩惊人。

主要优点：一是信息传播范围广，且不受时空限制。二是方便快捷，可以花较少的时间、成本而约见到较多的潜在顾客，推销效率高。三是网络媒介符合大多数现代人特别是年轻人的信息阅读习惯，推广效果好。

不足之处：网民在年龄结构上偏年轻化，在地区分布上也不均衡。因为网络媒介的使用有一定的技术门槛，同时还需要有互联网的软硬件支持环境，这对一些中老年人以及农村边远地区的人来说，上网有一定的障碍。因此，选择这种方式约见顾客时，要考虑到目标顾客与网民的特征是否相符。

学而思：谈谈你对利用短视频约见顾客的看法。

以上各种方法各有利弊，具体选用时要注意其适用范围，也可以多种方法组合运用，发挥各自优势，形成合力，成功约见顾客，为进一步推销接近创造条件。

▶任务三　接近顾客

成功约见顾客只是为下一步接近顾客创造了机会。要取得好的接近效果，还需要推销员事先精心准备。第一，要整理好自己的着装，注意仪容仪表，熟悉商务礼仪。第二，要调整好心态，克服紧张、自卑的心理，既要保持自信，又不宜给自己过高的成交压力。第三，准备好必要的资料与物品（详见项目一销售准备）。第四，选择恰当的接近方法，提前设计好开场白。

由于接近顾客包括两层含义，即推销人员与顾客之间在空间距离上的接近以及感情上的接近。因此，接近顾客时，需要把握好以下原则。

一、接近顾客的原则

(一)用恰当的方式称呼顾客

称呼顾客首先要有礼貌，学会用尊称，如职务、职称高者，可加上职称或职务一起称呼，如"王局长""李教授"等。当然，称呼也要注意不同地方的风俗习惯特点，不然会引起误会。

(二)争取接待人员的支持

通常，推销人员需要拜访准确的约见对象，要找"对的人"谈生意。但往往实际情况是，现场第一个与推销员见面的也许并不是"要找的人"，而很可能是前台接待人员、秘书或者保安，甚至是打扫卫生的阿姨。尽管这样，推销员也决不能怠慢他们，要表示基本的尊重，争取他们的支持。

(三)妥善设计开场白

好的开头是成功的一半。开场白是推销员前30秒内对顾客所说的话，是顾客对推销员形成第一印象的关键，对整个推销活动的成败有直接影响。因此，巧妙设计好开场白是推销员成功接近顾客必须跨越的第一关，应该高度重视。当然，开场白不应拘泥成某种固定的僵化模板，而应当根据拜访的对象的不同和所推销商品的特点灵活设计，突出实效。

以电话沟通为例，一个较完整的开场白，一般包含以下几个要点。

(1)问候及自我介绍，如"××先生，您好！我是××公司的×××"。

(2)与客户建立良好的关系，如"很开心给您打这个电话！"也可以通过简短的寒暄或者恰当的赞美融洽一下气氛，如"没想到刘总做生意是行家，说话嗓音还这么有磁性，真好听"。

(3)表明通话(或来访)的目的。注意要站在顾客角度，突出客户的价值，才能吸引对方。如果只是说"我们公司国庆期间在搞一个促销活动"。客户并不会关心。假如站在客户角度就应该这样说："小曾特意来告诉您一个好消息，我们公司国庆期间在搞一个优惠酬宾活动。这意味着，如果您在国庆期间到我们公司购买汽车保险，那么，您就可以在不要多花一分钱的情况下，完全免费享受到一年12次的优质洗车服务。"

(4)进一步给出证据，如"很多客户都在这段时间找我们办理了车险手续，包括你们同一个学校的××老师与××科长"。

(5)探测需求。即以对客户的问题结束，以便让客户开口讲话响应，如"如果您也有兴趣的话，我先为您简单介绍一下，好吗"。

学而思：你认为推销员对陌生客户完整的开场白应包括哪几个要点？

视频：克服
恐惧心理

【案例分析 2-9】

小张的开场白

客户："请问哪位？"

电话销售员："您好，是王教授吧？哎呀，久仰！久仰！我是××出版社的小张，我之前可是看过很多您的著作啊，特别是您的那本……我觉得写得特别有深度。"

客户："呵呵，您过奖了。请问有什么事情啊？"

电话销售员："是这样的，我们出版社对之前出版过 3 本以上书籍，而且至少有一本销量在 30 万本以上的作者的书籍印刷费可以打七折，听说您最近又有新书要出版了是吗？"

客户："是啊，我之前可是出版过不止 3 本啊，而且每本都销量超过 50 万元。呵呵，现在又有一本新书要出版，还在联系出版社。"

电话销售员："那就好啊，您完全符合我们优惠活动的条件，很是难得啊。别人最多可是只打八折的啊，像您这样受欢迎的作家真是很少啊。您看看怎么样啊？"

客户："那很好啊……"

（资料来源：曹明元. 电话销售能力训练[M]. 北京：高等教育出版社，2014）

思考与讨论

结合一般开场白的要点，分析小张的开场白有哪些亮点？

(四)寻找准顾客认同的观点

俗话说："物以类聚，人以群分。"在现实生活中，人们对那些在态度、信念、兴趣、爱好和价值观等方面与自己相同或相近的人，是比较容易接受的。心理学家的相关调查研究也证明了这一点。所以，聪明的推销员在接近顾客时总是想方设法努力从拜访对象身上找与自己的共同点，通过寻找"共同语言"可以有效降低对方对推销员的戒备心理。例如，推销员对拜访对象说："齐总，您是做生意的高手，小李听过这样一个说法'先有人气，才有财气'，做电商也不例外，没有流量，再好的东西也是卖不好的。请问齐总怎么看？"不难看出他是做电商广告推广相关业务的。不得不说这位推销员很聪明，善于找到一个通识性的观点来强调与顾客有"共同语言"，并巧妙地为进一步的业务洽谈埋下伏笔。

(五)保持语言简洁、清晰

推销员与顾客沟通，在语言上要做到简洁，不拖泥带水。表达要清晰，思路要清楚，重点突出。这样既能给对方留下一个精干、专业的形象，又节省了客户宝贵的时间，赢得客户的好感。

二、接近顾客的方法

选择接近顾客的方法，会因推销品、推销对象和推销环境的不同而不同。在实际工作中，常用的接近顾客的方法有以下几种。

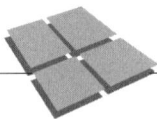

(一)商品接近法

商品接近法是指推销员直接以商品的某些突出特征吸引顾客注意,引起顾客兴趣,进而导入面谈的接近方法。这些特征包括商品的性能、颜色、材质、式样、味道、体积尺寸、重量大小等,但绝不是背产品说明书,面面俱到。相反,推销员应当在众多的商品特征中找到独特某个点,即所谓的"卖点"加以强调,并清晰地说明这样会给顾客带来什么实质的好处,只有这样才能真正打动顾客。例如,一位实心轮胎推销员,在介绍这种轮胎时总是让顾客用锤子把一根铁钉钉进轮胎中,让观看者在震惊中记住了商品的"卖点"——不怕扎的轮胎。

这种方法一般适合商品质量优良、特色鲜明且便于携带的有形商品。当然,对一些不便携带的商品,也可以借助模型、道具、图片、视频等资料创造性接近顾客。

【案例分析 2-10】

给你点颜色看看

有一家经营毛线的企业,尽管毛线质量好,颜色品种多,但在激烈的市场竞争中产品销售并不理想。后来,正式聘请一位专业人士作为营销顾问。该顾问团队调查发现,市场上各主要厂家生产的毛线其质量其实不相上下,而该厂生产的毛线色彩标准、颜色品种齐全,而消费者购买毛线最担心一个问题就是怕颜色配不齐。于是,顾问团队深思熟虑后决定以毛线的颜色作为销售的"卖点",并对全体推销员进行推销技巧培训。为了突出毛线颜色齐全这个亮点,顾问团队还特意设计了一本印刷精制的样品册子,里面的样品不仅有标准色图案,而且还附有实物便于对比。这种设计独特的样品宣传册成了无声的推销员,每次接近顾客时,推销员只需打开这个样品册让顾客观看,就会赢得大多数顾客的赞赏,凭此推销利器,该厂的毛线品牌迅速被消费者所接受,终于迎来了产销两旺的好局面。

思考与讨论

举例说明,在商品众多且同质化严重的情况下,如何能快速让顾客获知商品信息并取得良好效果?

(二)介绍接近法

介绍接近法是指推销员通过自我介绍或他人介绍的方式接近顾客的方法。

自我介绍法是指推销员自我口头表述,然后利用名片、身份证、工作证等来辅助证明,以消除顾客疑虑,达到与顾客相识的目的。自我介绍法是推销员在陌生拜访中最常用的一种接近顾客的方法。但是这种方法往往平淡无奇,难以激起顾客的兴趣,需要讲究一些技巧,才有利于展开后续的洽谈。

他人介绍法是指推销员利用与顾客熟悉的第三人,通过打电话、写纸条,或当面介绍的方式接近顾客。充当介绍的第三人,一般是与顾客有一定社会交往的人,如同事、朋友、邻居等,也可以是某一方面有一定影响力的人,如果能得到与推销品有关的某领域专家的推荐信当然更有说服力。

学而思：推销员如何让老顾客乐意转介绍？

【案例分析 2-11】

自我介绍学会用"靠大树法"

推销员自报家门要遵循一条法则，笔者称之为"靠大树"法则。就是销售员要努力让自己代表的公司往知名的对象上靠，以帮助企业积聚正能量，树立好形象。让对方听完你的介绍要觉得你的公司很厉害，你能在很厉害的公司服务，当然说明你也很厉害，这就是心理学的所谓"联想心理"。

方法一：往知名的大公司靠

例如，"我是与世界 500 强××公司有战略合作关系的××公司"，或者干脆称"我是世界 500 强××公司的×××"。

方法二：往知名品牌靠

例如，"我是××（某知名品牌名称）在东莞的独家代理商××公司的业务代表，我叫×××"。

方法三：往代言明星靠

例如，"我们公司是由×××（代言人姓名）代言的××（品牌名称）在××（地名）的特约经销商，我叫×××"。

方法四：往热点新闻靠

即尽量找到与某些有影响的大人物、大事件之间的关联，让人觉得你的公司了不起而刮目相看。

例如，"我叫罗琳，我公司是×××总理 2010 年来深圳考察时特意参观的唯一一家民营高科技企业——××公司"。

又如，"我们××公司是××年国家探月工程××项目的中标企业，我叫×××。"

如果实在想不到可以依靠的大公司、大人物、大事件、大品牌能够借光，怎么办呢？

那就不得不使出最后一个绝招了！

方法五：寻找某专业领域引以为豪的"赞美点"

例如，日本销售明星吉野真由美曾服务于 learning edge 株式会社，她在介绍自己所代表公司时，不用公司名称，而代之以公司网站名称，"我是组织讲座的日本第一门户网站 seminars 的××（吉野的名字）"，这不仅因为找到了"第一门户网站"这个赞美点给人留下深刻印象，而且不用麻烦客户去记那一长串的公司名称，结果大获全胜。

（资料来源：赵柳村. 电话销售十步到位[M]. 北京：中国财富出版社，2015）

思考与讨论

自我介绍用"靠大树"法则有什么作用？具体运用时要注意什么问题？

（三）社交接近法

社交接近法是指推销员通过主动参与一些与顾客相关的社交活动从而顺利接近顾

客的一种方法。推销员需要接触的顾客形形色色,什么情况都有可能碰到。有的顾客对推销员存在偏见,甚至性格又比较孤傲,推销员很难接近。如果正面硬性接近顾客会导致对方强烈的反感,效果会很糟糕,这时候,就需要采用迂回进攻战术。因此,采用社交接近法,先隐瞒推销的真实目的,等与顾客变得很熟悉甚至成为朋友时,一切就好办了。

【案例分析 2-12】

以狗会友

有一位销售人员接连四次去拜访一位老板都被拒之门外。后来他左思右想,决定从老板的爱好方面下手,他打听到这位老板喜欢卷毛狗,而且每天傍晚都到小区里遛狗。于是这位销售人员心生一计,他先学习了一些狗的知识,然后借了一条卷毛狗,也在傍晚的时候去小区遛狗,装作一个偶然的机会遇到这位老板。两人就津津有味地谈论起狗来,从狗的品种到如何喂养等,两个人很快成了忘年交,因为狗的原因成了朋友。后来,就顺理成章地完成了交易,并使该老板成为他的稳定客户。

(资料来源:李先国. 营销师[M]. 北京:中国环境出版社,2003)

思考与讨论

面对难以接近的顾客,如何有效地创造机会?

(四)馈赠接近法

馈赠接近法是指推销员通过赠送样品或者小礼品实现接近顾客的方法。见面有礼,容易吸引顾客,增加亲和力,营造融洽的沟通气氛,效果比较好。但是使用馈赠接近法需要注意三个问题:一是赠品质量必须有保障,不能认为是免费赠送的就降低质量要求。二是赠品应当投顾客所好,能够满足顾客的某种需要,以生活中适用的商品为主。三是赠品价值不宜贵重,必须符合国家法令及有关规定,严禁贿赂或者变相行贿。

【案例分析 2-13】

巧妙馈赠

一位推销员到某公司推销产品,被拒之门外。女秘书给他提供了一个信息:总经理的宝贝女儿正在集邮。第二天推销员快速翻有关集邮的书刊,充实自己的集邮知识,然后带上几枚精美的邮票又去找总经理,告诉他是专门为其女儿送邮票的。一听说有精美的邮票,总经理热情相迎,还把女儿的照片拿给推销员看,推销员乘机夸其女儿漂亮可爱,于是两人大谈育儿经和集邮知识,非常投机,一下子熟识起来。

(资料来源:毕思勇. 推销技术[M]. 2版. 北京:高等教育出版社,2015)

思考与讨论

案例中推销员在礼品的选择上有什么可借鉴的地方?

(五)赞美接近法

赞美接近法就是推销员利用顾客的自尊心理,通过赞美顾客,博取顾客好感而接近顾客的方法。赞美是"零本万利"的营销利器，因为每个人都渴望被人认可，只要赞美得法，就能够为顾客带来好心情，接近顾客也会变得比较容易。

赞美同样需要技巧，不恰当的赞美只会事与愿违，让人反感。恰当的赞美应该学会在"真"与"准"两个字上下工夫。

所谓"真"，即赞美必须真诚、真实。赞美别人，首先在态度上应当是真诚的，发自内心的，那种应付式或者完成任务式的赞美是虚伪的，别人也不会接受。其次，赞美别人的"点"应该是客观存在的，符合被赞美对象实际的。假如，对一个长相很一般的人，你称赞她说"你长得电影明星一样，简直太漂亮了!"对方一定会觉得你言不由衷，甚至在讽刺她!

所谓"准"，即要找到恰如其分的"赞美点"，解决如何赞美的问题。生活中不少人习惯于挑剔别人，眼里只有缺点，看不到别人的优点。其实，每个人都有自己的优点和不足，只要想真心赞美他人，总是能找到适合的"赞美点"。这些"赞美点"可以是一个人的外表或某个器官，如长相、身材、肤色，或者头发、眼睛、鼻子、牙齿、手指、腿、脚趾等，可以夸他的服饰、言谈举止、讲话的嗓音，也可以夸他的职业、学识、兴趣、性格、为人处世及其他某个专长或优点，还可以夸他的家人、公司以及所处的环境等。总之，只要用心，总是可以找到恰当的"赞美点"，越是个性化的赞美，越能让对方产生愉悦的效果。

学而思：你会赞美吗? 具体说出你的体会。

>>> 营销实战

赞美两则

其一

陈总，和您聊天真的非常开心! 虽然我们年龄相差很多，但您给我的感觉就像是年轻人一样，一点代沟都没有。您的思想很新潮，紧跟时代步伐，许多年轻人都不如您，难怪您的生意做得如此成功，我想请教，您是怎么在繁忙的工作中还能保持如此敏锐的思考力的?

其二

刘太太，这是您的小女儿吧? 眼睛大大的，好有神，又很懂礼貌! 一看就让人喜爱，说明太太您教育孩子很有方法。这样的好姑娘，将来一定是男孩子眼中的白雪公主，让他们排长队去追吧。哈哈哈……

(六)服务接近法

服务接近法是指推销员以提供某项服务的方式接近顾客，包括售前服务和售后服务。售前服务，如免费咨询、免费检测、免费设计、免费试用等，售后服务如送货上门、免费维修、免费清洗、义务代办某引起事项等。推销员通过服务接近顾客，顾客一般不会拒绝，而且在服务过程中，推销员可以通过观察和聊天探测顾客新的需求，

从而寻找到新的商机。

需要注意的是，推销员所提供的服务应当是顾客所需要的，而且要尽量与所推销的商品有关联。如某保健品经营机构派出业务顾问在街上摆设摊点免费为曾来咨询的行人测量血压，从而较自然地接近顾客。

>>> 营销实战

某家具公司主要开展"全屋家具定制"业务。该公司在广告宣传中称，只要来电邀请，公司就会派出专门的技术人员联系业主免费上门实地测量房屋、并承诺在三天内免费提供全套家具设计。如果成功签约，还会根据业主的意见免费优化设计方案。就是凭着这两大免费服务，减轻了顾客的被推销的压力，较顺利地接近到顾客，最终赢得了不少顾客的订单。

(七)好奇接近法

好奇接近法就指推销员利用人们普遍存在的好奇心，引发顾客对推销品的关注和兴趣，进而顺利接近顾客的方法。

>>> 营销实战

一位业务员来到一所学校推销无尘粉笔，他找到该校主管后勤的副校长时，一边从包里拿出几支样品粉笔呈现给这位副校长看，一边说："李校长，请看！我手里的东西是什么？"

李校长瞧了一眼，随口说"这不是粉笔吗？有什么稀罕的？"

"请校长仔细看看，这可不是什么普通的粉笔！"

"我可真看不出来。别卖关子了，你说有什么不同？"

"红色的是普通粉笔，请看——写字会像这样不停地掉粉笔灰。"推销员边示范边接着说，"校长，请再仔细看，写同样的几个字，为什么这种粉笔不掉灰呢？这是我们厂采用最新研制的新材料生产的新型无尘粉笔，一支粉笔可写五支普通粉笔一样多的字，而所产生的粉尘却不到普通粉笔的十分之一，肉眼不注意，几乎看不到有粉尘！"

"那价格呢？"李校长看来真的心动了。

"与普通粉笔相比，性价比绝对是最高的。一支我们这种新型粉笔只需要普通粉笔两支的价钱，换句话说，就是您李校长，只需要花原来的两元钱却能达到五元钱的效果，而且可以大大降低了粉尘对师生的困扰，这不是为学校、为师生做了件天大的好事吗？"

······

采用好奇接近法，要注意以下几点：
①引起好奇的方式必须与推销活动有关。
②要注意事先对顾客心理特征有所研究，注意不同顾客之间的差异，做到因人施

策，出奇制胜。

③引发顾客好奇心的手段应该合乎情理，不要荒诞不经，危言耸听。

(八)利益接近法

利益接近法是指推销员站在顾客角度强调所推销的商品或服务给顾客带来的好处或实惠，以吸引顾客兴趣，达到接近顾客目的的一种方法。

利益是顾客关注的焦点，价格也常常是顾客重点关注的一个敏感因素，但利益并不仅仅是指价格，产品的质量、品牌、式样、花色品种、数量规格、售后保障等都关系到顾客的利益。推销员接近顾客时要结合顾客与推销品的具体特点，找到顾客最关心、对顾客利益影响最直接、最重要的那个点加以强调，要具体描述这个点会给顾客带来什么样的好处，最好用数据说话，不要夸夸其谈地空洞表态。同时，要注意用权威报告、检测数据、顾客例证等有力证据加以证实，以增强说服力。

学而思：什么是顾客利益？结合具体实例谈谈各自的理解。

【案例分析 2-14】

我撕的是你的钱

齐格是美国一位烹调器推销员，他推销的烹调器每套价格是 395 美元。一天他敲开一位顾客的门，简单介绍之后，顾客说："很高兴见到你，但我不会花 400 美元购买一套锅的。"

齐格看看顾客，从身上掏出一张 1 美元，把它撕碎扔掉，问顾客："你心疼不心疼？"顾客对齐格的做法感到吃惊，但却说："我不心疼，你撕的是你的钱，如果你愿意，你尽管撕吧！"

齐格说："我撕的不是我的钱，我撕的是你的钱。"

顾客一听感到很奇怪："你撕的怎么是我的钱呢？"

齐格说："你已结婚多少年了？"

"23 年。"顾客回答道。

"不说 23 年，就算 20 年吧。一年 365 天，按 360 天计，使用我们的烹调器烧煮食物，每天可节省 1 美元，360 天就能节省 360 美元。这就是说，在过去的 20 年内，你没有使用烹调器，就浪费了 7200 美元，不就等于白白撕掉 7200 美元吗？难道今后 20 年，你还要继续再撕掉 7200 美元吗？"

(资料来源：一分钟情景销售技巧研究中心. 一分钟情景销售技巧[M]. 北京：中华工商联合出版社，2005)

思考与讨论

该案例中推销员用到哪些方法接近顾客？给你有什么启示？

(九)求教接近法

求教接近法是指推销员提出以某个问题向顾客请教的方式以接近顾客的方法。有

的顾客个性高傲，较难接近，如果推销员以虚心请教的方式登门拜访，就会比较容易得到见面的机会，这对入职不久的年轻人来说不失为一种好方法。

【案例分析 2-15】

请教法使生意出现转机

电脑推销员陈海，一次向一家规模不小的公司推销电脑。竞争相当激烈，但是由于跑得勤，功夫下得深，深得承办单位的支持，成交希望非常大，到最后，只剩下两家厂牌，等着做最后的选择。承办人将报告呈递总经理决定，总经理却批转该公司的技术顾问——电脑专家陈教授咨询意见。于是，承办人员陪同陈教授再次参观了两家厂牌的机器，详细地听取了两家的示范解说。陈教授私下表示，两种厂牌，各有优缺点，但在语气上，似乎对竞争的那一家颇为欣赏。陈海一看急了，"煮熟的鸭子居然又飞了？"于是，又找个机会去向陈顾问推销。使出浑身解数，口沫横飞地辩解他所代理的产品如何地优秀，设计上如何地特殊，希望借此纠正陈顾问的观念。最后，陈顾问不耐烦地冒出了一句话："究竟是你比我行，还是我比你懂？"此话一出，这笔生意看样子是要泡汤了。

陈海垂头丧气。一位推销专家建议："为什么不干脆用以退为进的策略推销呢？"并向他说明了"向师傅推销"的技巧。

"向师傅推销"，切记的是要绝对肯定他是你的师傅，抱着谦虚、尊敬、求教的心情去见他，一切的推销必须无形，伺机而动，不可勉强，不可露出痕迹，方有效果。于是，陈海重整旗鼓，到陈教授执教的学校去拜访。见了面，如此这般地说："陈教授，今天，我来拜访您，绝不是来向您推销。过去我读过您的大作。上次跟老师谈过后，回家想想，觉得老师分析很有道理。老师指出在设计上我们所代理的电脑，确实有些特征比不上别人。陈教授，您在××公司担任顾问，这笔生意，我们遵照老师的指示，不做了！不过，陈教授，我希望从这笔生意上学点经验。老师是电脑方面的专家，希望老师能教导我，今后我们代理的这种产品，将来应如何与同行竞争，才能生存？希望能听听老师您的高见。"陈海说话时一脸的诚恳。

陈教授听了后，心里又是同情又是舒畅，于是带着慈祥的口吻说道："年轻人，振作点。其实，你们的电脑也不错，有些设计就很有特点。咳，我看连你们自己都搞不清楚，譬如说……"于是，陈教授讲了一大通。"此外，服务也非常重要，尤其是软件方面的服务。今后，你们应该在这方面特别加强。"陈教授谆谆教导，陈海洗耳倾听。

这次谈话没过多久，生意成交了。对这次推销，帮忙最大的还是陈教授。他对总经理说，这两家公司的产品大同小异，但他相信陈海公司能提供更好的服务。最后，总经理采纳了陈顾问的意见，一笔快泡汤的生意又做成了。

思考与讨论

推销员陈海两次与陈教授见面的不同表现，有什么经验教训可借鉴？

在采用求教接近法时，有以下几点需要注意：

(1)态度要诚恳，让顾客多说多讲，推销员洗耳恭听，多听多记。

(2)赞美在先，求教在后。

(3)求教在前，推销在后。

(4)注意事先了解顾客的兴趣特长，所请教的问题应该是顾客比较熟悉或擅长的领域，避免请教冷门问题，让顾客难堪。

(十)问题接近法

问题接近法即推销员通过提问的形式吸引顾客注意力，激发其兴趣，进而接近顾客的方法。问题接近法是公认的一种有效的方法，推销员通过提出问题，不仅能有利于引起顾客的关注，还便于引发双方讨论，在讨论的过程中，进一步探测与确认顾客的需求，从而有利于掌握推销洽谈的主动权。

当然，采用问题接近法，巧妙构思设计问题是成功的关键。有的推销员提问无创意，只知道一般性问候，诸如"生意好不好？""最近忙不忙？""吃了饭没有？"之类，这样就达不到目的。一般来说，提问要注意把握以下两点。

(1)提出的问题应表述明确，避免含糊不清，不要让人误解，也不要让人去猜。

(2)提出的问题要抓住顾客最关心、最感兴趣的点，重点突出，直击要害，不要面面俱到，不痛不痒。例如，"您希望在同等运输量的条件下，贵公司明年的运输费用能下降15％吗？"要比简单地说"节约开支"效果要好得多。

【案例分析 2-16】

推销矿泉水

一位矿泉水推销员上门推销，下面是他与一位家住七楼的家庭主妇的对话。

推销员："夏天到了，自来水供应正常吗？水质如何？"

家庭主妇："供应不正常，水质也不好。"

推销员："如果有一种既纯净又有利于健康的饮用水，您的家庭愿意接受吗？"

家庭主妇："可以考虑。"

推销员："如果我们每周两次送水上门，既经济，又很方便，这样的服务方式您会满意吗？"

家庭主妇："非常好！那我就订一个月试试吧。"

(资料来源：尹彬. 现代推销技术[M]. 北京：高等教育出版社，2007)

思考与讨论

上例中推销员在提问上有什么特点？

(十一)调查接近法

调查接近法是推销员以市场调查的名义接近顾客的方法。采用调查的方式接近顾客可以减轻顾客被推销的压力，容易得到顾客的支持。因此，这种方法现在为许多企业采用。一方面，市场调查的目的在于了解推销品是否符合顾客的需要，及时收集顾客的反馈信息，以便更好地为顾客服务。另一方面，它可以借调查之机扩大企业产品

的知名度，并进行宣传和销售。采用这种方法对销售人员的水平要求较高，需要推销员以专业的态度和专业的水平来消除顾客的疑虑。如果仅仅以调查为名接近顾客，实质上一见面却在强行推销的话，那么就会引起顾客强烈的反感，徒劳无功。这种方法如果与前述的其他方法如馈赠接近法、问题接近法、利益接近法等结合起来运用效果更佳。开始以小礼物赢得顾客好感，便于取得对调查工作的支持配合，在调查询问过程中或调查快结束时，通过事先巧妙设计的提问引起顾客的兴趣，并以顾客关注的利益点进一步激发顾客的购买欲望，环环相扣，层层推进，就能增加很多成功销售的机会。

【案例分析 2-17】

幸运的顾客

"您好！请问您是 139＊＊＊＊8888 的机主吗？"

"是的，你是哪位？"

"我是路路通电信的客服，为了感谢您使用本公司的服务，今年是本公司成立5周年，为了回馈顾客，公司为每一位抽中的幸运顾客准备了一份精美的小礼品，今天您就是其中的一位，您的运气真是太好了！"

"真的这么好？礼品怎么领？"

"方便的话，您可以到我们解放路76号的营业部凭您本人的手机验证码领取。如果你没时间，公司可以免费按您指定的地址快递送到。条件是需要中奖人配合公司完成一份简单的调查问卷，几分钟就可以了，好吗？"

"那你问吧。"

……

思考与讨论

案例中的客服运用调查接近法时用什么技巧取得顾客的配合？

学而思：在电话中做问卷调查，需要掌握哪些技巧？

值得注意的是，如果业务员在电话中进行问卷调查，还需要掌握一些电话沟通的技巧，因为在电话中让客户配合完成问卷调查比在现场让客户自己填写问卷完全是两回事，难度要大很多。由于客户手中没有问卷，对问卷中涉及的问题如何理解存在差异，有时还会在沟通中聊天跑题，这就需要业务员学会巧妙追问，合理引导，始终掌控电话沟通的主导权。

【案例分析 2-18】

隐形眼镜市场需求电话调研

下面是就隐形眼镜的市场调研的过程，D指的是被调研者。

业务员："您好，我是瑞康隐形眼镜公司的调查员。现在想给您做一个关于隐形眼镜使用情况的电话调查，就误您一分钟时间，请问您方便吗？"

D："哦，电话调查呀？你说吧。"

业务员："真的非常感谢！我一听您的声音就知道您是个好人啊。"

D："哈哈，我这人比较喜欢接触一些新的东西，之前还没接过电话调研的电话呢。"

业务员："呵呵，总之很感谢您。我也是大学生，现在是兼职打工赚点钱。那我开始问问题啦，题目不多。第一个问题，请问您现在是否使用眼镜？A. 是，B. 否，请您选择。"

D："我现在没有戴眼镜哎，以前配过，坏了就没配过了。哦，对了，我有时候戴墨镜的。"

业务员："呵呵，也就是说，您现在没有使用近视眼镜，选 B，是吗？"

D："是的。"

业务员："那么假如您已经近视但尚未配眼镜，您准备怎么办呢？A. 配框眼镜，B. 配隐形眼镜，C. 不配眼镜。"

D："我是近视啊，但是我不准备配眼镜。"

业务员："也就是说您选 C，是吗？"

D："是的。"

业务员："那您未配隐形眼镜是因为什么呢？A. 价格过高，B. 怕伤眼睛，C. 不大方便，D. 其他。"

……

业务员："请问您所知道的隐形眼镜的品牌有哪些？"

D："品牌啊，我倒听说过一些，之前好像看见过蔡依林做广告的，叫什么来着？"

业务员："蔡依林代言的，好像是海昌吧！"

D："哦，对了，就是的，海昌。"

业务员："呵呵，您再想想，还有没有比较熟悉的？"

D："哎，反正就是那些嘛，电视上经常广告的那些，但是一下子又想不起来了，你说说最常见的有哪些啊？"

业务员："不好意思，我认为最常见的并不一定就是您所认为的最常见的，您还是自己说说比较好，实在想不起来就算了。"

D："那算了吧，我想不起来了。你快说下一题吧，对了，还有多少题啊？"

业务员："呵呵，只有最后一题了，请您再坚持一会儿哦，马上就结束了。请问您对隐形眼镜的使用有什么意见或建议呢？这是一道开放题，您只管说就行。"

D："建议嘛！我就希望隐形眼镜能再安全一些，感觉隐形眼镜很脆弱啊，电视报纸上总是报道戴隐形眼镜烤火爆炸了呀什么的，结果眼睛就瞎了，多恐怖啊。"

业务员："嗯，您希望增加安全性，还有吗？"

D："嗯，对隐形眼镜还不是很了解，就这吧。"

业务员："您说得已经很好了，真的很感谢您的合作，希望您学习进步，生活愉快！再见！"

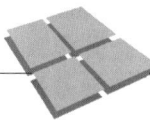

D:"应该的,再见!"

(资料来源:曹明元. 电话销售能力训练[M]. 北京:高等教育出版社,2014)

思考与讨论

你如何评价该例中业务员在电话中完成问卷调查时的表现?她的语言有什么特点?

(十二)表演接近法

这种方法是指推销员利用各种戏剧性的表演活动或生动有趣的示范性操作引起顾客注意和兴趣,进而转入面谈的接近顾客的方法。这是一种传统的接近顾客的方法,如街头杂耍、卖艺等都是采用现场演示的方法招徕生意。

在现代推销中,这种方法仍然可以选用。但要注意表演环节的设计最好是从顾客的兴趣点出发,以尽量吸引顾客的注意力。另外,表演要与所推销的产品产生关联,表演所用到的道具最好就是推销品本身,不能为表演而表演。

【案例分析 2-19】

可以喝的油漆

一个生产油漆的公司负责人在一次新品推广的经销商大会上,为了强调自己生产的油漆无毒、环保,竟然当众喝下一瓶这种油漆!这种近乎疯狂的举动吓得在场的人目瞪口呆,不少人甚至为他的健康担心。而在台上依旧活蹦乱跳的他并没有什么异常。凭着这一奇招,终于征服了犹豫不决的经销商们,纷纷现场签约,新品推广取得巨大成功。

思考与讨论

结合案例谈谈采用表演接近法需要注意什么问题?

以上举例介绍了十二种接近顾客的方法,当然还有其他的方法,不再一一列举。应当知道,每种方法各有自己的优点和局限性,实际运用时要注意具体的适用场合和情境。在推销工作中,可以选用其中一种方法,当然也可以几种方法结合起来运用,如果用得恰当,效果会更好。

>>> 项目要点回顾

顺利接触到顾客是推销成功的第一步,首先要想法找到有效的顾客资料,具体方法有很多,包括逐户访问法、广告开拓法、连锁介绍法等,MAN法则就是帮助我们筛选出有效顾客的好帮手。正式的商业约见之前应当与客户预约,接近顾客时,要根据推销环境与顾客的特点灵活选择恰当的接近方法,如商品接近法、介绍接近法、社交接近法、馈赠接近法、赞美接近法、利益接近法等。

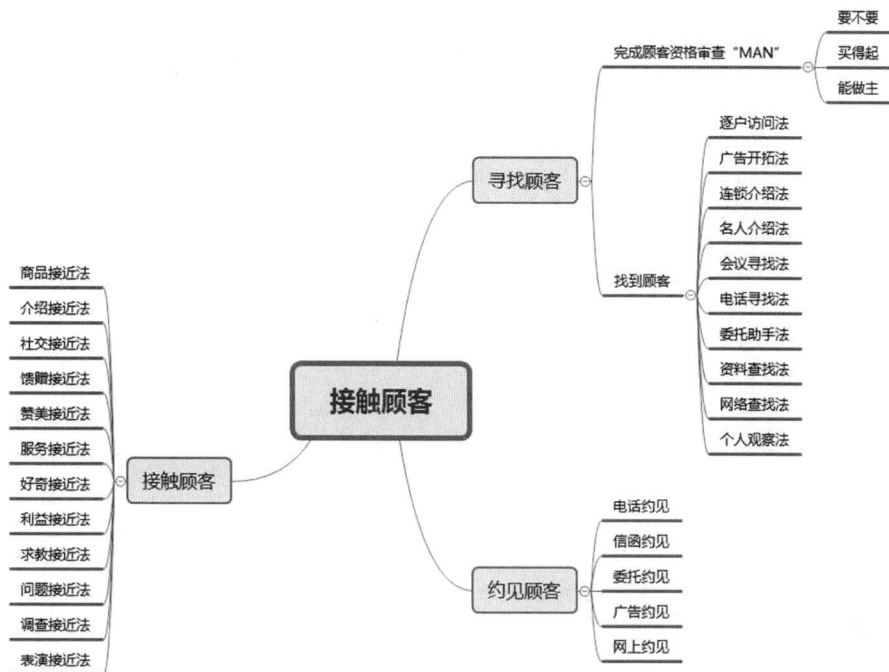

接触顾客

接触顾客：商品接近法、介绍接近法、社交接近法、馈赠接近法、赞美接近法、服务接近法、好奇接近法、利益接近法、求教接近法、问题接近法、调查接近法、表演接近法

寻找顾客：完成顾客资格审查"MAN"（要不要、买得起、能做主）；找到顾客（逐户访问法、广告开拓法、连锁介绍法、名人介绍法、会议寻找法、电话寻找法、委托助手法、资料查找法、网络查找法、个人观察法）

约见顾客：电话约见、信函约见、委托约见、广告约见、网上约见

>>> 复习思考与训练

一、判断题

1. 委托约见由于所委托的人一般是目标顾客的"熟人"，这样便于建立与目标顾客的信任关系。　　　　　　　　　　　　　　　　　　　　　　　　　（　　）

2. 网络媒介符合大多数现代人特别是年轻人的信息阅读习惯，推广效果好，因此，商业约见要重视网络约见这一手段的运用，特别是约见较年轻的目标顾客。　（　　）

3. 推销员在电话中对顾客的开场白要隐瞒自己通话的目的，以免遭到拒绝。
　　　　　　　　　　　　　　　　　　　　　　　　　　　　　　　　（　　）

4. 商品接近法通常用于推销质量优良、特色鲜明且便于携带的有形商品。（　　）

5. 馈赠接近法所用的赠品应当投顾客所好，宜以高雅的艺术品为主。（　　）

二、单项选择题

1. 肖姚刚入职一家婚纱摄影机构，公司安排她与另两名同事一起利用双休日到当地一家大超市附近设摊宣传以吸引潜在顾客。这种方法是（　　）。

A. 逐户访问法　　　　　　　　　　B. 连锁介绍法
C. 会议寻找法　　　　　　　　　　D. 委托助手法

2. 顾客资格审查的"MAN"法则，不包括（　　）。

A. 要不要　　　　　　　　　　　　B. 能不能做主
C. 有没有钱　　　　　　　　　　　D. 有没有时间

3. 关于约见地点的安排，正确的是（　　）。

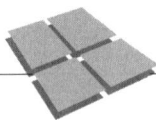

A. 一般情况下最好安排到客户家里

B. 不要安排到社交场所

C. 一般情况下不要安排到客户办公室里

D. 应坚持方便顾客，有利于约见和推销的原则

4. 关于赞美接近法，以下说法不正确的是（   ）。

A. 赞美必须真诚

B. 赞美应该大众性

C. 赞美应该个性化

D. 不恰当的赞美只会事与愿违，让人反感

5. 关于求教接近法的描述中，不正确的是（   ）。

A. 求教的问题应该与推销品有关　　　B. 赞美在先，求教在后

C. 求教在前，推销在后　　　D. 求教的问题最好是顾客擅长的领域

三、多项选择题

1. 以下关于资料查找法描述正确的是（   ）。

A. 现在是信息社会获取信息资料十分便捷

B. 获得信息费用低

C. 资料的真实性无法保障

D. 时效性不强

2. 约见顾客的内容包括（   ）。

A. 访问对象与理由　　　B. 中间人的选择

C. 见面的时间与地点　　　D. 见面费用的结算

3. 关于约见顾客的时间，正确的是（   ）。

A. 不约工作时　　　B. 不约饭点时

C. 不约忙碌时　　　D. 不约坏心情

4. 信函约见相对其他方式具有以下优点（   ）。

A. 正式庄重、费用低　　　B. 约见成功率高

C. 操作简便　　　D. 方便保存

5. 关于推销员对顾客的开场白，以下说法正确的是（   ）。

A. 要问候及自我介绍　　　B. 要表明通话（或来访）的目的

C. 要承诺给对方价格优惠　　　D. 要探测顾客需求

6. 关于表演接近法，以下说法正确的是（   ）。

A. 它是一种古老而传统的方法　　　B. 表演设计要从吸引目标顾客兴趣出发

C. 表演的道具最好选用推销品　　　D. 推销品不宜作为表演的道具使用

7. 小谢同学利用课余时间经营一家微店销售一种面膜产品。平时在她的微信朋友圈和同学群里发布一些优惠活动消息吸引顾客。另外，不定期地带些样品上宿舍楼挨个寝室推广。小谢同学寻找顾客的方法是（   ）。

A. 网络寻找法　　　B. 逐户访问法

C. 广告开拓法　　　　　　　　　D. 连锁介绍法

8. 业务员对顾客说："赵老师：您好！听你们学校很多老师说，您在书法方面很有造诣。小宋特慕名来请教一个问题。可以吗？"赵老师回答："过奖了，我是没事练练毛笔字而已，时间不久，谈不上什么造诣。你有什么问题？看我能不能回答你。"业务员："我想请教的是，作为初学者，应该如何选择毛笔呢？"业务用到接近顾客的方法有（　　　）。

A. 商品接近法　　　　　　　　　B. 赞美接近法

C. 调查接近法　　　　　　　　　D. 求教接近法

9. 本章实务操作题第3题中，化妆品推销员小张接近顾客的方法有（　　　）。

A. 好奇接近法　　　　　　　　　B. 广告开拓法

C. 利益接近法　　　　　　　　　D. 赠品接近法

10. 以下方法常用于推销员突破前台（　　　）。

A. "装"亲切　　　　　　　　　　B. 装"傻"

C. 装隐私　　　　　　　　　　　D. 装疯癫

四、实务操作题

（一）寻找顾客

小张刚刚大学商科毕业，很幸运地通过人才市场被维达精细化工公司录取，成为该公司一名实习推销员。

维达精细化工公司虽然是一家成立才3年多的公司，但科技含量高，在行业有一定影响力。小张进入公司后，公司安排了经验丰富的老业务老刘负责帮助和指导他。可老刘才不久接到公司新的任务，要他负责开拓尚为空白的华北、东北市场。这期间他主要忙于市场调研和着手招聘推销员，除偶尔交代小张在推销工作中一些值得注意的问题外，几乎抽不出时间专门指导他如何开展工作。老刘觉得这种情况目前不便向上级反映，因为如果反映领导会觉得自己保守不肯带新，以致引起误会。

老刘不在公司的期间，小张自然不能闲着，但他又真不知道工作该从哪里开始。要推销，首先得知道向谁推销，潜在的客户在哪。小张找到一本放在公司办公桌上的S市电话黄页簿，把自认为可能是公司客户的公司信息抄下来，逐一打电话询问，结果打了一上午的电话，大大小小的公司问过近30家，毫无进展。小张一时觉得在大学学过的那些推销理论似乎都帮不了他，来公司好几天了，小张从来没有像现在这样感到无助和困惑。

思考与讨论

1. 小张为什么感到无助和困惑？你认为他目前的问题出在哪里？

2. 试提出一个方案以帮助小张摆脱目前困境。

（二）公交上的信息

阅读以下材料，下面是某次公交车上偶尔发生的一段对话。

A："哎，李队，你的新房什么时候交房？"

B："还早，还有三四个月呢，估计7月。"

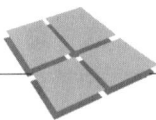

A:"记得是150多平方,多大的房子!要是在深圳,值200多万啊!装修恐怕也要花20多万吧?"

B:"没那么夸张,我不想大搞,简单点就行,10多万够了,不过,现在还没想好。"

思考与讨论

假如你在经营一家装饰材料公司。听到上面的对话,你有什么想法和行动?

(三)小张的两封邀请函

小张是某化妆品的推销员,在向一些住宅小区推销产品时就采用了两封信的约见的方法。

第一封信:"××号的主人,您好!我在一家世界著名的化妆品公司工作,对如何使您看起来年轻十岁有一些独特的办法,很希望与您交个朋友,如果您有空,能在晚上八点之前打个电话给我吗?我的电话是150×××8868。"

第二封信:"××号的主人,您好!您一定接到了我前几天给您的信,您和您的朋友如果要咨询关于保养皮肤,或设计有助于事业成功的个人形象等问题,我一定会全力以赴为您服务。如果您工作太忙,没时间打电话,我会在周六或周日去您家拜访,为您提供咨询服务。"

然后在约定的时间,小张直接去登门拜访,并带一些小礼品。经过努力,小张的推销业绩直线上升,并与很多客户成了朋友,与之建立了稳定的供求关系。

(资料来源:王丽丽. 商务能力教程[M]. 2版. 北京:高等教育出版社,2014)

思考与讨论

1. 小张的信函约见法有什么可取之处?

2. 试结合自己体会,谈谈信函约见顾客需要哪些技巧?

(四)顾客资格审查与档案管理

根据以下模拟顾客资料分别完成顾客资格审查,按不同潜力对顾客完成ABC分类,简要说明理由。并自行设计顾客信息卡片,把各顾客的信息资料填入资料卡中。

训练目的:

1. 让学生明白,作为销售员获取信息的能力和顾客资格审查的重要性,重视顾客信息档案管理。

2. 让学生从实训中体验并感悟:在实践中,对不同潜力的顾客进行分类管理,是提高销售效率的重要途径。

3. 让学生懂得团队合作的重要性,增强表达与沟通能力。

训练方式:以小组为单位完成,并制作汇报PPT,三天后汇报总结并提交小组《实训报告》(格式见本书附录一)。

附件:模拟顾客资料

某保健品公司主要经营W品牌系列保健品。通过在一居民小区做免费体检活动,收集到以下 5 名顾客资料。

顾客 A：吴女士，60 岁，退休教师，平均月收入 5500 元。性格温和，较易与人沟通，穿着朴素，花钱谨慎，很少购买贵重物品中。身体健康状况一般，每天晚饭后散步 1 小时。只吃过钙片，从未听说过该品牌。

顾客 B：王女士，32 岁，家庭主妇，家庭主要收入来源于自己做生意的男主人。性格较内向，不太爱与陌生人讲话。身体健康状况一般，有不太严重的肠胃疾病。平时从事家务劳动，很少运动。不吃保健品，从未听说过该品牌。

顾客 C：江先生，46 岁，某大型国有企业中层干部，平均月收入 10000 元。语言幽默，脾气稍有急躁。社交场合较多，身体健康状况不良，轻度脂肪肝。身体微胖，很少运动，吃过多个品牌的保健品。听说过该品牌，但因知名度不够，怀有疑虑，未曾购买。

顾客 D：陈女士，43 岁，公务员，平均月收入 4000 元。健谈、办事果断，考虑问题周到，经常带孩子去室内游泳馆游泳。身体健康状况不良，开始出现某些中老年症状，正考虑购买保健品。听说过该品牌，还未下决心。

顾客 E：李先生，26 岁，私有企业职员，月平均收入 3500 元，新婚，月光族，大部分商品购买由女主人做主。喜欢篮球，偶尔打羽毛球、网球。从未吃过保健品，身体状况较好，未听说过该品牌。

（资料来源：毕思勇：推销技术[M]．北京：高等教育出版社，2015）

五、创新拓展题

我的获客之道

我，一个大学毕业已三年的九零后女孩。2020 年受新冠肺炎疫情影响，我辞职创业开启自媒体营销探索之旅。我主要借助抖音、小红书等短视频平台，以小个子微胖女生为主要服务对象，主推各季潮流服装，兼营女包和小饰品。

近年来，尽管自媒体、短视频、直播带货已成了人们津津乐道的热门话题，网红经济也得到商界高度关注，但一个自媒体新人要想在竞争日趋激烈的自媒体领域赢利一席之地，绝非易事。

经过思考，我决定以抖音作为自己的主阵地。该平台的两大亮点深深地吸引我：一是用户数量巨大，潜力大。据抖音官方报告，截至 2020 年 1 月，抖音 DAU 已超 4 亿，较去年同期的 2.5 亿增长了 60%；二是它去中心化的算法，会给新人成长以更多的机会。

给自己的账号取个好名字是自媒体人成功的第一步。为此，我很费了一番心思。好名字要符合三个条件：一要简短，方便记忆，以两三个字为宜，最长不要超过五个字；

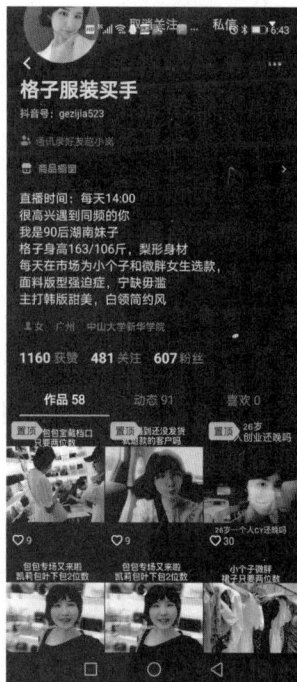

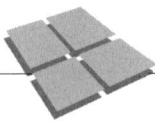

二要发音响亮、好听；三要有个性，有辨识度，尽量在网络流行文化与账号定位之间取得平衡。最终我决定给自己的抖音号取命"格子"，结合账号定位命名为"格子服装买手"（gezijia523），我对自己取的这个名字有些小得意。

进驻抖音头两三个月，我每天都在努力发短视频作品，作品紧扣服装这一主题，力争在短短十几秒内突出产品的亮点。同时我坚持开直播，每次开播前会给自己化一个淡妆。可是每次直播间人数并不多，平均在15人左右，粉丝积累很慢，总数不足200人。我想找到突破目前瓶颈的钥匙。于是，我一边学习，一边总结思考。我发现自己有两个明显不足。一是发布的短视频作品质量有待提升。在形式上，主要体现视频作品封面设计没有整体感，有的是横屏，有的是竖屏。各作品封面文字标注也是五花八门。在内容上，基本上是拍服装样品，加上音乐或讲解，经简单剪辑就发布了，缺乏足够吸引力。二是直播时间不准时，多次出现没有按照直播预告时间准时开播的情况，这些都可能导致"掉粉"。三是针对"小个子微胖女生"的顾客定位还有待强化。

找到问题是解决问题的一半，我马上着手整改。一方面我把一些不太满意的作品私藏了，新发的作品做到封面风格统一。另一方面，为提升作品质量，我注意运用一些剪辑技巧，重视跟踪最新热门动态，在自己的作品中加入热门音乐、热门话题。同时，开播前我注意在短视频中加入约客话术，如"你们一直在问的凯莉包，只要两位数，快进我的直播间吧"。讲解尽量针对"小个子微胖"人群穿衣的痛点，突出介绍产品的卖点以增强吸引力。当然，讲解还要注意与访客互动，同时还以发放购物优惠券的方式吸引访客加入"粉丝团"。这样既积累了自己的客户资源，又提高了潜在客户的黏性。

通过以上调整，效果明显。作品播放量平均提升了好几倍，有的甚至高达几十倍，由原来不足一千猛增到三万多。直播间人气也有所提升，粉丝积累步伐明显加快，其中最得意的一次是一场直播新增粉丝88个。对我来说，尽管自媒体创业之路还很长，必定会面临很多困难和挑战，但是我已有了足够的心理准备，迎难而上不放弃。

思考与讨论

1. "我"是以什么方法约见顾客和接近顾客的？你有什么评价？

2. 关注"格子"并分析其视频作品，以小组为单位讨论：在短视频平台如何快速吸引和积累粉丝并提高转化率促成交易？

项目三　　洽谈业务

知识目标：

1. 熟悉洽谈业务前工作准备的内容与方法。

2. 掌握洽谈业务的基本原则、主要策略与技巧。

能力目标：

1. 以某次具体业务谈判为背景，完成完整的洽谈准备工作方案，包括谈判人员构成、信息的收集、谈判方案、谈判环境布置等内容。

2. 以某次具体业务谈判为背景，运用恰当的谈判策略与技巧，通过角色扮演完成模拟谈判。

情境描述

与李校长洽谈前的准备

李校长是一家以成人教育为主的社会培训机构的负责人。半个月前，通过该机构发布在网上的一则广告，我加了该机构的微信公众号，并联系到了负责人李校长。经过几次沟通，对客户一些相关的基本情况已大致掌握，包括李校长学校的性质、招生类型与对象、平时的宣传推广手段与效果、今年的广告要求与预算及本市同类社会培训机构的规模与分布等。

李校长对我推荐的朋友圈广告有了一定兴趣，双方约定下周三面谈。为了准备好这次洽谈，我从教育培训类客户中精选了 3 个较成功的案例做成宣讲 PPT，到时带上我的小笔记本，主要以图片的形式直观地呈现。见李校长前，我打算先设计几个问题，逐步引起李校长的兴趣，争取当天谈成合作。当然，工作证件、名片、合同等必备物品我已考虑清楚，列出了备忘清单。我也收集了一些数据，必要时可以证明朋友圈广告的实效，只要策划得当，我很有信心能帮助李校长提升招生广告效果。只是，李校长最关注的问题什么，是价格？效果？还是信任感？我心里没底，如何巧妙应对，除了可讲一些合作过的实例，我暂时也没想到什么妙策。

思考与讨论

1. 你认为"我"的谈判准备有什么亮点，哪些方面需要改进？

2. 你有什么合理建议？一般来说，应从哪些方面做好谈判准备？

学而思：你认为谈判准备重要吗？举例说说应从哪些方面做好谈判准备工作。

▶任务一　筹谋：做好洽谈准备

一、选拔谈判人员

谈判的关键因素是人，人的因素是影响整个谈判进程，决定谈判结果的决定性因素。选拔和组建合理的谈判班子主要是要考虑三个方面：素质、数量与结构。

(一)谈判人员的基本素质

1. 具有强烈的事业心与开拓进取的精神

这包括强烈的成就感、明确的目标达成意识、强烈的事业追求心、坚强的克服挫折的意志、强烈的工作信心等。

2. 具有扎实的专业知识

一般情况下，商务谈判者应具备的专业知识包括三个方面：一是商品、市场、价格、仓储、运输、商检、保险、财务、支付条件等商务方面的专业知识；二是生产工艺、工程技术等方面的专业知识；三是有关政策、法律方面的专业知识。此外，作为国际贸易的商务谈判人员，还应具备语言翻译、涉外礼仪知识等。

3. 具有较强的实际技能

这包括记忆力和观察力、组织与谋划能力、分析问题与解决问题的能力、想象思维与表达能力、善于交际与应变能力、控制与协调能力以及学习与创新能力。

4. 健康的心理素质

耐心、毅力是一个谈判人员应该具备的基本素质。有时谈判是一项马拉松式的工作，需要在长时间的谈判中要始终如一地保持镇静、信心与机敏。

(二)谈判人员的数量

谈判小组成员应由几人组成，没有统一规定。对某次具体的谈判来说，确定谈判人员的数量主要应当考虑两个因素：一个是谈判的复杂程度，另一个是管理幅度问题。这当然与谈判人员的能力水平有关。一般来说，一个谈判小组以4～5人最为理想。大型谈判或特殊谈判，人员会增加，常以代表团的形式参加。不过，谈判专家斯科特认为，人员最好不超过12人。

(三)谈判人员的结构

谈判人员的结构，即谈判人员的构成。组建谈判班子尽管没有统一模式，但是应当遵循"精干、实用、效率"的原则。从横向看，一般谈判人员可由与交易内容有关的部门选派，包括主管部门人员、企业人员、专业人员以及翻译、律师等。从纵向看，一般有谈判组负责人、主谈、辅谈、智囊团。

一个好的谈判班子，应该注意团队成员在专业知识、能力、经验、年龄、性格等方面合理搭配。

1. 知识具有互补性

一是谈判人员各自具备自己特有的专长，都是处理不同问题的专家；二是谈判人员书本知识与工作经验互补。谈判队伍中既有高学历的青年学者，也有身经百战具有丰富实践经验的谈判老手。这样就可以实现知识和能力方面的互相补充。

2. 性格具有互补性

谈判队伍中的谈判人员性格要互补协调，将不同性格的优势发挥出来，互相弥补其不足。

3. 分工明确，配合协调

谈判小组每一个人都要有明确的分工，每个人都有自己特殊的任务，不能工作越位。当然，分工明确的同时要注意大家都要为一个共同的目标而通力合作，协同作战，相互补台。

4. 社会地位对等

即按照惯例，己方谈判小组成员的社会地位应与对方出场人员的级别相等，做到至少不低于对方人员的级别。

视频：蓝一贵卖画

二、收集谈判信息

"知彼知己，百战不殆"。谈判信息就好比战场上的情报资料，一条关键情报有时就直接决定了战场的胜败，谈判信息同样也是决定谈判成败的关键因素。这里指的谈判信息，是指与商务谈判活动有着直接或间接联系的各种情报、知识和资料等。

学而思：假如你需要租房与房东谈判，事先你会收集哪些信息？

【案例分析 3-1】

掌握情报，后发制人

在某次交易会上，我方外贸部门与一客商洽谈出口业务。在第一轮谈判中，客商采取各种招数来摸我方的底，罗列过时行情，故意压低购货的数量。我方立即中止谈判，收集相关的情报，了解到日本一家同类厂商发生重大事故停产，又了解到该产品可能有新用途。再仔细分析了这些情报以后，谈判继续进行。我方根据掌握的情报，后发制人，告诉对方：我方的货源不多，产品的需求很大，日本厂商不能供货。对方立刻意识到我方对这场交易背景的了解程度，甘拜下风。在经过一些小的交涉之后，乖乖就范，接受了我方的价格，大批量购买了该产品。

思考与讨论

我方收集了日方哪些信息才扭转了谈判局势的？你认为要做好谈判准备工作，通常需要收集哪些信息？

收集谈判信息主要包括环境信息、企业自身信息、谈判对手信息三个方面。

1. 环境信息

这包括客观环境信息与市场行情信息。谈判总是在一定的客观环境下进行的，客观环境状况对具体的谈判会起着直接或间接的影响。影响谈判的客观环境因素概括起来有以下几方面：政治经济状况、宗教信仰、法律制度、商业习惯、社会习俗、财政

金融情况、基础设施与后勤供应系统、地理气候因素等。市场行情信息，主要包括市场供求状况、产品或服务价格变动、市场需求潜力、同业竞争对手等方面的信息。

2. 企业自身信息

谈判人员应当对自己企业的家底非常清楚，包括企业历史、发展战略、研发与生产能力、市场范围、企业财务结算制度、售后服务能力与政策、产品的优点与不足等。

3. 谈判对手信息

谈判对手的信息包括对方企业的信誉、经济实力、对方的需求、谈判时限、对方谈判人员的构成，特别要重点了解对方的主谈是谁，他的性格特征、谈判风格如何，具体有多大的权限等。

三、制定谈判方案

谈判方案就是针对某一个谈判项目而确定的谈判工作计划书。制定谈判方案好比打仗之前要制定作战方案一样，是谈判准备的一项非常重要的工作，不可或缺。制定谈判方案要体现"简明、具体、灵活、可操作"的原则。一个完整的谈判方案一般包括谈判目标、谈判议程、谈判时间与地点、谈判策略等内容。下面侧重从谈判目标、谈判策略、谈判议程三方面进行探讨。

（一）确定谈判目标

谈判目标是谈判者对某次谈判中的利益期望水平，谈判目标的确定既要考虑双方的现实需求和实力对比，又要符合客观现实，不能盲目地提出不切实际的目标。一般把谈判目标分为三个层次：最优期望目标、可接受目标、最低限度目标。

1. 最优期望目标

最优期望目标即一方乐于达成的最理想的目标。一方的最优期望目标往往是对方最痛苦、最难以接受的目标，实现的难度极大。因此，必要时要考虑放弃。

2. 可接受目标

这是指谈判人员根据各种主客观因素，经过周密分析论证后制定的一个比较切合实际的目标。这个目标是己方可努力争取或愿意做出让步的目标。

3. 最低限度目标

最低限度目标即谈判的底线，是必须坚守的最后一道防线，达不成宁可撤退。

图 3-1 是双方谈判目标较典型的一种相互关系，一方的最低目标常常是对方的最优期望目标，当然，实际中各自目标的内涵会有差异，不可能是机械的一一对应关系。图 3-2 就是不规则的对应关系中其中的一种，除此外还会有很多其他形态，比如有时是包含关系、有时是错位关系等。同样双方的可接受目标常常会有差异，不会像图 3-1 中那样整齐规则，但是只要两者有重叠的部分，说明就有谈判的空间，就可能达成共识，促成谈判。

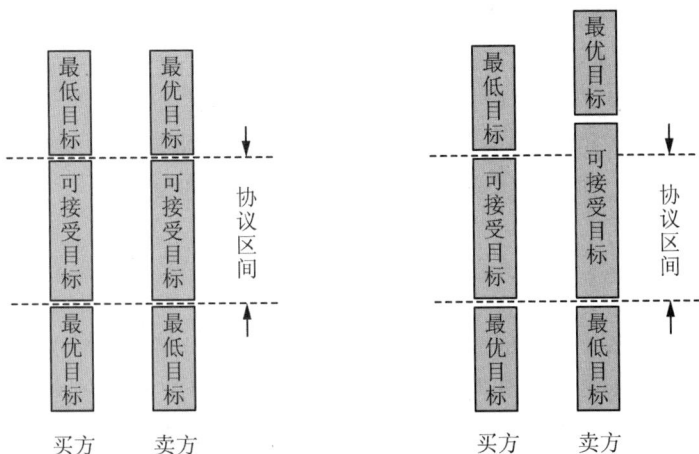

图 3-1　谈判目标模式一　　　　图 3-2　谈判目标模式二

学而思：租房谈判前你是如何考虑设定自己的谈判目标的？你会制定谈判方案吗？

(二)谋划谈判策略

谈判策略就好比是作战时的战略战术，需要认真准备，精心谋划。好的战略战术必须是建立在可靠的情报资料与精准的分析判断这一基础之上的。确定正确的谈判策略，首先必须客观地分析谈判形势。在分析双方谈判需求的基础上，正确估计双方的实力、地位；分析各自的优势与劣势；充分预计谈判中可能出现的问题。接着就是思考对策，拿出方案。认真讨论己方在谈判中可做哪些让步，让步幅度与节奏如何控制，双方共同利益是什么，己方希望对方做出什么决定，如对方没有做出决定，如何应对等。明确在谈判的不同阶段包括开局、交锋、妥协各阶段，分别采用什么谈判策略与方法。

制定谈判策略时有两点值得高度重视，一是替代方案，二是模拟谈判。

1. 替代方案

替代方案，即在研究讨论谈判策略时，一定要准备可替代的方案。因为，我们在制定谈判策略时，往往是建立在对我方与对方的分析这一基础之上的，其中的某些具体策略与思路是以对方的某种谈判策略或行为作为假设的，如果这个假设在实际谈判时并没有发生，则我方预定方案中所确定的某些策略与对策可能就变成不正确或不合适实施的方案了。而真实的谈判，特别是比较复杂的谈判，可以说瞬息万变，各种情况都有可能发生，为了赢得主动，除了尽可能把各种情况考虑得更周全一些外，制订方案时应该针对关键问题可能出现的变化考虑对策，同时研究制定可行的替代方案，即第二套方案，以保持整个谈判的弹性。

实证经验表明，谈判过程出现僵局时，谁先提供可讨论的替代方案，谁就更能掌握谈判的主动权。

2. 模拟谈判

模拟谈判，即在制定谈判策略与实施方案后，从己方人员中选取一部分模拟扮演

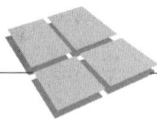

谈判对手，提出各种假设和臆测，从对手的谈判立场、观点、风格出发，和己方谈判人员进行实战演练，相当于正式谈判前的"彩排"。

模拟谈判有两个重要作用：一是训练队伍，提高素质。通过组织模拟谈判，可以锻炼谈判者的心理素质和应变能力，提高己方协同作战的能力。二是发现问题，完善方案。通过模拟操练，便于发现己方可能忽略的信息或被轻视的重要问题，从而找到原有谈判策略中的漏洞与不足，进一步完善方案。

模拟谈判时应注意三个问题：（1）合理地做出假设。建立假设要以事实为基本依据，且必须符合逻辑。尽量让富有谈判经验的人员做假设，假设与实际的吻合度越高，模拟谈判的效果就越好。（2）选择好参演人员。要按照真实谈判的要求精心选配参加模拟谈判的人员，从专业知识、谈判经验与角色扮演能力等方面综合衡量。（3）模拟结束及时总结。这是非常关键的一环，因为模拟谈判的目的就是为了总结经验教训，发现问题，补齐短板，完善谈判方案。

（三）安排谈判议程

谈判议程，即谈判的议事日程，一般要包括谈判时间的安排和谈判议题的确定。安排谈判议程也是谈判策略设计的重要一环，应当引起高度重视，以争取"天时"之利。

1. 安排谈判时间

安排谈判时间，即确定在什么时间举行谈判、多长时间、何时结束。如果是分阶段谈判，还要考虑各个阶段时间如何分配。

谈判时间的安排是否恰当有时会对谈判结果产生很大影响。通常要考虑以下具体因素合理安排：谈判准备的充分程度、谈判人员的身体和情绪状况及生理时钟、谈判的紧迫程度、竞争环境及谈判对手的情况等。

2. 确定谈判议题

所谓谈判议题是指谈判双方提出和讨论的各种问题。确定谈判议题可以按以下三步进行。

第一步，将与本次谈判有关的、需要双方展开讨论的所有问题罗列出来，尽可能不要遗漏。

第二步，根据对己方有利还是不利这一标准，将所列出的问题进行分类。

第三步，尽可能将对己方有利的问题列入谈判议题，而将对己方不利的问题排除在议题之外，或者只选择那些对己方不利但危害不大的问题列入议题，而将危害大的问题排除在外，目的是使议题的安排有利于自己。

3. 确定议题顺序及具体时间

确定议题顺序及具体时间，即讨论议题的先后顺序及各议题的时间安排。一般有五种做法，具体情况区别对待。

第一种方法是先易后难，即先讨论容易解决的问题，后讨论有分歧的问题，这样可以为讨论困难的问题打好基础，能给谈判创造友好气氛。

第二种方法是先难后易，即先集中精力和时间讨论重要的困难问题，把这些问题谈透，突出重点，以主带次，推动其他问题的解决。

第三种方法是先讨论一般原则问题，达成原则性一致意见后，再讨论细节问题。

第四种方法是先讨论与资金有关的问题，然后讨论与资金无关的问题。

第五种方法是混合型，即把所要讨论的问题同时提出加以讨论，经过一段时间后，将已统一的意见明确下来，再对尚未解决的问题加以讨论，从而取得一致的意见。

经验表明，谈判开始应选择安排一个对自己不太重要的问题进行讨论，在这个问题上给予对方优惠或较大的让步，借以表明我方合作的诚意。谈判最后不要安排有争议的问题，因为放在最后可能讨论时间不充分，而且在结束谈判前可能给双方都留下不好印象。有争议的问题，最好放在谈成几个问题之后，在谈最后一两个问题之前。谈判结束前最好安排一两个双方都满意的特别是本方能做较大让步的问题以作为最后的姿态，充分显示己方对达成交易的诚意，同时，也可以使对方在一定程度上得到心理上的满足，以便在结束时创造一个良好的气氛，给双方留下一个好的印象。

谈判议题时间的安排，应当结合具体情况确定。一般应优先保障重要议题或争议较大的焦点问题有足够的讨论时间，而对一些相对简单或分歧不大的议题应尽量少占用时间，宜速战速决，以节省宝贵的时间和精力。

四、布置谈判场所

(一)选择谈判场所

按照谈判地点分，商务谈判可分主场谈判、客场谈判和中立地谈判。

1. 主场谈判

主场谈判，即谈判地点设在自己的一方。主场谈判具有多个优势：一是避免环境生疏带来的心理上的障碍，影响正常发挥；二是己方可借"天时、地利、人和"的有利条件，向对方展开攻势，争取额外的收获；三是便于谈判人员请示、汇报、沟通联系；四是节省旅途的时间和费用。正因为有这些好处，人们常常会积极争取主场谈判，就像体育比赛一样，在己方场地举行谈判洽商活动，获胜的可能性就会更大些。

2. 客场谈判

客场谈判，即谈判地点设在对方。尽管客观谈判会造成一些不便，但也要看到它的优点：一是可以排除多种干扰，全心全意进行谈判；二是在某些情况下，可以借口有限权力，拒绝提供不便泄露的情报；三是可以越级与对方的上级洽谈，获得意外收获；四是对方需要负担起准备场所和其他服务的责任。正是由于上述原因，在多轮谈判中，谈判场所往往是交替更换，这已是不成文的惯例。

3. 中立地谈判

中立地谈判，即在谈判双方之外的第三方选择地点谈判。选择中立地谈判，可以避免因环境不适而带来的不利影响，有利于营造公平的谈判环境。在外交场合，如果双方关系比较紧张，谈判地点多选择中立地国家。如 2019 年 2 月，朝美两国首脑会晤的地点就选择在第三国越南进行。

当然，谈判地点在哪一方还取决于许多其他客观因素，如考察生产过程、施工基

地、投资所在地的地理环境等。有时，中立地点也是谈判的合适地点，如果预料到谈判会紧张、激烈，分歧较大，或外界干扰太大，选择中立地点就是上策。但是，不论哪一方做东道主，都不应忽视对谈判地点的选择和谈判场所的布置。在某种程度上，它直接影响谈判人员的情绪，影响会谈的效果。如谈判场所不要过于嘈杂，场所的光线、温度也要适宜等。

(二)完善设备设施

谈判中通信设施的配置与完善十分重要。谈判活动要有效进行，就必须保障交流畅通、便利，那种通过在设备设施上做小动作、以延误对手沟通来谋取己方利益的做法是不值得提倡的。无论是哪一方做东道主，这一点一定不要忽视。

在谈判场所，要使谈判人员能够很方便地使用互联网、电话、电报、传真等通信设备，必要的话配备打印机、复机机、投影仪等设备。要具备良好的灯光、通风和隔音条件，调试好电源、音响与话筒。最好在举行会谈的场所旁边，备有一两个小房间，以利于谈判人员协商机密事情。除非双方都同意，否则不要配有录音设备。经验证明，录音设备有时对双方都会起到副作用，使人难以畅所欲言。

(三)安排谈判座次

谈判座次的安排是一件十分严肃而又敏感的工作，涉及商务礼仪，也是东道主谈判人员专业素质的体现。特别是涉外谈判场合，客商有时会根据谈判会场的布置去判断谈判东道主对本次谈判的重视程度和诚意。

谈判桌通常采用方桌、圆桌。有的三方谈判，也采用"Y"形桌，也有的采用自由式或主席式。下面主要介绍常见的方桌与圆桌座次安排。

1. 方桌的座次安排

方桌座次的安排分横排与竖排两种情况。

方桌横排情况下座次安排如图 3-3 所示，按照面门为上的原则，面对门的一方为客方，背门的一方为主方。以居中为上，以右为尊的原则安排具体座次，中间位为尊，为 1 号位，一般为谈判首席位，然后以 1 号位为基准，其右边第一个位为 2 号位，左边第一个位为 3 号位，右二为 4 号位，左 2 为 5 位，依此类推。

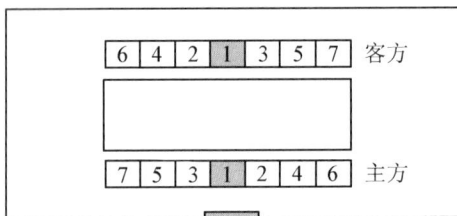

图 3-3　方桌(横排)座次安排

方桌竖排情况下座次安排如图 3-4 所示，以正门为基准，门右侧一方为客方，左侧为主方。中间位为 1 号位，然后，先右后左依次安排，与横排情况类似。

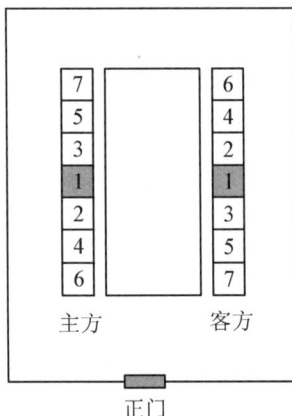

图 3-4 方桌（竖排）座次安排

通常，双方主谈者的右侧之位，在国内谈判中可安排副手就座，而在涉外谈判中则应由译员就座。

2. 圆桌的座次安排

圆桌座次安排如图 3-5 所示，同样遵循面门为上，以右为尊的原则，以正门为基准，正对门一方为客方，背门一方为主方。正对门中间的位置为 1 号位，以此为基准，按先右后左的次序依次排定。背门中间一位置为主方 1 号位，同样，以此为基准，按先右后左的次序分别确定。

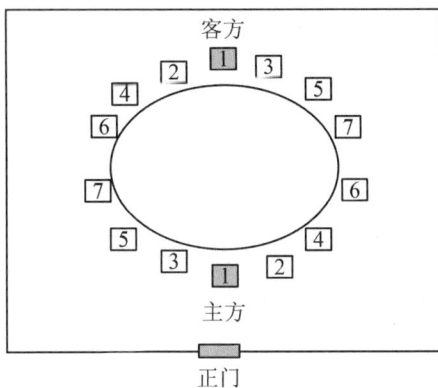

图 3-5 圆桌座次安排

一般来讲，比较重要的、大型的谈判选用方形的谈判桌，双方代表各居一面，相对而坐，这样可无形中增加双方谈判的分量。规模较小的多方会谈或在双方谈判人员较熟悉的情况下，多选用圆形谈判桌，不设首席，大家团团围坐，可以消除谈判各方代表的距离感，营造出关系融洽、共同合作的氛围。当然，不少有经验的谈判专家认为，选择圆桌胜过方形桌。因为方桌坐定后显得过于正规、严肃，有时甚至会产生相

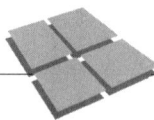

互对立的情绪。

▶任务二　较量：谈判运筹帷幄

谈生意是销售员的主要工作，其大量的时间与精力将要面对不同的潜在客户，有时还不得不适应不同的洽谈环境。谈判实力的强弱对整个谈判进程会产生深刻影响，什么时候采取攻势，什么时候采取守势，如何进攻，如何防守，对销售员来说都是较大考验。

一、谈判成功的衡量标准

学而思：假如你是租房谈判的一方，你认为怎样才算谈判成功？

每个人都希望自己在谈判中能够取得成功。然而，不同的人，对谈判成功的理解是不同的，就像人们对"幸福"的理解一样，不同的人自然会有不同的答案。这很正常。有的人认为在某次谈判中谋取了所谓的经济利益"最大化"就是成功。果真如此吗？如果由于在这次谈判中争取到"最大化"的经济利益而失去对方的信任，以至于痛失一位长期合作的大客户，难道不是犯了"捡了芝麻，丢了西瓜"的大错误？如此看来，学习谈判技术之前，先明确谈判成功的标准是非常重要的。

衡量一场谈判成败的标准有三个：谈判目标的实现程度、谈判效率的高低及谈判后的人际关系。

(一)谈判目标的实现程度

商务洽谈的目的性很强，那就是谈判各方都要努力争取自己的经济利益，其中，价格往往是谈判的焦点。因此，经济目标毫无疑问是衡量谈判成功的一个重要因素。但是，请不要忘了，本项目任务一中我们已经讨论过，确定谈判目标有最优目标、可接受目标和最低目标之分。因而，一方追求的谈判目标应该在合理的范围之内，而不是所谓的"最大化"目标。否则，容易脱离实际，既无形中给自己增加了不必要的压力，又提高了谈判的风险，容易导致谈判僵局。更何况，谈判目标的内涵也不仅仅只是经济目标，有时还会有其他方面的目标。例如，结识新客户、推销新产品、开拓新市场、缓解资金压力、抢夺项目进度等。

(二)谈判效率的高低

谈判效率，即谈判收益与付出的比较。其中，谈判付出构成谈判成本，具体包括包括三个部分。

1. 作出的让步

这即是预期谈判收益与实际谈判收益的差距，是谈判的基本成本。

2. 耗费的资源

这包括谈判投入的人力、物力、财力及时间等方面的资源，是谈判的直接成本。

3．机会成本

这是指因参加该项谈判占用了资源，而失去了其他获利机会，损失了可望获得的其他价值。

谈判时，人们往往计较谈判桌上的得失，对第一种成本比较重视，而忽略了后两种成本，就是一种短视行为，值得特别注意。

(三)谈判后的人际关系

谈生意的主体是人，所以，商务洽谈活动本质也是一种人际交往行为。谈判后的人际关系对企业影响很大，它不仅影响到今后与本次谈判对手的业务合作，还可能影响企业的口碑与声誉。因此，衡量谈判是否成功，不能单纯从经济利益考虑，还应考虑谈判后的人际关系。换言之，就是还要看本次谈判是促进和加强了双方的友好合作关系。还是因此而削弱了双方的友好关系，当然，那种"一锤子"买卖是个例外。

二、谈判的基本原则

关于指导谈判的理论著作非常多，其中，较早也很有影响的就是"哈佛谈判原则"。早在1981年，美国哈佛大学的几位学者就开发出了一套谈判原则。这套理论在威廉·尤里(William Ury)、罗杰·费希尔(Roger Fisher)和布鲁斯·巴顿(Bruce Barton)合作的著作《谈判力》(Getting to Yes. Negotiating an Agreement Without Giving In)中有详细阐述，他们提出的一整套谈判原则，至今仍然是指导企业谈判的基本理念准则。

(一)把人和事分开的原则

人总是有情绪的，容易受到环境与他人的影响，谈判者也不例外。只是高明的谈判者，善于管控好自己的情绪，确保谈判过程中尽量少受不良情绪的影响，避免情绪激动失去理智的判断，导致错误行为。

哈佛谈判原则中，把人和事分开的原则就是给谈判者开出的一剂良方。它告诫谈判者，要把人与事情分开对待，不能混为一谈。不能因为你不喜欢某个人而同他发生不友好的争执，以至于对他提出的合理建议也置之不理。不然，将会伤害彼此之间的关系，导致谈判无法取得进展，甚至倒退。德国的尤塔·波特纳是一名出色的国际谈判专家，他把这条原则提炼成八个字"温和待人，强硬处事"。他建议，在开始解决事务问题之前，先处理好人际关系。要学会换位思考，设立谈判目标时，不只是考虑己方的利益。出现问题时，不要反复强调别人是出现问题的过失方。要允许对方发泄情绪，稍后再进行理智的洽谈。在他人发牢骚时，最好的方法是，安静地倾听，不作评论，只是将话题往继续谈判的方向加以引导。

学而思：回忆自己的生活日常，你是否有过被激怒的经历？你当时的反应和行为怎样？事情最后的结果如何？你现在有什么不同的想法？

(二)注重利益而不是立场的原则

谈判各方，各为其主。显然各自的立场是有差异的，有时甚至截然不同，而要调

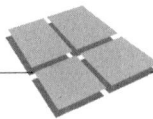

和立场上的冲突是很困难的。其实，每个立场背后都隐藏着利益，即他的动机与需求。只要发现人们立场背后的利益，多数情况下总能找到合理的方案来弥补各方利益之间的差距。例如，一个销售员请客户吃饭。问道："王总，喝点酒吧？"对方摆摆手拒绝了。销售员随机附和："现在的老总个个都像您一样注重保养。"席罢，王总其实并不尽兴。同样的情景，另一个销售员就机灵多了，问道："王总今天是开车来的吧，理解！理解！"见对方点头，接着说，"王总酒量好，小陈早就听说，不来点酒助兴，真是有煞风景。这样，王总，今天咱们只管尽兴，不用担心，等会叫我住在旁边的朋友帮忙开车，保证把您平安送到酒店。"本来"喝酒"与"不喝酒"这种立场上的对立是不可调和的，第二位销售员小陈能够透过对方"不喝酒"的立场，找到他背后的利益是"喝酒不能开车"，再找到请人代驾的调和方案圆满解决了这个问题，当然，更得客户欢心。因此，谈判应该把焦点放在立场背后的利益上，否则，谈判容易导致马拉松式的消耗战，也不利于建立良好的人际关系。

那么，怎样才能知道对方立场背后的利益呢？方法很简单，那就是用询问法或者叫"为什么"法。典型的句式是"请问您为什么……（这么想/说/做）？"

客户："就算这个价格合适，我现在也不打算进货。"（买与不买是立场问题）

销售员："请问您为什么这么说呢？"

客户："因为我们的预算已用完了。"（真实的利益是预算问题）

销售员："原来是这样，这个有办法解决。刘科长，过后很可能会涨价，这对您也是一笔不少的损失。这样吧，您可以先购买，货款结算我回去请示厂长，争取延期三个月付款，不过，银行那笔小小的利息还得麻烦科长帮我考虑考虑，不然，我回去会挨骂的。"

当然，有时询问，对方出于警惕或考虑某种隐私不一定那么爽快回答，或者得到的信息不一定全面。这就需要一方面事前多收集相关信息，赢得主动，另一方面要重视人际关系的处理，争取赢得对方信任，减少戒备和猜疑。

（三）为共同利益创造选择方案的原则

人们之所以在谈判时争论不休，无功而返，其中一个很重要的原因，往往是缺乏一个各方都可以接受的解决方案。一个最佳的解决方案，应该是照顾了各方的利益关切，并由各方共同参与制定的方案，应当是集体智慧的结晶。那种"家长制"的一言堂，容不下他人意见出台的方案，通常是不得人心的，也是不可接受的。

执行这一原则的主要有三个障碍。

一是封闭、守旧的心态。人们的天性是因循守旧。对待新事物，不是持开放、包容的态度，而是习惯于盯住它的不足不放，甚至夸大其词，危言耸听。因此，寻找新方案的道路，注定是充满坎坷的。

二是盲目乐观，过分自信。过早下结论，总认为自己的方案才是最好的，别人也提不出什么更好的方案，何必浪费时间。

三是追求唯一解。不少人会认为，谈判就是要缩小双方立场的差距，而不是扩大一切可能的选择方案。害怕提出更多方案会增加分歧，更加难以达成共识。其实这种担心是多余的，特别是谈判出现僵局的时候，恰恰是"一题多解"，让大家都贡献自己的解题智慧，在众多选项中吸收大家认同的观点，然后共同评价、选优，最终得到可行的解决方案。

要克服以上障碍，有效之策有以下几方面：

1. 端正心态

放下怀疑一切、唯我独尊的架子，对他人提出的不同建议持欢迎态度。即使自己处于谈判强势的一方，也不要居高临下，不要剥夺对方的发言权。哪怕你不同意对方的观点，也要给予对方必要的尊重。

2. 把提案与决策的过程分开

在提案阶段，可采用头脑风暴法，鼓励大家创造性地把自己的想法和建议提出来，而不去评判它的好与坏，因为评判阻碍了想象力的发挥。不是不要评判，只是把这件工作放到后面再说。

3. 寻找共同利益

学会换位思考，承认对方的利益。如果对方认为你理解他们，那么他们就会更重视你说的话。以寻找共同利益为出发点，创造解决问题的方案，这一过程本身是愉快的。高明的谈判者，总是在努力寻找对自己代价最小、对对方好处最大的方案。兼顾各方利益，得到大家认可的方案，是促成谈判取得积极成果的唯一正确选择。

(四)客观标准原则

所谓客观标准是指独立于各方意志之外的合乎情理和切实可行的准则。它既可以是一些惯例、通则，也可以是职业标准、道德标准、科学鉴定等。谈判应该坚持客观标准原则，双方如果就每一个问题都能共同寻求客观标准去探讨，而不是按各自主观意愿固执己见，谈判就会朝着理性的方向发展，容易达成共识。客观标准不能是双重标准，对谈判各方都同样起作用。如在国际贸易争端谈判中，某个强国指责别国的补贴政策对国际贸易构成不公平，而事实上他自己国家也在对一些产业提供政府补贴，这就违背了客观标准原则，没有说服力，对方也无法接受。如何理解客观标准，德国谈判专家尤塔·波特纳列举了以下几种典型情形，可以帮助我们加深印象。

(1)专业知识(专家研究、咨询)；

(2)先例；

(3)道德标准(如平等、互利互惠)；

(4)评判(如从数据库和搜索引擎中检索)；

(5)约定俗成(历史、习俗、文化等)。

当双方提出不同标准时，就需要寻求做决定的客观基础，比如，哪条标准过去曾使用过，或者更符合通用惯例。

当然，公正的程序也是符合客观标准原则必不可少的。有时，为了得到不受意愿干扰的结果，可以在实质性问题上使用公平标准，或者利用公平程序来解决利益冲突。

比如，使用两个孩子分蛋糕的老办法：一个切蛋糕，另一个先挑蛋糕。这样，双方都不会抱怨不公平。

(五)最佳替代方案原则

最佳替代方案，是指应对谈判失败时准备的最佳替代选项，在哈佛谈判原则中简称 BATNA(Best Alternative to Negotiated Agreement)。谈判时，有了这个选项，就会减少对谈判对手的依赖。反之，没有替代选项或拥有较差替代选项的一方，他们的谈判地位就相对较弱。事实上，对每一场谈判，在任何时候我们都可以找到替代方案，不管是买方还是卖方。只是要得到最佳的替代选项，就需要对它进行不断地优化。这正是谈判准备中非常重要的工作内容。

学而思：回忆自己某次谈判经历(如租房、面试、购物)你的开价或还价符合客观标准吗？你有考虑替代方案吗？(同桌交流)

最佳替代方案，不仅可以帮助谈判者在谈判过程中避免对谈判对手的依赖，防止过分让步迁就对方，最终损害自己的利益，而且可以帮助谈判者理智地权衡最终谈判成果。如果谈判结果优于自己的最佳替代方案，那么，当然应该接受，这就是谈判的成果。反之，如果相对谈判结果，我们还有更好的替代方案，那当然就不能接受，宁可放弃本次谈判。

>>> 营销实战

谈判中如何运用替代方案

1. 根据谈判结果的最好预期，开发可能的最佳替代方案。

2. 如果谈判结果优于最佳替代方案，则选择谈判结果。

3. 思考与并检验：一个备受推荐的谈判结果是否从其他方面来说，是一个更好的选择。

4. 不要用自己的替代方案威胁对方。只是告知对方，必要时你会把备选方案当作判定谈判结果的标准。

5. 在谈判中，将各方的第二优选项作为最终选择。

(资料来源：尤塔·波特纳.哈佛双赢谈判准则与技巧[M].马博磊，等译.北京：北京时代华文书局，2017)

三、谈判策略与技巧

进入实质洽谈阶段，双方将斗智斗勇，各显神通。为了取得理想的谈判成果，各方需要在精心准备的基础上，灵活运用恰当的谈判策略与技巧，争取实现自己的谈判目标。

谈判过程实际上也是一个进攻与防守并存的过程，一个优秀谈判者不仅应该懂得何时进攻，何时防守，而且还要善于运用恰当的策略和方法发起进攻或者巩固防守。

(一)谈判进攻的策略

所谓谈判进攻策略,指当己方在谈判中提出某个交易条件希望对方支持、接受且存在一定困难时主动采取的迫使对方让步的策略。进攻谋求的是先手优势。生意洽谈过程中,常用于进攻的有以下策略。

1. 展示远景

远景是指将来的景象。展示远景,就是立足未来,通过向洽谈对手提供有吸引力的交易条件来换取目前对自己有利的筹码。洽谈时,往往会由于双方对某个交易条件的看法相差很大,又互不相让,导致谈判艰难。因为,人们习惯于立足现状,对现实利益看得更实际、更重要。但是,如果能够合理地把目光引向将来,通过向对方描绘一幅有吸引力的未来蓝图,就有可能让对方放弃目前相对重要的利益。人们常说的"把蛋糕做大"是从合作双赢的理念来讲的,如果换一个角度看,这也是在"展示远景"。如果你告诉对方,你有能力将来把蛋糕做大,而对方也深信不疑,那么,你就可能成功地说服对方暂时牺牲一些目前利益。展示远景,这与国外一些谈判专家提出的建议"做出诱人的承诺而不是做出让步"[①]不谋而合。

实施建议:

(1)描绘的远景最好有相应的实施方案或措施安排。

(2)运用数字战术,增强说服力。

(3)提供相关证据,如未来规划政策、相关权威报告、相似成功案例等,告诉对方你不是"说说而已"。

反击策略:

(1)不要陶醉于对方的夸夸其谈,对其提供的数字与其他证据认真核对,分析其来源及准确性。

(2)不要急于做出决策,确保自己有足够的时间冷静思考,权衡利弊。

(3)坚持把有关远景的安排,用清晰的语言写进合约中,防止对方变卦。如果不能实现远景目标,保留自己某项必要的权利。

2. 竞争武器

即谈判过程中,在现有洽谈者之外再引入一个"竞争者",以给对方造成一定的压力,迫使对方放弃某些条件或不再坚持原有立场。这个所谓的"竞争者"可能是真实存在的,也可能是一方虚构用来迷惑另一方的"影子竞争者"。

当对方开始强硬起来,不肯让步,或者谈判无法取得进展,快要陷入僵局的时候,正是使用这一策略的最佳时机。你可告诉对方,他们的竞争对手开出的条件比他们开出的更有吸引力。

---

① 〔美〕杰伊·康拉德·莱文森,唐纳德·韦恩·亨顿. 游击谈判[M]. 陈芳芳,译. 北京:当代世界出版社,2015:189.

实施建议：

要注意说话时的语气与表情，要严肃、明确给对方传递信号：你是认真的，不是开玩笑，即使是将要提到的"影子竞争者"。

除非是你选错了谈判对象，一般不宜洽谈一开始就使用这种策略。一般应在谈判中后期，或是你在某个关键问题的谈判上你已经尽力了，仍无法取得进展的时候。

反击策略：

(1)要保持足够定力，不要被对方的烟幕弹所迷惑。必要的话，可以提议休会，以做进一步求证。

(2)如果确实有"第三者"存在，则需要权衡自己的权益，比较妥协让步与放弃谈判之间的利害关系再理性做出决策。

3. 软硬兼施

软硬兼施又叫红脸白脸策略。白脸代表强硬派，语气坚定，毫无弹性，非常严肃甚至态度粗暴、漫天要价，让对手产生极大的反感。红脸则代表温和派，态度友好，说话和气，能体谅对方的难处，常主动放弃自己一方的某些苛刻条件和要求，来照顾对方的某些利益，给人理智、友善，容易接近的感觉。

往往是"白脸"先登场"放炮"，制造紧张气氛，然后借故出去一会，当他离开后，"红脸"就会出来圆场："别生气，他就是那样的臭脾气！我倒是能够理解你们，趁这家伙不在，我们好好商量商量。"红脸白脸策略往往在对手缺乏经验，对手很需要与你达成协议的情境下使用。

实施建议：

(1)运用这种策略，最好是本色演出，除非是有非常高超的演技，"二人组"必须配合默契，要努力做到逼真，不露任何破绽，不要让人看出是"演戏"，否则会弄巧成拙。

(2)"白脸""放炮"时要把握好分寸，不能辱骂，不要侮辱对方人格。

反击策略：

(1)千万不要假装相信他们的表演，否则他们会认为你是一个好欺负的"菜鸟"，并试图进一步从你身上得到好处。

(2)在你抱怨的时候要面带笑容，让他们知道你并不反感他们的行为。

(3)要对方摊牌。看着对方的眼睛对他们说："哇，这是我看过最精彩的红脸白脸的把戏了，等哪天我也要学学。"或者抱怨说"哎呀，这是我见过最糟糕的红脸白脸了。"

4. 示弱与情绪化

即在面对强大的谈判对手时，选择主动示弱，向对方打出情感牌，争取对手认同的一种策略。例如，一家创业型公司的业务员上门拜访一家大公司的客户，这样说："王总，我知道贵公司是您一手创业带出来的，现在在新能源汽车电池领域在国内是数一数二的，很不容易，也非常了不起。我也不瞒您说，我们是一家初创的小科技公司，您一定知道，年轻人创业很不容易的，请王总一定多多支持！"

实施建议：

(1)要找准示弱的"点"，能够从内心深处与对方引起情感上的共鸣。

（2）要不卑不亢，把握分寸。要结合利益点陈述，强调自己能为对方解决什么问题，如果只一味地装可怜，达不到目的，只会让人瞧不起。

反击策略：

（1）保持理智，冷静思考对方的条件是否符合己方的利益，不要做情绪化决策。

（2）以其人之道，还其人之身。说出自己的难处，再引入正题。如上例，王总说："小伙子，你说得有一定道理，不过，你有所不知，大公司要养活一大帮子人，不容易啊，何况还有那么多大大小小的竞争者天天盯着你！好吧，谈正事……"

5. 分而克之

就好比打仗一样，面对多个敌人，就需要离间、分割敌人，然后各个击破，决不能让他们结成联盟，形成合力。

实例：某个日本商人有次去东北收购皮料做原材料，当时东北的皮料质量比往年好，但供货量较为紧张。按正常行情，采购价格必定大涨。这时，这位精明的日本商人心生一计，分别找到当地的 3 个大供货商 A、B、C，向他们抛出橄榄枝，提出有意向向他们大批量采购，要求对方提供优厚条件，并暗示另外两个大老板也有意与他做生意。这样，为了赢得这个海外大单，A、B、C 相互压价，最终让这个日本商人坐收渔翁之利，由谈判被动反而变成主动。

实施建议：

（1）要注重前期情报收集，研究潜在谈判对手的资料，掌握其谈判心理，因势利导。

（2）阻止对手结盟，让他们形成竞争对抗是这种策略成功的关键。

反击策略：

（1）处理好局部利益与整体利益的关系，避免同行之间互相残杀，为人利用。

（2）组建利益同盟。

（3）如果无法形成利益同盟，则需要审视自己的谈判目标，避免无原则让步，损害自己利益，必要的话，要果断止损，敢于退出谈判。

6. 威胁

往往是谈判处于强势的一方，对另一方提出，如果不接受自己的条件将会面临严重的后果，以给对方制造压力，迫使其让步的策略。

不少谈判人员往往自觉或不自觉地使用威胁策略，因为，威胁很容易做出，只是嘴巴说几句，而且不需要兑现。但是，谈判专家并不建议使用威胁策略，一些典型的案例研究表明，威胁并不能达到使用者的目的，而且常常导致反威胁，形成恶性循环。如最近中美之间发生的贸易摩擦，美方一边谈判，一边多次威胁对中国输美商品加征关税。中方的立场也非常明确，"贸易战没有赢家，不想打，不怕打，但必要时不得不打。"美方企图高举关税大棒相威胁，通过极限施压让中国屈服。事实上，这种图谋是不能成功的，美方每次加征关税，都会导致中方的报复性反制。分歧不仅没有得到解决，反而导致矛盾升级，问题复杂化。只有双方在平等和相互尊重的基础上开展谈判协商，才能可能真正找到解决问题的出路。

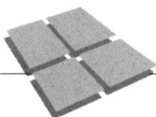

实施建议：

(1)这种策略会给人以不友好的印象，容易损害合作关系，要慎用。

(2)要审时度势，保留一定弹性，不要恃强凌弱，防止对方狗急跳墙，事与愿违。

反击策略：

(1)态度上，要不卑不亢，不要被对方的强势所吓倒。

(2)调动好资源，打好自己手中的牌。处于强势的一方，很可能手中握有不少优质牌，如产品质量过硬、技术力量强、服务网络广，有品牌优势等，但是，强者总有短处，要认真分析，好好利用。例如，它目前急需开拓新兴市场，如果不能在国内找到合适的合作伙伴就无法实现，而这方面恰巧是你的优势。

(3)事先合理确定自己的谈判目标，并分高、中、低三个层次分别制定，如果对方的条件低于自己最低谈判目标，则应当果断回绝。

7. 最后通牒

在谈判过程中，一方提出一个交易条件希望对方接受，否则，将退出谈判。这就是最后通牒策略。通常在两种情况下使用：第一种情况，谈判一方居于明显优势地位；第二种情况，谈判已接近自己的最低目标，无法再让步。

实施建议：

(1)不要把最后通牒变成威胁。发出最后通牒，内容要明确具体，最好有令人信服的理由和委婉的解释，以避免对方产生敌意。如"58万元，这已经是我能接受的最低价格了。因为上个月已经有人愿意出58万元成交，还交了定金，后来只是他的银行按揭贷款手续没有通过，我才同意取消交易的。再不同意，我也没办法了。"

(2)用具体的行动来配合策略的实施，如收拾东西走人、酒店结算退房、订回程票等。

最后通牒是一柄双刃剑，一次为度，不可多用。

学而思：为什么说"最后通牒是一柄双刃剑"，结合个人经历谈谈你是怎么理解的？

反击策略：

面对对方提出的最后通牒，不要忙于回答，先试探对方虚实。

不过分理睬对方的"最后通牒"或装做不明白，继续诉说自己的意图，等待对方首先提出折中方案。

视频：中美建交台湾问题谈判(影视频)

可考虑摆出退出谈判的样子，以探明对方底牌的虚实。

利用假设句，改变交易条件，以投石问路，如"假如我的订货量增加50%，还可以享受哪些优惠呢？"……

(2)改变商谈话题，或者后发制人，出些难题，转移对方注意力。

(3)要求对方给以足够的时间，以便全面细致地思考最佳的对策。如果自己放弃的损失大于合作，那该考虑接受。

8. 期限策略

时间是影响谈判实力的重要因素。期限策略，是指谈判时充分利用时间对双方不对等的价值，通过设定一个最终谈判期限来建立谈判比较优势的策略。

处于谈判被动地位的一方，总有希望达成协议的心理。当谈判围绕某个关键问题，双方分歧大又互不让步的时候，处于主动地位的一方，提出解决问题的最后期限和解决条件，就容易给对方造成心理压力，相当于提出时间上最后通牒。随着规定期限的临近，如果对方负有缔约使命，其焦虑感必会与日俱增，因为对方往往不能承受谈判破裂所带来的损失，因此，最后期限策略能够迫使对方快速做出决策，甚至不得不做出妥协让步。

事实上，期限策略既可以用于进攻，也可用于防守。如果时间对自己有利，处于谈判劣势的一方可采用拖延法，反复讨论某一问题，或不间断地提出新问题，进行疲劳轰炸，以消耗对方的精力和意志。在谈判最后阶段所剩不多的时间里，如果对方想谈判成功，就不太可能顽固地坚持原有的强硬立场，而会保持一定弹性，做出一些让步。因为，如果谈判失败，前面投入的时间与精力也是一笔损失。

实施建议：

(1)提出最后期限的方式，应当严肃、坚定，又不失礼，或者告诉对方自己也有苦衷，是不得已为之，切不可态度粗暴、强硬，否则可能招致对方不满，甚至中断谈判。

(2)提出最后期限的长短要适宜，尽量满足己方谈判需要，否则，反而会让自己被动。

(3)提出最后期限的同时，可以辅之以心理攻势，以一些小让步做配合，有利于说服对方接受己方的条件。

(4)注意收集对方情报，争取了解对方行程安排。一方的行程是重要的商业情报，对方是要保密的。这就需要多几分机智，在对方不留意时，不经意间得到相关信息。例如，当对方谈判人员刚下飞机，主客见面礼貌寒暄时，顺便问道："方总这次打算逗留几天？帮您订几号的机票合适？时间充足的话，一定要让我尽地主之谊，陪您几位去当地两个最有名的景点体验一下。"

反击策略：

(1)如果己方有期限限制，一定要交代自己的谈判人员，严守秘密，提防被人套取情报。

(2)对对方提出的最后期限，不管是真是假，都要认真对待，分析其提出的原因，但不要被对方提出的最后期限所迷惑。多数情况下，这个所谓的最后期限是有余地的，我方可以试探，尝试改变这个期限。

(3)要保持耐心，不可轻易让步。决不能迫于压力，放弃原则，草率达成交易。

(4)如果对方设定的期限不合理，必要的话，可不理会，继续按自己的计划行事。

(二)谈判防守的策略

1. 权力有限策略

即指一方假借其上司或委托人等第三者之名，谎称自己权限不够，以试图阻止对方提出更多的谈判要求或迫使对方让步的一种策略，也叫请示首长策略。比如"您提出这样的要求令我很为难，我还得要去请示我们领导，不知能不能得到批准。"这种策略实际运用时，不一定局限于行政权力的制约，还可以进一步拓展应用其他限制性因素，比如，资料的限制及其他限制性因素，包括自然资源、人力资源、生产技术、生产能力、资金、时间、政策等。

实施建议：

使用该策略要注意把握时机与尺度，如果时机把握不当，或者使用过度，就会使对方怀疑我方谈判人员的身份、能力，甚至失去谈判的兴趣与诚意。

反击策略：

(1)在开始谈判之初，就要确定他有多大的权限。你应该问他："您有权决定这笔交易吗？"

(2)"我需要请示领导"，有时仅仅是谈判人员放出的"烟幕弹"而已，其实，他自己就可以做出决定，虚晃一枪是为了试探你，要注意区别与防范。如果他确实没有这个权力，但是又想继续和他谈，就可以看看他在书面授权时的最大权限是什么。

(3)要求与对方有决定权的人直接洽谈。

(4)坚持对待原则，表示己方也保留重新考虑任何问题或修改任何允诺的权力。这样，可有效防止对方滥用权力有限策略对我方施压。

2. 不开先例策略

先例，就是过去已有的事物。一方面，当谈判处于劣势的一方，为了拒绝对方提出的某个要求，或者阻止对方没完没了的进攻，以"过去没有这样的做法"为由予以回绝，即不开先例。另一方面，也可以引用对自己有利的"先例"来约束对方，迫使其退让，做出妥协。后一种情况更多出现在谈判强势的一方作为一种进攻手段使用。使用先例策略，比直接拒绝或命令式的要求，语气更加委婉，更加令人信服。

谈判沿用的先例，可以是以前与同一个对手谈判时的例子，也可以是与他人谈判的例子，还可以是同行业内的惯例等。例如，"您也知道，上个月进口关税又提高了15%，很多同行都决定涨价了。生意本来就很难做，并且这个价格已经是我们最优惠的价格了，真的没法再降了！上周一个客户一次买了三台也是这个价，你今天买一台也享受到同样的优惠价了。如果这次破例给你的价格更低，那不等于把我们以前的客户全部得罪完了？请您理解。"

实施建议：

(1)这种策略成功的一个关键，就是信息的不对称性。另一方常常难以获得准确的情报信息来核实对方所说的"先例"是否属实。特别是对那种有水分的"先例"，相关信息的保密是十分重要的。

（2）以下四种情形，更适合采用不开先例的策略：一是谈判内容属保密性交易活动；二是交易商品属垄断商品；三是市场有利于我方而对方急于达成交易；四是对方提出的交易条件难以接受。

反击策略：

（1）重视信息收集，比如对方的历史交易、行业的惯例等，提前对谈判对手可能提出的"先例"做到心中有数。

（2）以"变"应"不变"。对方强调"先例"，是要坚守"不变"的立场。破解之道则是要反其道而行之，要强调"变"，用事实和证据，说明现在条件已经发生改变，过去的"先例"已不再适用目前的行情。如："没错，今年 6 月 30 日前，售价一直是 3500 元，那是因为每台可享受国家政策性补贴 600 元，7 月 1 日开始就不再享受了，所以，现在每台卖 3990 元，剔除政策补贴因素，相当于以前的 3390 元，这应该算是很优惠的价了。"

3. 吹毛求疵策略

谈生意的过程，事实上也是一个讨价还价的过程。特别是面对谈判居优势的一方，讨价还价的难度肯定会增加，但也不是没有办法应对。吹毛求疵策略就是一个值得重视的策略。所谓吹毛求疵策略，简单说就是挑毛病，通过指出对方的各种不足，包括商品本身或对方的管理与服务方面的缺陷，达到降低对方谈判期望、赢得还价筹码的一种策略。也许有人会说，人家是世界大品牌，品质与口碑都很好，就是想挑毛病也挑不出来。其实，这种想法是片面的。世界上不存在完美无缺的人和事物，优与劣是相对的。不管是人还是事物，优点突出的，往往缺点也很明显。孙悟空足智多谋、功夫盖世又有敢于向一切困难挑战的勇气，但他身上也有明显的毛病，有时居功自傲，不喜欢受约束，常常触犯师傅定下的纪律。奔驰汽车以品质、口味引以为傲，但也不时有车主不满，有的甚至发生汽车抛锚现象。

学而思：有人说，谈判运用吹毛求疵策略，就是要鸡蛋里挑骨头，挑剔对方的毛病越多，自己就越占谈判的主动权。你怎么看这种观点？

>>> 营销实战

S 君想租房，在周边看了多处房子，相中其中一套两居室，家具电器齐全，小区环境安静，交通便利，旁边 1 千米左右有地铁，小区门口有 3 条公交线经过，尤其中意的是离公司上班较近。这样的条件，房东开价自然不低，报价 1800 元。S 君觉得这个价格应该可以下调的，于是决定先看房，再跟房东好好谈谈。S 君看房时很仔细，并把谈判要点一一记在心上。还价之前，S 君打算出实招打击房东的自信心。

房东："怎么样？我没骗你吧，房子你也看过了，环境也好，交通也好，这都没得说，这么好的房子很抢手的，你要抓住机会！"

"没错，环境还可以，不然我也没兴趣过来看了。不过——"S 君话锋一转，"老板，我倒要善意地提醒您，西城区可不同于复兴区，那边真是一房难求，这边就不好说了，你知道为什么吗？"

房东："那边靠近政府机关，人气旺一点，对吧。其他差不多，这边配套也挺齐

全的。"

S君:"老板,我想请教您一个问题,您说来租房的主要是哪些人呢?"

房东:"当然是打工的呀。"

S君:"您说得太对了!您肯定也知道,西城区这边没几家工厂,公司也不多,外来打工的人员很少,这就是这边的房子一直租不起价的真正原因!再拿您这套房子来说,虽然说这边环境也行,但有几点是很不爽的。第一,楼距太近,简直是握手楼!现在的年轻人对这个所谓的隐私是最看重了,您懂的!第二,您家的热水器是烧煤气的,燃气热水器不是安装在室外,这有重大安全隐患,洗个澡都提心吊胆的,万一煤气中毒怎么办?第三,倒垃圾不方便,很多小区就是上门收集垃圾或附近就有垃圾桶,而这里要走很远一段一路,如果是下雨、下雪天,很不方便。"

房东已失去了耐心,忍不住打断了他:"好啦,别说这么多了,你开个价!"

……

实施建议:

(1)挑对方的毛病要抓准要害,这是成败的关键。当然要实事求是,不能故意找一些不存在的理由,颠倒黑白。

(2)要注意把握尺度,谨防过火,事不过三,说主要的三点就足够了,否则,如果惹怒对方,可能导致谈判无法继续。

(3)原则上,买卖双方都可以运用这一策略。只是在实际中买方用得更经常一些。

反击策略:

(1)必须保持足够的定力和耐心,不要轻易做出让步。

(2)对那些虚张声势的问题及要求,要学会透过问题分析对方的真正动机,有的是为了压价做铺垫,有的是想在谈判心理上建立优势,有的只是节外生枝,拖延时间,总之,要理性分析判断,采取相应的对策。

(3)对某些确实存在的问题,采取避重就轻的策略,一笔带过,或者采用以优补劣法,强调自己的优点。

4. 沉默寡言策略

沉默寡言策略是谈判中最有效的防御策略之一,意思是:在谈判中先不开口,让对方尽情表演,或多向对方提问并设法促使对方继续沿着正题谈论下去,以捕捉相关信息,揣摩对方的意图,然后再伺机而动,做出有针对性的回应。

全球有影响力的营销专家杰伊·康拉德·莱文森在他与别人合作的著作《游击谈判》中谈到这一策略。他说,当你说话的时候,其实就相当于做出了让步,并且得不到任何回报。因为,透露信息就是一种让步,一种极大的让步。因此,主张谈判人员要锻炼自己保持沉默的能力,在不必要时不要透露任何信息。当然,沉默寡言策略,不是消极等待、不作为,而是谋求后发制人。

实施建议:

(1)在对方发言时,要认真倾听,做好记录。要仔细观察,特别要注意从肢体语言中捕获敏感信息。因为,如果嘴上说了谎,他的肢体语言容易暴露真相。

（2）虽然自己不发言或少说话，但是神态要专注，切不可三心二意，可以借助目光交流、手势等肢体动作鼓励对方继续高谈阔论。

反击策略：

（1）以其人之道，还治其人之身。自己这方也不说话，冷静地看着对方就好，比比看谁更有耐心。

（2）适当通过提问确认对方是否明白我方的观点，以避免被曲解或误解。提问还有一个好处，就是能够引导对方参与洽谈中谈，从而巧妙瓦解对方的企图。提问的方式最好用开放式问题，而不是只回答"是"或"不是"的封闭式问题。

（3）认真观察对方的肢体语言表现，试图从肢体动作中读懂对方的真实意图。

学而思：如果你运用沉默寡言策略时，对方同样以沉默来对抗，你该怎么办？

5. 大智若愚策略

大智若愚是一个汉语成语，本意是真正有才智的人表面很愚笨。形容有大智慧的人因超出常人不被理解，其言语行为被人误解为愚钝。在谈判中，运用大智若愚策略，常常在谈判中处于不利地位时故意装不懂，装无辜，以缓解对方凌厉的攻势，然后，相机行事，以谋求后发优势。唐纳德，美国实战派营销专家，他把"装傻充愣"列入"威力强大且被人们一再使用的 27 种决策手段"之一。

【案例分析 3-2】

美日关于引进设备的谈判

美国某公司向一家日本公司推销一套先进的机器生产线。谈判刚一开始，美方就向日方大谈他们的生产线是如何先进，价格是如何合理，售后服务是如何周到。在美方代表高谈阔论时，日方代表一声不吭，只是记录。当美方讲完后问日方的意见，日方却一派茫然。如此反复几次，美方的热情已不再存在，日方代表看见己方选择的策略已达到预想效果，于是提出一连串尖锐的问题，冲乱了美方阵脚。

思考与讨论

你对案例中日本商人的表现有何评价？

实施建议：

（1）实施这一策略演技要好，不要被人看出破绽。

（2）在具体问题的选择上，可以考虑因学历、资历、文化背景等因素，对同一问题的理解容易出现差异的问题，而对一些显而易见的常识性问题不宜采用，否则容易被人质疑或识破。

反击策略：

（1）在己方表达某些关键性信息的时候，要留意对方的反应，观察对方的身体语言，必要的话，可以向对方提问，以确保对方能够正确理解。

（2）对重要问题，一事一议，逐一解决，而不是毕其功于一役的"一篮子"方案，这样可有效减少对方"装傻"的机会。

（3）时刻保持警惕。要有怀疑精神——多了解对方，看他是不是经常玩一招。

6. 声东击西策略

声东击西策略是指在谈判过程中，为了掩盖自己的真实意图，巧妙地变换谈判议题，转移对方视线，从而实现自己的谈判目标。

一场谈判可能涉及多个议题，比如，品质、规格、价格、包装、交货时间、结算方式与时间、售后保障等，但是涉及核心利益的往往集中在其中一两个议题。假如一方的关注点是交货时间，按惯例要实现有不少难度。于是，先不要暴露自己的真实意图，而是在几个其他次要议题上先予以强调，再做出很为难的样子适当让步，然后，只好"退而求其次"，希望对方在交货时间上做出让步，最终达到自己的谈判目标。这是一个真正值得推荐的谈判策略，灵活机动，为谈判专家所常用，并且效果较好。但由于这种策略历史上多为军事家所运用，策划不周到，容易被人识破。运用时要随机应变，切不可生搬硬套。

实施建议：

(1)这一策略成功的关键是要能实现隐藏自己的真实战略意图，不被对方察觉。做不到这一点，就可能导致整个计划落空，甚至反被对方利用，赔了夫人又折兵。

(2)要有大谈判的视野。这一策略的运用不要仅局限于谈判桌上的正式洽谈，谈判桌下的场外活动，如安排食宿、交通，娱乐活动、个人拜访等方面都要有运作的空间。

(3)对注重长期合作的老客户之间谈判，不宜采用此策略，而适合开诚布公，坦诚交流。

反击策略：

(1)做好谈判准备，熟悉谈判对手的基本情况，了解其谈判风格与特点。对客场谈判，要注意了解当地的地理位置、人文习俗等情况。

(2)组织精干的谈判队伍，特别是主谈要有丰富的谈判经验和随机应变的能力，善于观察分析对方的战略意图。

(3)保持生活上相对独立性，自己的事自己办，如住宿、订票等，避免被人利用。

(三)常用谈判技巧

1. 谈判的语言技巧

语言技巧是谈判者有效阐明己方观点，说服对方的有效工具，也是处理人际关系，提高自身修养所必不可少的。谈判的语言技巧，需要在听、说、问、答四个方面练好基本功。本书作者2015年出版的著作《电话销售十步到位》中，对销售人员的基本功归纳为"听、说、问、答、记、礼"六项，下面的内容主要来自该书的观点。

(1)听

在商务场合，有时听比说更重要。学会倾听，不仅是人际交往中的必修课，还是商务谈判中的一个重要技能。

卡耐基回忆自己与一位著名植物学家的谈话时说道，那位植物学家后来称赞他"最富有魅力"，说他是一位"最有趣的交谈者"。卡耐基很意外，一个有趣的交谈者？是我吗？天哪！我几乎什么都没有说。事实上，我仅仅当了名忠实的听众，只是不断鼓励他谈话。

美国的营销专家唐纳德把倾听列入"威力强大且人们不常使用的 8 种合作手段"之一。他认为，倾听别人说话，是代价最小的让步。

学会倾听，要注意以下技巧的运用。

第一，端正态度，抛弃先入为主的偏见，以开明、开放的姿态欢迎对方发表观点，包括反对自己的意见。

第二，保持耐心，永远不要与对方争抢"发言权"。

第三，不要中途打断对方的谈话。只有一种情况可以例外，那就是当对方长时间天马行空地"聊嗨"了，如果不适当提示和引导，就没法收拾。这时候，可采用"先赞美，后提示"的方法，帮助对方回到计划的轨道上来。例如，"张先生，您口才真好，简直是个天才演说家。下次要专门找个时间好好向您请教请教。今天也不想多耽误您的时间，下面能不能请您就本次公司重组的具体时间和方式，谈谈您的想法？"

第四，倾听过程中保持微笑，可以有目光交流，或借助手势给予对方适当的回应。表示你在用心聆听，以鼓励对方继续说。

第五，对不明白或有疑问的地方，先记录下来，等对方说完再及时求证。比方说，"对不起，请教一下，您刚才说的，是不是……"，或问"您的意见，小王我可不可以这样理解……"

第六，对其中的重要信息或对方的重大关切要认真做好记录。

第七，在对方说话的时候，注意观察他的身体语言，以便判断他是在说实话还是在试图掩蔽。

注意听他的言外之意——这一点很重要。

（2）说

在商务洽谈中，离不开介绍产品，陈述观点，说服别人，这就是"说"的重要性。因为洽谈过程中说的内容，记录下来经整理，有的就成了合同的部分内容，所以，说的时候语言必须做到规范、准确，简洁明了，不可模棱两可。商务洽谈的过程，实际上也是处理人际关系的过程，一个人说话，除了能反映他的专业水平和能力外，也从侧面反映了他的道德水准。所以，说话时必须做到文明、高雅，不要低粗，不要伤人家的自尊，注意给他人留面子。这些是商务洽谈中"说"的基本要求。

关于"说"的技巧，有以下几条建议。

第一，最好事先根据谈话的目的，拟定一份提纲，明确要说话的要点，并保持清晰的逻辑关系。

第二，多用商量式口气，不用命令式语气。多用商量式口气，能让对方感觉得到说话者的态度是温和的、耐心的。比如说"能不能……""可不可以……""……好不好"等，而不要用"你应该……""你一定……"之类的命令式口气，让人听起来觉得生硬、粗鲁。

第三，适当的时候，学会幽默。幽默可以缓解谈话的气氛，为客户带来好心情。经验表明，客户在心情好的情况下，一般会更显得大度和宽容，不会在一些小事上与销售员纠缠。

第四，"说"中有"聊"。"聊"与"说"不同，聊的内容与业务没有直接关系，纯粹属于"拉家常"，但是千万不要小看它的作用。在与客户刚刚接触时聊几句，可以融洽气氛，拉拢与客户的心理距离。日本著名的销售专家二见道夫说过一句名言：一开口就谈生意的销售员，只能算二流的销售员。在与客户沟通的过程中，如果在较长时间里总是谈生意，人们会显得情绪紧张，身心疲惫。"说"中有"聊"，有张有弛，能够提高谈判效率。

当然，闲聊要富有吸引力，就要学会找共同语言，努力挖掘对方的兴趣点。比如，聊同乡、聊校友，或聊共同工作生活过的经历，也可以聊共同的兴趣爱好。

重视用证据说话。生意人如果只会王婆卖瓜式夸夸其谈，缺乏可靠的依据，那么，说得再多，也是徒劳无益。所以，一定要学会巧用证据，增强自己的说服力。

营销实战中常用的证据有人证、物证、例证三类。

人证，通常是指知名度高且具有较大影响力的人士在购买与消费后所提供的证据。这些所谓的权威人士号召力强，他们推荐的商品比一般人的劝说更容易使人改变态度。作为人证者应是来自专业领域的权威、知名人士，主管部门的负责人、领导人物、有声望的新闻界人士等。当然，另一类人也可考虑，即虽然知名度不高，但他是顾客熟悉的人，或者是对顾客有较大影响力的人，比如，顾客的同乡、同学、战友、老师等。实际操作时可灵活处理。

物证，主要指政府有关职能部门或权威机构出具的证据。比如有关的获奖证书、奖章、奖杯、照片、新闻报道、标准认证、验证报告、鉴定测试报告、消费者反馈信息等。

例证，指顾客经消费体验感到满意的典型事例。有行家忠告说：没有实例的销售谈话一点也不精彩！因此，业务员在平时推销实践中要注意积累素材，并精选好自己的"实例库"以备所需。

学会用数字说话。在业务谈判中，谈判高手很注重数字的运用。因为在所有证据中，数字证据的说服力是最有效的。有数字描述的观点，能给人一种严谨、科学的印象，因而可信度大增。

除了上面已提到的多用商量式语气外，还要注意学会运用语速、语调和必要的停顿来准确表达，传达情感。

谈判中永远不能说的一句话："愿不愿意随你！"不管是不是你最后出价，这句话都不宜说。因为，这句话很刺耳，即使对方接受了你的报价，这次交易也会让他们感到很不舒服。生意场上，已有不少人吃过这方面的苦头，他们任性地把这个令人很不爽的标签贴在一次报价的后面，导致买卖告吹。如果不贴的话，倒是可以成交的。

>>> 营销实战

清楚表达有技巧

- 采用短句
- 采用简单的词
- 避免术语和简写（或不规范简称）

- 句子要完整
- 每段紧扣一个中心
- 整个谈话应有开头、发展和结束语
- 要精确

（资料来源：［美］迈克尔·唐纳森，米尼·唐纳森. 如何进行商务谈判［M］. 张建，等译. 北京：企业管理出版社，2000）

（3）问

提问是很重要的沟通技巧，提问也是获取沟通掌控权的重要手段，但在谈判中往往被忽视。

谈判沟通要善于提问，特别是在电话里洽谈生意，提问更是很重要的一项技能。恰当的提问，便于确认客户信息，探测客户的需求，激发其购买欲望，提高成交率。同时，巧妙提问，还有利于了解顾客提出异议的真实原因，合理化解对方的反对意见。

常用的提问方法有以下几种。

第一，请教式提问法。即在我们不了解客户需求的情况下，以"请教"的方式向对方询问相关信息，这样容易被对方接受。

贺经理："宋主任！我想请教一下，如果我们这次招聘已经与学生签订了求职意向书的，学生可不可以提前一点离开学校呢？"

宋主任："对不起，这件事恐怕很难办，上个月学校已经发文，明确规定不允许学生提前出去实习。"

第二，诱导式提问法。即在提问中暗含了自己的观点，让对方作出有利于我方的回答。这类提问可操控性强，可以通过强化某些常识性、公理性的观点，引导对方同意我方的观点，或者制造悬念，吸引对方注意力，增强说服效果。

比如，一个推销管理软件的销售员对潜在客户如此说。

销售员："所有做企业的老总，都在考虑一个问题，如何让企业的每项成本变得更低。刘总您同意这个看法吗？"

客户："当然有道理。"

销售员："不过，小李的观点稍微有点不同，不知刘总有不有兴趣探讨？"

客户："噢？那说来听听。"

销售员："那小刘就班门弄斧了。正如总体不一定等于各部分之和一样，企业各项成本降到最低，总成本却不一定是最低的。打个比方，刘总，假如贵公司导入先进ERP管理系统，虽然购买软件、培训人员会增加一些投入，系统运行前的基础性工作量也比较大，但是，对公司长远的发展绝对是值得的。"

……

第三，"为什么"法，也叫反问式提问法。美国寿险推销大师法兰克·贝格在处理顾客反对意见时，总结出来了一个简单有效的方法，只需三个字——"为什么"。即客户提出反对意见后，销售员不要盲目急于处理，而是先问他几个"为什么"，待搞清楚他真实反对的原因后，才对症下药，拿出相应对策解决它。

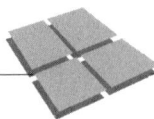

接请教式提问中的例子。

宋主任："甘经理，我很好奇，为什么贵公司今年招人这么着急呢？"

甘经理："因为公司业务发展太快，8月将有3个新的项目上马，急需人手，而新员工培训需要2周时间。没办法啊。"

宋主任："可以理解。不过，我倒有个小小的建议，也许可以解决这个问题。就是公司的新员工培训照样进行，只是地点可以变换一下，可不可以辛苦贵公司的培训老师来学校上门培训，我们尽量提供方便并协助组织好。您看如何？"

甘经理："这个方案太好了，等最终招聘人数确定下来后，我看具体情况再向公司请示落实。先谢了。"

第四，选择式提问法。即通过提供两个或多个既定的方案，让对方选择，这样可以减轻对方的心理压力，帮助对方快速做出决策。（参考本书主编的《电话销售十步到位》第二步确认时间所采用的"二项选择法"）

例1："请问您是倾向于做朋友圈广告，还是短视频广告呢？"

例2："这次公司推出的优惠有三种：1.赠送500元加油卡；2.送免费洗车打蜡服务12次；3.送价值600元的随车便携式工具包一套。请问您喜欢哪一个呢？"

第五，确认式提问法。是指为了核实某个重要信息而提问的方法。

确认式提问法具体分为两种情形。

其一，是对客户陈述的观点不够清楚或不能肯定时，应当通过提问予以确认，如"您刚才讲的，小金可不可以这样理解……"。如果是在电话中谈业务，由于电话沟通主要通过语言来传递信息，特别是我国的汉字同音字、多音字很常见，加上个人理解上的差异，如果没有确认这个环节，很可能出现信息失真，造成工作失误。因此，在确认客户重要的个人信息时，比如客户的姓名、地址时，有必要再次提问确认。比如，您的详细地址是"福星路237号，请问是幸福的'福'，还是重复的'复'呢？'星'是哪个字，是天上的星星那个'星'吗？237号，没错吧？"

其二，就是通过针对性的提问，帮助客户发现自身的不满，找到问题点，进而引发需求。但是，请记住一条很重要的原则：顾客永远比我们更聪明！我们要始终记住自己的角色，我们只能当客户的"参谋长"，而绝不能当客户的"指挥官"。换句话说，就是销售员只能为客户提建议，而决不能代替客户拿主意。所以，不管怎么样，我们都不应自作聪明，把问题点直接说出来，或者直接做出某个结论，而只应该提出某些想法或描述某些事实，最终让客户来确认。例如，"陈科长，您刚才提到，目前咱们公司在财务方面主要有两个困扰：一是与外单位频繁的对账非常费时费力；二是每个月底的报表工作很琐碎。如果有办法能有效解决这两大难题，公司的财务管理效率会得到大大提升，小江说得对吗？"。

学而思：当你不愿意正面回答对方的问题时，你会怎么做？

第六，封闭式提问法。即指提问的答案通常为"是"或"不是"的情形。这类问题有两种运用场景，一是缩小选择范围，帮助对方快速决策。另一种情况，则是事先设计好系列问题，让对方没有机会回答"不是"，这样，通过一连串回答"是"的问题，不断强化对方的潜意识，达到引导需求，获得认可的目的。

此外，还有鼓励性提问法，即旨在通过提问赞美对方来维护双方的关系，如"您是怎么在不到一年的时间里把公司的营业额增加了一倍的呢？"

值得注意的是，提问还要注意时机。恰到好处的提问，有利于操控整个谈判过程。一般来说，在谈判初始阶段，可以多提一些开放式问题，以探寻对方的信息。在正式磋商阶段，可以运用选择性问题。在收尾阶段，如果结果已经清晰起来，运用封闭式问题就会有巨大帮助。

（4）答

销售员回答客户问题是要讲究策略的，一定要区别问题的性质，采取不同的应对措施。有的可从正面直接回答，有的则需要从侧面迂回，巧妙转化。

答的具体方法可用到以下几种。

第一，直接回答法。即对客户提出的某些问题，答案很清楚、明白，且不需要回避，那么就可直截了当地正面回答。

>>> 营销实战

客户："关于房屋的租金，是按月缴，还是什么方式呢？"

房东："可以按月缴，但要收两个月房租的押金。"

第二，反问回答法。就是面对客户的提问，先不着急回答，而是反过来通过提问的方式与客户沟通。

反问回答法具体分两种情况。

第一种情况，即当客户问到的某个问题，表面上看答案很明确，但在不了解客户需求喜好或不能确定他提问的真实意图的话，如果直接正面回答，会非常被动。这时候，就适合采取反问的方式，待了解客户的真实想法后，再做相应回答。

>>> 营销实战

客户："房产证上是你自己的名字吗？"

房东："您租房关心这个问题干吗？"

客户："这可不是个小问题。如果房子是别人名下的，我怕出现一些不必要的麻烦。"

房东："原来是这样，您一点也不用担心。房子虽然落在我小孩的名下，可这些年租房都是我们家长做主的，不会出什么问题。您不至于坚持要我不到 10 岁的小孩给我写一张书面委托书吧？"

第二种情况，是在电话中谈业务，如果客户初次来电询问，销售员不了解对方的基本信息。那么，在回答对方问题前，应先通过反问方式，获取客户的基本资料，再做回答。

>>> 营销实战

客户："你们公司广告上说，购房'零首付'，是真的吗？"

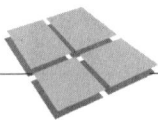

销售员："谢谢您的来电，这位大姐，请问怎么称呼您呢？"

客户："我姓邓。"

销售员："邓大姐，您好，您的声音真好听！方便告诉一下您尊贵的名字和具体联系方式吗？"

客户："叫我邓姐就行，电话的话，您那边没有来电显示吗？"

销售员："好的，谢谢，我只是想确认一下，是不是您本人的电话。等公司这边有优惠活动，方便第一时间与您取得联系。您刚才提到'零首付'肯定是真的，事实上，是我们公司代替业主交了首付，您只要分月偿还就可以，而且不要付利息。方便的话，请移步到售楼现场，我再详细给您做个说明，好吗？"

第三，反问建议法。在与客户沟通过程中，如果客户通过提问表达某种关切，而且坚持自己原有的选择，而我们目前又无法满足，这时候，只要能够符合客户的需求，甚至可能比他原有的选择更好，那么，我们就可以在反问的基础上，进一步向客户提出合理建议。注意，这里提的所谓"合理建议"一定是站在客户的角度，真正为客户着想的方案，而不是站在销售员自己的角度，为了业绩提成去忽悠客户。

>>> 营销实战

客户："请问S牌1.6L自动挡，现车有哪些颜色？"

销售员："刘先生，请问您喜欢什么颜色呢？"

客户："红色。"

销售员："刘先生，请问是自己买，还是帮别人买？"

客户："我自己买，平时跑生意方便点。"

销售员："明白，如果我没猜错的话，刘先生是一位年轻有为的大老板，对吧？"

客户："也不是什么大老板，跑跑业务罢了。"

销售员："红色，像刘先生一样的年轻老板，确实有不少人喜欢红色。红色代表活力、热情嘛。"

客户："其实，我本人不喜欢红色，我太太喜欢。"

销售员："原来是这样。刘先生真是个好老公，先人后己！那请问您本人喜欢什么颜色？"

客户："银色。"

销售员："我倒有个小小建议，想不想听听？"

客户："说说无妨。"

销售员："刘老板，您喜欢的银色，也很普遍，说夸张一点，满大街都是银色的车。其实，市场上最近两三个月才上市的有两种颜色非常潮流，看上去又显档次，特别受到年轻朋友的喜欢。一种是金属灰，另一种是巧克力色。尤其是巧克力色，我敢打赌，您和您太太只要看一眼，肯定会爱不释手。"

第四，转换概念法。在客户提出一个问题后，如果得不到他预想的答案，则可能导致一个负面的结果。这时候，业务员回答客户时，可以用"偷换概念"的办法，巧妙地将问题引导到积极面上来。

例如，客户问："这个部件怎么都是塑料做的？"销售员可以这样回答："看来，您是一个行家，我想请教一下，您是不是担心风扇不够结实？"这种方法特别是在处理客户不同意见时有独到用处。可以用到比较典型的句式"您的意思是……"，用转换的概念，把对方的话翻译一遍。因此，该例也可以这样回答："您的意思是担心风扇不够结实吗？"

又如，客户说道："你们只有两天的培训课程，竟然要收 2800 元，是不是太贵了点？"客户说的本来是事实，该培训机构的课程收费比同类的一些高端培训课程高 20% 左右。这时候，业务员的回答就应该机智一点，学会用转换概念法处理。"林姐，我完全能够理解您的心情。您是担心参加我们的培训学习性价比不高吗？"这样，"价格贵"的问题就转换成了"性价比"的问题。表面上看，两者似乎差不多，但只要仔细琢磨，就会感觉到两者有天壤之别。接下来只要从培训师资、培训实效方面突出自己的优势，让客户觉得培训课程能真正帮助到她，物超所值，那么，即使价格比别人高一些，也是能够接受的。

此外，还有模糊回答法，为了回避实质性问题，而故意采用模棱两可的回答。如："很抱歉，您刚才反映的问题，我还没有掌握具体情况，如果调查清楚确实是我方的原因，我们肯定会负责的。"又如，Z 君参加一场面试，对方问到 Z 君在现有公司的薪酬水平。Z 君不愿意如实相告，但又不能回避。于是他这样答道："我目前的薪资是浮动的，每个月都不一样，少的时候五六千元，多的时候一两万元，很难说。我也想请问，贵公司销售员每月的薪酬是什么水平？具体按什么方式计算的呢？"。

有时，对一些无关紧要的问题，也可以不予回答，采用"王顾左右而言他"的策略，或者幽他一默，避重就轻，一笔带过，然后转入正题。如："哈哈，王总，真会开玩笑！请核对一下您的订单，有没有错？谢谢。"

2. 谈判的非语言技巧

业务洽谈除了恰当地运用语言沟通技巧外，非语言沟通即身体语言技巧的运用也必须高度重视。人的举止是人内心活动的充分反映。洽谈过程中，一方面要认真观察，留意对方的肢体上细微的变化，包括眼睛、眉毛、嘴巴、四肢、腰与腹部、肋部和肩部等，善于读懂对方的"无声语言"。另一方面还要注意自己肢体语言的运用，防止自己一个不经意的动作，向对方透露了不应该传递的信息或者避免引起对方误会。

仔细观察图 3-6 中两个人的肢体语言特征，你能从他们各自身上读懂了什么信息？如果让你选择其中一个人进行业务洽谈，你会做出哪种选择呢？

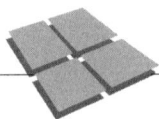

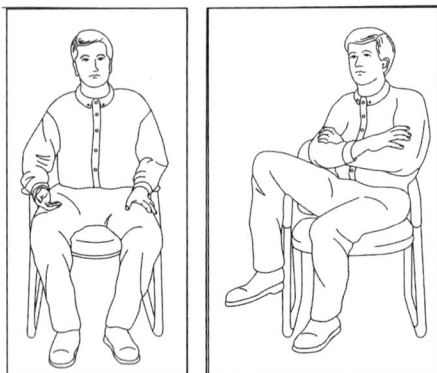

图 3-6　两个肢体语言不同的人

（资料来源：［美］迈克尔·唐纳森，米尼·唐纳森. 如何进行商务谈判［M］. 张建，等译. 北京：企业管理出版社，2000）

美国的迈克尔·唐纳森与米尼·唐纳森在合著的《如何进行商务谈判》一书中列举了接受型与非接受型两类谈判者的肢体语言表现，如表 3-1 所示。接受型往往表现出合作、肯定、积极的态度，非接受型则相反，常常表现为漠视、否定、消极的态度。

表 3-1　接受型与非接受型身体语言

身体语言	接受型（肯定表现）	非接受型（否定表现）
脸部表情和眼睛	微笑，目光接触频繁，似乎对谈话者比对谈话内容更感兴趣	目光闪避，或者斜着眼，下腭紧绷，双颊抽动，头部稍微偏离谈话者，目光横扫
手臂	双臂伸直，双手平放在桌面，上半身放松，或置于椅子扶手之上，以手抚脸	双手紧握，双臂交叉于胸前，抚摩唇部或后颈部
腿和脚	坐姿：双腿并拢，或一条腿稍向前。站姿：全身放松，手置于髋部，身体面向说话者	站姿：双腿交叉，侧对着说话者。站姿或坐姿：腿脚朝着门口的方向
躯干	坐在椅子边缘，外套敞开，身体面向说话者	斜靠在椅背上，外套紧扣

（资料来源：［美］迈克尔·唐纳森，米尼·唐纳森. 如何进行商务谈判［M］. 张建，等译. 北京：企业管理出版社，2000）

接受型的人看上去很轻松，他们伸出手，手心朝上，显得很坦率，手掌显露越多的人接受程度也就越高。相反，那些非接受型的人往往把手置于身体两侧，斜靠在椅背上，或是自我保护似地将双手交叉于胸前，一幅拒人千里之外的样子。

当然，识别肢体语言时，要注意不同文化背景的人其肢体动作传达的含义是有差别的。同样的动作，也要考虑某种特殊情况的可能，不要过分自信，做出武断结论。例如，笔直的坐姿可能表示此人十分固执，很难妥协。但也有可能是由于他早两天运动不当，导致脖子僵硬。因此，观察一个人的肢体语言时，还要结合此人的背景和语言综合辨别，才能得出正确结论。

此外，在谈判场合，一些经验丰富的老手有时会故意使用一些虚假的肢体动作企图迷惑对方，这就要求谈判者保持警觉，做到冷静、机智，避免落入他人圈套。

学而思：商务洽谈时如何运用好肢体语言的技巧？找出 3 种以上你熟悉的肢体动作，说出它传达的含义。

>>> 营销实战

大拇指有大不同

竖大拇指的手势，在大多数国家是表示称赞、认可的意思，但也有许多例外。在美国和欧洲部分地区，竖大拇指通常用来表示搭车；在尼日利亚这种手势被认为是侮辱性手势；在希腊向上竖大拇指表示"滚蛋"；在伊朗、伊拉克等很多中东国家，竖大拇指是一个挑衅的行为。

3. 报价与还价技巧

报价与还价是业务员经常要处理的工作，掌握这方面的技巧非常必要，也很重要。

（1）报价技巧

报价时要注意把握好以下要领：第一，报价要准确、明白，避免产生误解或曲解；第二，报价时态度要坚定果断，不要流露出信心不足，更不能有半点歉意的表示，否则会引起对方猜疑；第三，报价要干净、利落，对所报的价格不要加以解释、评论。

常用报价方法如下。

视频：电影片断
沈腾还价

①加法报价：将整体项目按分解项目逐个报价，比单纯报一个整体价格更有说服力，在心理上也不会觉得很贵。例如，家装公司这样报价："铺地板每平方米 16 元；墙面瓷片每平方米 25 元；水电安装，水管按每米 10 元，电路按每个电位 5 元计价。"有根有据，比"整套房屋装修 23 万元"更令人信服。

②除法报价：即小单位报价，适合金额比较大的名贵商品或大件商品报价。如名贵药材冬虫夏草报价每克 390 元，似乎不觉得贵，如果按斤论两，价格就高得很吓人了，每 500 克高达 195000 元。

③乘法报价：即大单位报价，与除法报价刚好相反。这样报价，可以促使顾客批量购买，产生多买便宜的心理。一般适合日用小商品或单价较低的商品报价。这种方法在生活中被小贩常用。如小商品"5 元 3 件"、鲜梨"10 元 4 斤"。

④比较报价：即报价时与另一种同类商品比较，可以更好地突出产品的优点，让人觉得物有所值，或者与另一种价格更高的可比商品进行比较，让人产生价格不算太贵的心理。如："这是纯种野外自然生长的长白山特级黑木耳，每两（50 克）26 元，规

模种植的普通黑木耳今年都涨价 20％多，每两达 8 元。"

⑤差异报价：因时间、地区（位置）、顾客或营销目的不同而报价不同。如："这两款装饰地板砖是公司特意拿来做推广的，所以，价格比正常水平便宜 25％，每块只要 88 元。"

⑥中段报价：业务员在不太了解客户的情况下，面对询价很难回答。说高了，有可能吓跑顾客。说低了，又可能失去追求高品质的顾客。因此，在试探阶段，正确的做法是中段报价，再附带一个较高价格。即在你的同类产品价目表中，先选择一个中间价格报价，再附带一个较高价格，方便顾客在心里作参照，让其产生"原来还有比这贵很多的价格"这种心理。

买健身音乐陀螺是吧，这一种 C 系列的 180 元，初学者用这个就可以了。如果您是高手，还有 D 系列，320 元一个，最大的 F 系列达到 10 斤，每个 880 元。当然，如果要小一点的，A 系列，只有 1 斤半，82 元就可以买到。你要哪一种？

（2）还价技巧

还价的要领，一是要澄清对方报价的基本含义。还价之前一定要先搞清楚对方报价的全部意义，不要断章取义，注意其报价的前提与条件。二是做好还价的准备，包括了解相关信息，取得证据资料，制定还价策略与方法。三是进退有度，留有余地，保持一定的灵活性。

对方报价后，不要急于还价，可以用到以下技巧。

第一，要求解释。一般性做法是在对手报价后，要求对手做出"价格解释"，即告知价格的构成依据、计算方式等，以了解对方报价的实质、态势、意图及诚意，以便采取相应对策。

第二，重新报价。鉴于双方对这笔交易的看法过于悬殊，建议对方撤回原盘，重新考虑一个比较实际的报盘。

第三，有条件地接受。对原报盘中的价格暂不做变动，但对一些交易条件，如数量、档次、付款条件和交货期限等做一些变动，提出自己答应的附加条件。如"我方经考虑可以照顾贵方的顾虑，答应刚才提出的报价，但我方有一个条件，希望货款结算用人民币直接结算。"

案例：中新纺
织品谈判

第四，运用"3 次法则"。美国谈判专家唐纳德在《游击谈判》一书中，总结出"全球通用的'3 次法则'"，即对谈判对手头两次出价说"不"，而且要不假思索地说"不"，直到第 3 次出价时才点头同意。

>>> **项目要点回顾**

洽谈业务是双方斗智斗勇的过程。首先要在组建谈判队伍、收集谈判信息、制定谈判方案、布置谈判场所等方面做好充分的谈判准备。在正式谈判阶段，需要明白怎样才算谈判成功，要熟悉谈判的基本原则，学会灵活运用谈判中攻与守的策略，掌握谈判语言技巧和报价还价技巧。

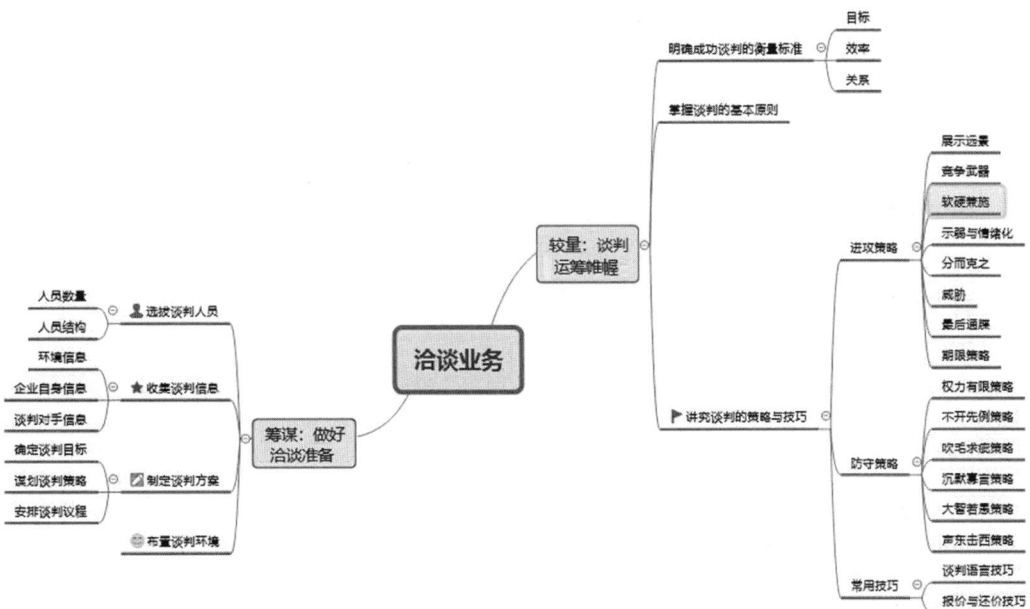

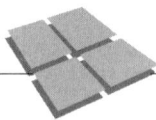

项目四　处理异议

知识目标：

1. 了解顾客异议的类型及形成原因。

2. 明确处理顾客异议的原则、步骤和方法。

能力目标：

1. 能够按正确的步骤处理顾客异议。

2. 能够针对不同类型的顾客异议选择恰当方法做出处理。

情境描述

住户陈先生需要灌煤气，于是按广告打电话过去，电话没有人接，接着又拨通另外一个电话，电话接通了，电话那头问是要大罐还是小罐，地址在哪里，然后说10分钟送到。

正在陈先生等对方送煤气来的期间，一个电话打来，对方说：我是灌煤气的，你们在哪里？得知地址后，他接着问，是要大罐还是小罐，"小罐"，陈先生回答道，但是接着告诉他已经定了别家的煤气了，一会就到了，下次再叫你的吧。

8分钟过后，有一个送煤气的小青年A来了，身上扛着一小罐煤气，另外手里还拿着一个电子秤，陈先生搞不明白他的意图。A说自己是刚开始没有接到电话的那家，现在把气给送来了。等陈先生明白过来，就委婉地拒绝了："我们不是告诉你已经要了别人的煤气了吗？下次再定你们的吧，还得麻烦你把气扛回去。""没关系。"对方回答得很爽快，转身下楼走了。

又过了5分钟，另外一个送煤气的B到了，陈先生估计应该是自己订的煤气了，并说：你不是说好10分钟送到吗？B回答："这不是送到了吗？还说什么说？"他麻利的把气罐换好，收下41元灌气费，转身扭头走了，客厅留下两行明显的脚印。这个人刚走，前面那个送煤气的A又出现了，陈先生感到奇怪："你不是走了吗？"他说："我没有走，我在等那个送煤气的过来。"

"他给你们灌的是小罐？"

"对啊"。

"斤两不够的，他们灌的只有37元的气。"说着A从口袋里取出鞋套熟练地套在自己的皮鞋上，直奔陈先生家的厨房，把带来的电子秤放到地上，再把自己带来的气罐放到上面，数字显示7.5千克，接着A又把给刚才B换的那个气罐放到电子秤上一称，数字显示6.5千克。"现在市面上的很多罐气的重量都给不够，声称41元的小罐实际上却只有37元的气。这是我的名片，给你们留一张，以后有什么需要可以随时跟我联系。"

陈先生夫妇若有所思……

（资料来源：赵柳村．推销与谈判实务［M］．2版．广州：暨南大学出版社，2014）

思考与讨论

案例中 A 与 B 各遇到了什么样的顾客异议？他们的处理方式是否恰当？你有什么建议？

▶任务一　分析顾客异议

一、认识顾客异议

顾客异议，是指顾客在推销过程中提出拒绝购买的各种理由，包括提出与推销员不同的意见、建议、看法及具体要求，也称顾客的反对意见。

顾客异议是销售过程中的一种很正常的现象，是难以避免的。日本号称"推销之神"的原一平曾说过："在我 50 年的寿险生涯中，被准顾客以'我最讨厌保险'来拒绝的情形，有如家常便饭。"因此，推销员要有一个正确的心态，不必刻意回避顾客异议，更不必害怕顾客提出异议。

学而思：面对顾客的异议，推销员正确的态度该如何？

正确处理顾客异议，是达成交易的前提。俗话说得好，"嫌货才是买货人"。如果一个人对推销品真的满不在乎的话，那么他就不会提出各种异议。他之所以提出异议，是表示他对购买存在某方面的顾虑和担忧，或者是想以此换取交易上的某个优势。这就不难理解，顾客提出的异议有时候是他真实的想法，而有时候仅仅是一个借口而已。这就需要推销员认真观察并加以引导，做出正确判断，针对不同类型的顾客异议采取相应的方法正确处理。

二、顾客异议的表现形式

(一)需求异议

需求异议是顾客主观上认为自己不需要推销品而形成的一种反对意见。典型情形如"我不需要"或"我已经有了"。

顾客的需求异议一般分为两种情况：一是顾客确实不需要或已经有了同类产品，暂时不会购买。二是借口或不了解。针对第一种情况，销售员应立即停止销售，转换销售对象。当然离开时要留有余地，可以留下资料和自己的名片，方便在条件成熟时再跟进。第二种情况，有的顾客仅仅是此为借口拒绝推销员。有时候是对推销员不信任，有时候是认为推销品质量不好或价格太贵与自己心理期望差别太大，没有继续洽谈的愿望，干脆以"不需要"打发推销员。这时候推销员需要先探寻顾客拒绝背后的真正原因，再对症下药，千万不能被这种虚假的异议所迷惑。针对有的顾客对推销品不太了解或者对自己的需求认识不足的情况，推销员可通过产品示范、免费试用、提供保证等方式帮助顾客熟悉产品，消除误会或偏见。如果顾客没有认清自己的需求，推销员可以强调产品会给顾客带来好处，或者不购买一旦出现某种不利情况可能会给顾客造成损失，以启发帮助顾客发现自己的需求，激发其购买欲望。

某培训公司业务员与某通信代理商市场部经理的对话。

经理：谢谢，不过我们不需要培训，以后有需要的时候我会打电话给你的！

业务员：不需要没有关系，其实我今天特意打电话给您主要是问候一下您，同时就一个您很可能感兴趣的问题想跟您共同探讨一下？

经理：什么问题？

业务员：是关于如何寻找客户资料的问题，做销售最重要的就是要在一开始的时候找对人，但是我们发现大部分的销售人员都做不到这一点，他们整天在应付不相干的人，比如在前台那里浪费宝贵的时间，而这对于团队的业绩有非常大的负面影响，您说是吗？

经理：是的，这确实是一个很严重的问题！

业务员：最近我们发现通过一个方法有可能解决这个让人头痛的问题，所以想征询一下您的意见，看看可不可行？

经理：是吗？什么方法？

（资料来源：李智贤. 电话销售中的拒绝处理［M］. 北京：机械工业出版社，2012. 有修改）

（二）财力异议

财力异议是顾客提出支付能力方面的异议，典型情形如"我的钱不够"。

顾客财力异议也分真假两种情况，如果是真的，一般要放弃，但态度要和蔼，千万不要伤了顾客的面子。可以将顾客的资料整理入档案，作为潜在顾客等待下次合适的时候再争取合作。当然，有一种情况例外，即如果公司有信用销售相关政策，则可通过与顾客协商具体的分期付款方案解决。如果属于借口，顾客可能是因为不相信想拒绝推销员，也可能是想以此施压希望推销员降价。不管是哪种情况，都需要推销员善于识别，巧妙化解，不要轻易主动降价。比如，推销员可以这样试探："张总真会开玩笑，您要是没钱，那别的公司还要不要活呀？况且，您只要购买了我们的产品，还担心不能提前把钱赚回来吗？"

客户：不好意思，没钱！

业务员：李先生，大家都是做销售的，我就直话直说了，您的意思是真的资金有困难，还是有别的想法？

客户：真没钱，我刚参加工作，哪里来的钱去参加几千元钱的课程。

业务员：那倒也是，看来您是真的没有钱，您不要见怪，因为从心里来讲我还是不信的。刚才您提到才参加工作不久，又和我一样做的是销售行业，不知道您现在做得怎么样？

客户：一般，要是做得好的话，就不会没有钱了。

业务员：好的，您不参加也没有关系。不过李先生，如果您自己不发生任何改变的话，您说自己的业绩会不会有较大的改观？

客户：应该不会的。

业务员：这就对了，还是那样的话您就会一直没有钱下去。正为您现在没有钱，所以比起那些有钱人来说，更应该提升才对。因为赚钱的方法永远是最重要的，您说呢？

客户：那也是。

业务员：而提升自己销售业绩最好的方法，并不是您自己一个人在这里研究，而是用那些已经被验证行之有效的方法来帮助自己，因为复制成功永远是最快的成长方法，您说呢？

客户：嗯。

业务员：我来帮您做个计算，假如您参加这个课程之后销售业绩只提升了10%，那么您一年就可以多拿到两万左右的佣金，10年就是20万元，而这场由某某老师主讲的课程收费也才不到2000元，总体来看是物超所值的。

（资料来源：李智贤. 电话销售中的拒绝处理［M］. 北京：机械工业出版社，2011）

(三)购买权力异议

购买权力异议是指顾客提出购买决策权限方面的异议，典型情形如"我做不了主"或"领导不在"。

顾客购买权力异议同样分真假两种情况，面对真正无权购买的顾客，强行推销属严重失误，也是无效推销。如果是向组织机构推销，由于组织内部的决策通常比个人决策复杂，会因组织的管理制度、办事流程、人际关系、个性特征等因素不同而有差异，需要推销员注意收集相关信息，具体应对。

如果在决策人以无权为借口拒绝推销员及其产品时，放弃营销更是营销工作的失误，是无力营销。推销员可以考虑用幽默带夸赞的语气试探对方，比如说，"刘先生，这种小事您说做不了主，谁会相信呢？您只是想听听您夫人的看法罢了，对不对？"弄清原委后再伺机而动。

学而思：如何辨别顾客购买权力异议的真假？

(四)价格异议

价格异议是顾客对推销品的价格与自己的心理预期相差较大而提出的异议，典型情形如"这价格太贵了！"。

价格异议具体分三种情况。第一种，绝大多数情况下的价格异议是顾客认为"价格太贵了！""别人比你卖得便宜"。第二种，少数情况下，也有顾客认为价格太便宜不会有什么好货，怀疑推销品的质量。

案例：化妆品
异议处理

比如，"58元一双皮鞋，你真保证是纯牛皮做的?"第三种，不是真实异议，只是顾客放的"烟幕弹"而已。针对第一种情况，推销员应从"价值"上做文章，让顾客觉得"一分钱一分货"，值！第二种情况，要反思商品价格是不是定得过低，如果不是，则要给顾客一个合理的解释，以消除其顾虑。第三种情况，则需要推销员善于引导，挖掘出顾客背后真正的原因，才能有的放矢。

(五)产品异议

产品异议是指顾客认为推销品本身不能满足自己需要而产生的异议，典型情形如"这种设计风格我不喜欢。""这款手机电池太不经用了""这类垃圾食品最好别买"，等等。

这方面异议既可能是由于产品自身存在不足导致的，也可能是顾客自身的主观原因，包括顾客受制于自己的知识和阅历对产品形成的片面认知和判断，甚至有时故意为之。产品异议是推销员面临的重大障碍，除了顾客找借口故意为之，一旦形成不易被说服。

如果是顾客对产品缺乏了解导致对产品认识上有偏差，推销员则需要认真做好对顾客的教育工作，耐心介绍与说服，并注重用证据和数字说话，千万不能用"教训"的口气讲话。如果是产品某方面确实存在不足但不影响正常消费的话，则在做好解释工作的基础上，可以强调产品的优势，以优补劣，也可适当降价或在其他方面弥补。如果是故意为之，可参照前述虚假异议的处理办法解决。

(六)推销员异议

推销员异议是指顾客对个别推销员不满意、不信任而产生的异议，典型情形如"这个人说话不算数，不靠谱！别买他的东西"。

出现这种情况，推销员应该认真反省，分析原因，努力整改。有可能是因为产品更新换代或公司相关政策调整导致原有承诺不能兑现，引起顾客误会。比如，推销时承诺可以保证提供配件，可是由于公司产品更新换代加快，3年前多个型号的产品已停止生产，相关配件库存用完后已不再生产。这样的话，推销员应该及时向顾客做好解释说明，争取顾客谅解，并提出替代解决方案，必要的话给顾客适当补偿。还有一种可能，是推销员不修边幅，不讲礼仪，没有注重自身形象；或者言行不当，举止粗鲁，给顾客留下不良印象。这就需要推销员痛下决心，不断提高自身素质和修养。企业也要注重对推销员的培训与考核，对业务员特别是新入职的推销员必要进行合格考试，持证上岗。

>>> 营销实战

电话销售员："张女士，我很理解您的这种担心，我买东西的时候也会担心价格低的产品质量会不好。您这样想是不是也因为您之前吃过亏呢?"

客户：是啊，我之前买便宜的东西，卖的人都会跟我说质量多么多么好，但是其实根本不是的，用不了多久就会坏掉。

电话销售员：呵呵，您放心，我绝对不像您之前遇到过的那些销售员一样空口说大话。我们的产品有质量保证，是所有的客户都有目共睹的。我们目前的产品合格率已经达到了99%。有关产品质量的资料我也会随产品一起发过去给您看；另外您也可以到我们的网站上去看客户评价，全是好评的。

客户：是吗？那我就放心了。

（资料来源：曹明元. 电话销售能力训练[M]. 北京：高等教育出版社，2014）

（七）货源异议

货源异议是指顾客认为不应该购买某推销员或其代表的企业提供的产品而提出的异议，典型情形如"我们已经有固定的进货渠道"。

出现货源异议正常情况是可以理解的。人们平常有自己的进货渠道，如果对供货商彼此的合作关系还比较满意的话，就没有意愿更换新的进货渠道，以省去重新调查的麻烦和回避更换供货商可能带来的采购风险。如果推销品不是知名企业的产品，顾客会对产品的货源产生怀疑，会加剧对产品质量的担忧。推销员努力的方向，是在保持足够自信的前提下，重点要在证实产品品质方面下工夫，要善于在与竞争品的比较中找到自己优势，用真诚的态度和可信的事实消除顾客的疑虑，争取合作机会。

（八）购买时间异议

购买时间异议是顾客认为现在不是最佳的购买时间而提出的异议，典型情形如"让我再想一想，过几天答复你""我们需要研究研究，有消息再通知你"。

顾客提出购买时间异议具体分几种不同情况。第一，因目前购买力不足或决策权限问题，需要延期购买。第二，顾客对推销品或相关问题的认识不到位，导致错误判断。第三，可能是因为价格、产品或其他方面不满意，提出的时间异议仅仅是拒绝推销员的借口。

针对第一种情况，推销员可以与顾客尝试寻求合适的替代方案解决，比如分期付款、寻求与决策人直接沟通等。针对第二种情况，关键要围绕"利益"来做文章。推销员要善于向顾客提供相关事实依据，帮助其纠正不正确的看法，强调早买早受益或者推迟购买会导致顾客损失扩大。针对第三种情况，由于是隐秘的原因，处理起来更需要讲究策略和技巧。推销员可以用询问法循循善诱，引导顾客说出真实原因，再具体应对。

推销过程中出现的异议是很正常的，其表现形式也是多种多样的。顾客提出的异议既有真实的，也有虚假的；既有公开的，也有隐藏的。它需要推销员善于识别、冷静分析，找出原因，机智处置，巧妙化解。

三、顾客异议的成因

分析顾客异议背后的原因是有效解决顾客异议的前提条件。概括起来，顾客异议

的成因主要包括来自顾客方面的原因、产品方面的原因、价格方面的原因、推销员方面的原因以及其他方面的原因。

(一)顾客方面的原因

1. 顾客的需要

顾客的需要，包括现实需要和潜在需要。顾客提出异议，可能是推销品与顾客的需求不相符。假如推销员向一个刚刚解决温饱的顾客推销高档红木家具，顾客一般是不会考虑的。推销员应该果断停止销售，转换推销对象，或者转而介绍与顾客需求相匹配的实用家具。

2. 顾客的偏见

顾客由于受自身的知识、阅历的限制，或者掌握的信息不全面、不准确，或者受某次特定不愉快经历的影响，导致对推销员、推销品或者对推销员所代表的企业有不正确的看法，从而提出反对意见。这需要推销员用事实理性说服，还事物原来面目。

3. 顾客的支付能力

即顾客提出异议，真实原因可能是由于自己的支付能力不足。针对这一情况，除非企业允许信用销售，不然，要立即中止销售，否则就是无效劳动。

4. 顾客的购买习惯

推销员提出的交易条件与顾客的购买习惯不同，顾客也会提出异议。比如，有的超市要求供货商先供货，销售一定时间后才按实际交易额结算，如果推销员提出货物验收付款，就会遭到对方反对。

5. 顾客的购买权力

即顾客异议来自于自己没有足够的购买决策权。

6. 顾客的消费知识

面对琳琅满目的日用消费品，顾客不可能像推销员对自己的推销品一样了解得那么专业、细致。对绝大多数消费者来说，属于"非专家购买"，因此，顾客有时由于缺乏对推销品的了解而会提出各种各样的异议。

(二)产品方面的原因

1. 产品的功能
即产品的功能与顾客的预期不相符，有差距。

2. 产品的利益
即产品能给顾客带来的好处不被认可。如推销以"节能"为卖点的空调，如果推销品与同类空调耗电无明显差别，顾客就不会接受。

3. 产品的质量
即产品的品质不良或达不到顾客预期的标准引起顾客异议。

4. 产品的造型、式样、包装等
即产品的外观与包装达不到顾客要求引起异议。

(三)价格方面的原因

顾客在价格方面提出的异议,绝大多数情况会觉得"价格太贵"。当然,价格过低有时也会引起顾客的顾虑。

顾客因价格原因引起的异议具体包括以下几种情形。

1. 价格过高

(1)顾客通过与市场同类产品比较,认为价格高。

(2)顾客通过对产品成本估价,认为价格高。

(3)顾客因经济原因,虽有需求,但无支付能力,认为价格高。

(4)有顾客对任何产品的报价,都觉得贵,喜欢讨价还价。

(5)以价高试探推销员,有无降价空间。

(6)顾客无意购买,以价格高为借口,摆脱推销员。

2. 价格过低

(1)顾客经济条件好,没必要买价格低廉的商品。

(2)顾客认为"便宜没好货,好货不便宜",不信任产品质量。

(3)顾客社会地位高,认为买低档货有损自己形象。

3. 讨价还价

讨价还价是顾客理所当然的权利,大多数顾客也乐此不疲,推销员也不应该去剥夺顾客这种权利,而应该利用顾客这种心理,因势利导。

(1)顾客出于自己利益的动机,希望购买价格更低的产品。

(2)顾客出于攀比心理,希望买到价格比别人更低的产品。

(3)顾客希望在还价中显示自己的谈判能力,获得心理满足。

(4)顾客根据自己的经验,认为价格多数有"水分",经过还价,多数情况下对方会让步。

(四)推销员方面的原因

1. 推销员形象欠佳

推销员的形象不仅与其长相、身材有关,还与他的谈吐、气质、修养以及衣着打扮有关。比如,推销员穿着随便,留胡子不修整,指甲留垢,不注意细节等都可能引起顾客不适,导致推销受挫。

2. 推销员素质不高

表现为推销员对商品不熟悉,语言表达能力不强,不善于与顾客沟通,不能为顾客提供专业、可信的咨询意见,服务态度不好,等等。

3. 推销方法不当

比如,推销员缺乏专业技能,不懂得推销与洽谈技巧、缺乏灵活应变能力等。

（五）其他方面的原因

1. 企业信誉的原因

推销员在外代表企业的形象，有的推销员只顾为了完成自己的业绩，出现损害顾客利益的事情。比如，出售假冒伪劣商品者有之，短斤少两者有之，承诺不兑现者有之，等等，这些有背商业道德，有损企业信誉，最终也会让企业全体推销员买单。

2. 推销信息失实

在推销过程中，推销员会向顾客发出大量信息，如果推销员信口开河，甚至夸大其词搞虚假宣传，就会丧失顾客的信任，出现各种顾客异议，引起顾客反感与抵触。

3. 推销环境不良

在不同的市场环境里，顾客的购买需求、消费心理与习惯、购买力水平以及竞争激烈程度都会存在较大差异。如果推销品不适应特定市场环境，所引起的顾客异议是很难克服的。因此，推销人员要注重市场研究，为推销品找准目标市场。

▶任务二　处理顾客异议

一、处理顾客异议的原则

（一）情绪放松，不要紧张

推销员要充分认识到推销时出现顾客异议是必然的，是非常正常的现象。推销员应该以积极的心态看待顾客异议，顾客之所以提出异议，说明推销品已引起了他的关注，很可能是成交的信号。因此，推销员应当以欢迎的态度对待顾客异议，态度轻松，坦然接受，不必紧张不安，更不可动怒，把顾客推向对立面。要学会多用此类开场白，"我很高兴您能提出这样的意见""您的意见很有道理"。

（二）尊重顾客，不能争辩

不管顾客提出多么尖锐或过激的意见，推销员都必须对顾客保持尊重，千万不能以牙还牙侮辱对方人格，也不能与顾客争辩。因为，争辩不仅不能解决顾客的异议，反而会激化矛盾，出现更多、更严重的异议，最终导致完全丧失销售机会。因此，推销员时刻应该记住：任何情况下，都要给顾客留"面子"，哪怕你觉得顾客的意见多么"幼稚""可笑"。

学而思：有人说"顾客永远是对的。"你怎么看待这个观点？

>>> 营销实战

辩论的胜者　推销的败者

一位卡车推销员过去是司机，他对自己推销的卡车非常熟悉。在推销中，只要有人挑剔他的车，他就立即与之辩论，因为他经验丰富，他经常是辩论的胜者。每当他走出顾客的办公室的时候，他总是自豪地说："我又教训了他一次。"事实上他确实以他丰富的产品知识和经验教训了很多顾客，但是最终他也没有卖出去几辆车。

(三)认真倾听，弄清原委

认真倾听既是尊重顾客的表现，也是推销员处理顾客异议必不可少的前提。认真倾听顾客的意见，推销员需要掌握以下三点技巧：第一，不要中途打断顾客的发言。第二，听到关键点最好做好记录。第三，对有疑点或不确定的问题，等对方讲完后及时询问求证。

(四)选择时机，沉着应对

处理顾客异议要根据异议的性质不同选择不同的时机。据美国一项对几千名销售人员的研究，优秀的推销员所遇到顾客严重反对的机会只是其他人的十分之一，原因就在于优秀的销售员往往能选择恰当的时机对顾客的异议提供满意的答复。推销员处理顾客异议的时机具体分以下四种情况。

1. 抢先解答

推销员根据以往经验和现场对顾客的观察，推测到顾客可能会提出某个异议时，在顾客异议尚未提出时，就主动讲出来并给予解释，这样可以先发制人，防患于未然，避免反驳顾客而引起不快，争取洽谈的主动权。

2. 立即回答

绝大多数异议需要立即回答，这既体现对顾客的尊重，同时也让顾客感到推销员不回避问题，有利于趁热打铁，解决顾客的疑惑，争取销售机会。

3. 稍后回答

以下情况发生的顾客异议适合延缓回答，急于回答效果反而不好。(1)异议明显站不住脚，不攻自破；(2)异议涉及较深的专业知识，无足够把握回答；(3)顾客情绪激动时，适合做"冷处理"。

4. 不予回答

推销员遇到的顾客异议五花八门，只要对成交没有直接障碍，没必要对每个异议都做出回答。不必回答，并不等于不能回答。这类异议具体包括：顾客的借口，肤浅的见解，故意发难，无法回答的奇谈怪论、废话、戏言，等等。

二、处理顾客异议的流程

处理顾客异议流程很重要，要明确先做什么，后做什么，次序不能颠倒。基本的处理流程应当按照 LSCPA 法五个步骤进行操作，即倾听、分担、澄清、陈述、请求。

案例：LSCPA 流程

(一)L——倾听(Listen)

当顾客提出异议时,推销员首先要做的是认真倾听,而不是急于反驳。要耐心听顾客讲完,不要中途插话,不要放过任何一个细节,对顾客的疑问和担忧做到心中有数,这是正确处理异议的重要一步。

(二)S——分担(Share)

顾客提完异议后,推销员首先要学会表达同理心,从情感上认同顾客。要对顾客所提异议表示理解,学会站在顾客角度与其分担忧虑,而不是马上反驳,把顾客推向自己的对立面。可以用到这样的句式,"我非常理解您的感受"或者"这很正常,如果换作是我,也会有同样的考虑"。

微课动画:
表达同理心

(三)C——澄清(Clarify)

有时顾客提出的问题比较零散,甚至是扭曲和隐藏的,因此需要针对顾客的异议进行梳理和归纳,使之更加条理化、清晰化。对不明确的问题通过提问进一步沟通核实,以明确真正的问题所在。可以用到这样的句式,"您所说……具体指是哪方面呢?""如果我没有理解错的话,您是担心……"或者"换个角度看,这个问题是……"。

(四)P——陈述(Present)

陈述是解决异议的核心环节,可以针对顾客异议做出合理解释,用事实阐明自己的观点,或给顾客提供一定实惠,并适时提出建议或解决方案。提出方案要学会用二项选择法帮助顾客早下决心,如"您是选择 A 还是 B 呢?",最终要把决策权还给顾客,这点很重要。陈述时可以用到这样的句式,"事实上,情况是这样的……"或者"……您看这样可以吗?"。

(五)A——请求(Ask)

请求即请求行动。推销员在圆满地处理顾客异议之后,就有可能达成交易,但是如果顾客对推销员的解答仍然摇头,则说明推销员没有真正弄清他的需要,或者提出的方案并没有被接受,仍需要继续沟通,直至顾客满意,推销才能成功。请求行动时,推销员针对顾客提出的建议或提供的解决方案,要征求客户同意,并努力争取成交,如"您确定选择 A 方案,对吧""如果您考虑清楚了,我就帮您填单了"。

当然,推销人员也要做好遭遇挫折的心理准备。如果多次努力仍不能让顾客满意,继续下去已是在浪费时间的话。那么,就要学会在适当的时候做"理智的撤退",要注意自己的态度,讲话的语气要委婉而留有余地。

【案例分析 4-1】

在线销售保险产品

惠康保险在线销售员刘小静向潜在客户江先生推广老年恶性肿瘤保险业务。

销售员："喂，江先生，您好！我是惠康在线的业务顾问刘小静，是您的好朋友林友新先生介绍让我给您来电的，他说您对我提供的信息一定会感兴趣的。"

江先生："哦？林友新倒是很熟的，惠康在线？没听过！难道是卖保健品的？我不需要。"

销售员："江先生反应好快啊，我们是保险公司。您的好朋友林友新先生在我们这里为他年迈的父母买了'孝心保·老年恶性肿瘤险'，觉得很超值。他说平时与你聊天聊到过你也有意愿为父母投保，只是没找到合适的产品。所以，建议让我也给您介绍介绍，这位朋友很关心您哦，够意思吧！"

江先生："以前是有考虑过。也看过两家保险公司的资料，不过，你们惠康保险过去真没听过。"

销售员："完全可以理解，不少人确实没听说过我们公司，认为是一家新成立的小公司。其实，我们公司成立也有六七年了，而且业绩发展迅速。这要怪我们平时太低调了，我们不同于其他保险公司，主要是以在线销售为主，是中国最早、现有规模最大的在线保险销售平台。其实，我们公司也不小啦，在中国 500 强榜单中排名中上，在全国各地的分支机构有 3000 多家，累计为 1.3 亿个人居民提供服务，其中包括您的好朋友林先生，您完全可以放心。"

江先生："那你说说这个老年险有什么特色？"

销售员："我们推出的这个老年险产品是针对老年恶性肿瘤的。您肯定知道，这类疾病要么不发生，一旦发生费用是很吓人的，动辄几十万，上百万，一般家庭是难以承担的。可是一般的保险公司对老人不提供此项服务，因为老人是这类疾病的高风险人群，而我们连 80 岁的老人都可以买，当然需要有社保资格。这是很明显的一个优势。另外，我们工作效率高，万一出险只需要网上提交资料发出申请，马上就会有专人跟进，完全不用您跑这跑那，非常方便和快捷。这算是我们的第二大优势吧。"

江先生："明白。那保障范围多大？怎么收费？"

销售员："江先生果然是有学识的人，提问题一下子就能提到点子上。您完全可以放心，我们这项产品是专门保各类'恶性肿瘤'的，只要是正规三甲以上的医院确诊的'恶性肿瘤'，不管是多严重的肿瘤，也不管发生在病人身上哪个部位，都是可以提供保障的。您父母还年轻，都不到 60 岁，每份保单一年只要交 1100 元，却可以得到最高 100 万元的保障，很合算的。"

江先生："1100 元，而且只保一年，是不是有点贵？另外，既然有社保，为什么还要买保险？"

销售员："好的，非常感谢江先生提的这两个问题。先说后面一个问题，社保的保障额度比较低，而且进口药不能报销，购买这个险，除社保支出外，剩下部分我们 100% 报

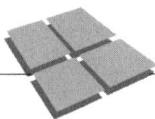

销，最高可报 100 万元。通常情况下，这已经足够了。至于您说的费用问题，您是担心这款产品性价比不高吗？其实，我们公司这一产品原来的保障额度是 30 万元，而且免赔 1 万元。今年是公司个人客户突破一亿大关，所以为了回馈社会，在不增加保费的前提下，对客户保障进行了大幅升级，同一险种保障额度由原来的 30 万元升级到了 100 万元，相当于买一份产品享受了原来三份多的保障。换句话说，同样的产品，您现在只需要原来不到三分之一的钱，买一份产品就节省了 2000 多元钱。而且，原来有免赔 1 万元的规定，现在免赔额全部取消，即符合条件的可以全部报销。您看，现在买一件好一点的衣服，都要上千块，就一件衣服的价格，可以享受到最高 100 万元的保障，这已经很超值了！如果与您买的车险比较，一年起码也得交三四千元保费吧，可保险受益额度加起来肯定达不到 100 万，平均最多六七十万元，江先生，我说得很实在吧。"

江先生："您讲得好像有一定道理。不过，我还是希望能够优惠一点。"

销售员："谢谢江先生的肯定，小静本来讲的也是事实啊。江先生，您肯定知道，这个收费标准是公司统一规定的，况且它性价比也算很高了。不好意思，小江实在没有办法改变。不过，我要告诉您一个好消息，为庆祝国庆 70 周年，公司推出了回馈社会的大抽奖活动，凡是在本月 30 日前签单的客户都有机会抽奖，最高可获得 1949 元现金红包奖励，至少也可得到公司特制的精美礼品一份。请问您是为两老各买一份，还是多份呢？100 万元已相当于原来的 3 份还多了，一般情况也够了。个人建议您为两老每人各买一份，你觉得呢？请准备好两位老人的身份证明，我准备填单了。"

江先生："林友新给他爸妈都买了？"

销售员："他给他爸爸买了一份，因为他妈妈已经在别的公司购买了大病险。"

江先生："看你讲话也实在，那先给我妈买一份吧。"

思考与讨论

结合案例实际具体分析推销员在 LSCPA 各环节的表现并作简评。

三、处理顾客异议的方法

处理顾客异议是每个推销员的必修课。实际工作中，关键是要学会根据不同顾客的异议，灵活运用不同的方法对症下药解决。常用的方法有下面几种。

(一)转折处理法

转折处理法也叫但是法，是指在顾客提出的异议不符合事实的情况下，推销员根据有关事实和理由来间接否定顾客异议的一种处理技术。每个人都有自尊心，不管有理没理，当自己的意见遭到别人反驳时会觉得很不爽，尤其是被一位陌生的推销员正面反驳。转折处理法就是为了不要直接反驳，先安抚好顾客的情绪，保护好顾客的面子，然后再处理问题。基本的句式是"对……但是……""对……"不是同意顾客的观点，而是表达同理心，处理问题之前先表示对顾客理解和同情。"但是……"是摆事实，说道理，让顾客纠正原来不正确的认识。

学而思：如何优化这一转折句"你说得没错，马路边的房子是会有点吵，但是……"

尽管用转折处理法可以避免直接反驳顾客引起不快，但基本句式里面的"但是"转折不自然，仍然有点生硬甚至刺耳。例如，"你的意见肯定很有道理，但是……"，顾客一听到"但是"两个字就能猜到下文是要否定他的意见了，当然不开心。所以，原来的基本句式需要进一步优化。可以用"其实""如果""同时""事实上"代替"但是"巧妙地完成转折。上例经优化后可以这样说："您的意见肯定很有道理，同时我觉得还有另外一个解决办法，您不妨参考一下……"。如此，客户听了心里一定舒服很多。

>>> 营销实战

对比甲乙两位推销员的做法。

顾客："万一手机充电过量发生爆炸怎么办？"

推销员甲："这个你就不懂了，我们的手机在设计上有充电保护装置的，电池充满就会自动断电，绝对不会发生你说的这种情况。"

推销员乙："您有这样的担忧完全正常，我也能理解。事实上，我们的手机在设计上就充分考虑到了充电安全问题，我们的每一台手机都是有特别的充电保护装置的，电池充满就会自动断电，绝对不会发生您说的这种情况。您可以在网上很容易查到，我们这种型号的手机上市快两年了，全球累计出货高达2000多万台，到目前为止，没有发生一例因充电过量导致的安全问题，您只管放心好了。"

转折处理法有两个优点：第一，不直接反驳，保全了顾客的面子，能够保持良好的推销气氛。第二，处理问题前有一个缓冲，给推销人员创造了一个回旋的余地。

这种方法适合客户因有效信息的不足而产生的片面经验、成见而产生的异议。不适用于那些敏感的、固执的、个性强且具有理智型购买动机的顾客。

(二)转化处理法

推销员利用顾客的反对意见本身来处理异议的方法，也叫利用法。顾客的异议具有双重属性，它既是成交的障碍，又是潜在的销售机会。推销员可以利用顾客异议中有利于销售的积极因素，将计就计，将消极因素转化为积极因素。

>>> 营销实战

一位中年女士来到化妆品柜台前，欲购护肤品，售货员向她推荐一种高级护肤霜。

顾客："我这个年纪买这么高档的化妆品干什么？我只是想保护皮肤，可不像年轻人那样要漂亮。"

推销员："这种护肤霜的作用就是保护皮肤的，年轻人皮肤嫩，且生命力旺盛，用一些一般的护肤品即可。人一上了年纪皮肤不如年轻时，正需要这种高级一点的护肤霜。"

转化处理法有三个优点：第一，推销员利用异议处理异议，不必回避顾客异议。

第二，推销员直接承认、肯定了顾客意见，有利于保持良好的人际关系和洽谈的氛围。第三，推销员可以改变顾客异议的性质和作用，将顾客拒绝购买的理由变成了说服顾客购买的理由。

采用这种方法也会带来一些问题，顾客本来希望自己的意见能得到重视和解决，但采用转化处理法容易使顾客失望，产生一种被人利用、愚弄的感觉，处理不当就会弄巧成拙，引起顾客反感，导致成交无望。操作时要注意不能否定顾客的异议，而是要在肯定、赞美的同时，合理利用其正确部分和积极因素促成转化。

(三)以优补劣法

以优补劣法指推销员利用顾客的异议以外的有关优点来补偿或抵消顾客异议的一种处理技术，也叫补偿法。世界上不存在绝对完美的事物，任何一件商品或服务也不可能十全十美，顾客针对产品的不足提出异议也是很正常的。恰当运用以优补劣法，是在承认顾客异议前提下，通过强调产品的优点抵消顾客的忧虑，或者强调购买所得到的利益完全可以补偿顾客的损失。

>>> 营销实战

顾客："这种牛奶还有半个多月就过保质期了。"

推销员："您购买真的很细心，您说得一点没错。正因为这样，我们才对这批牛奶做特价处理，价钱比平时便宜差不多一半呢，很划算的。不管怎样，它毕竟还是合格产品，何况您是大家庭，家里那么多人，买一箱很快就喝完了，根本就不用担心，是不是?"

以优补劣法的优点：一是推销员实事求是地承认商品的不足，又提示商品的优点，这种诚恳的工作态度，有利于改变顾客对推销员"王婆卖瓜"式自吹的刻板印象，容易赢得顾客信任。二是推销员通过利弊对比，帮助顾客认识购买所带来的好处，能促使顾客达到心理平衡，克服成交的心理障碍。

不是所有的顾客异议都适合采用补偿法处理，它一般需要具备两个条件：其一，存在真实有效的顾客异议；其二，产品的优点大于顾客异议提出的缺点，要对顾客具有足够的吸引力。

用补偿法处理顾客异议，操作时要掌握三个要点：第一，要认真分析顾客的异议，确定异议的性质，明确有效的异议。第二，承认顾客异议是有效异议。第三，及时提出推销的重点和优点，有效地补偿顾客异议。

(四)委婉处理法

委婉处理法指推销员在没有考虑好如何答复时，不妨先用委婉的语气把对方的异议重复一遍，或者用自己的话复述一遍，或者转移话题，避开正面回应。如"这个问题稍后再讨论，好吗?"，这种方法仅仅是一种缓兵之计。实质上，它并没有解决顾客的异议，还需要后续用恰当的方法去解决问题，除非顾客对这个异议不是真正关心或者忘记了。例如，顾客："呀，价格怎么比去年涨这么多？"推销员回答："是啊，价格比前一年确实高了一些……"或者"您是觉得现在以这个价格交易不划算，是这个意思吗？"然后等待顾客的下文。

>>> 营销实战

销售人员：这款手机采用的是双核处理器，因为主频达到了 1.2G 的频率，所以玩起游戏来非常顺畅，像现在主流的"愤怒的小鸟""植物大战僵尸"都非常流畅。

客户：会不会很费电？

销售人员：嗯，这个问题稍后再谈，接下来我给您介绍一下它的兼容性，因为只有兼容性好的手机才有可能安装不同公司开发出来的程序，比如游戏、导航、文档什么的，您觉得怎么样？

客户：挺不错的。

销售人员：在兼容性方面，因为它采用的是最新版的安卓 2.3 系统，而且是深度定制的，因此……

（资料来源：李智贤. 电话销售中的拒绝处理[M]. 北京：机械工业出版社，2012）

这种方法一般适用于两种情况：一是顾客提出异议后，推销员对这方面的问题缺乏足够的思想准备和必要的信息，需要一个缓冲时间思考和应对。二是对个性比较急的顾客，如果推销员不能迅速响应，顾客会觉得推销员不理他，不重视他，可能导致更激烈的对抗情绪，不利于后续的洽谈。

实际操作时要注意，委婉处理法不适合单独使用，往往还需要配合其他方法一起才能有效解决顾客的异议。如果委婉处理之后，没有下文，会引发顾客不安的情绪，导致不满，甚至最终退出洽谈。但同时回答又不能解决问题，不妨先与其委婉沟通，缓解其情绪，以期后续解决。

(五)合并意见法

合并意见法是将顾客的几种意见汇总成一个意见，或者把顾客的异议集中在一个时间讨论。由于人们的思维有一定的连带性，处理顾客异议时，有时会出现拔出萝卜带出泥的情况，解决一个异议又冒出来另外一个异议。这样就会陷入一个被动的怪圈，影响销售工作效率。合并意见法把顾客的多个异议打包一次性解决，然后迅速转移话题，就可以摆脱上面提到的怪圈。

>>> 营销实战

下面是保险业务员与顾客的对话。

业务员："黄先生，您好！我是中保 Y 市分公司的业务员小陈，我想了解一下，您以前的车险都是买我们公司的，请问后面为什么没买了呢？"

顾客："你们的保险没什么优惠呀！人家每年还有好几百元加油券送呢。"

业务员："哦，谢谢黄先生的坦诚。方便告诉小陈具体送了几百元油券吗？"

顾客："没问题呀，这又不是什么秘密。以前送600元，今年人家说可以送800元！"

业务员："明白，请问还有别的原因吗？"

顾客："还有一个问题，假如买你们的，我又不在Y市，离你们公司100多公里，来回也不方便呀。"

业务员："好的，非常感谢，也完全理解您的想法。现在请让小陈给您报告一下。第一，关于优惠问题。其实，我们公司对每单业务也是有一定优惠的，您之前没有享受到，可能与您当时的中介朋友有关。现在我们的优惠幅度也是蛮吸引人的，您运气真好，正赶上公司搞促销。至于第二个问题，不在同一个地方，这一点不影响您，反正在全国都是网上统一制单，等您下单后，我们会把保单在48小时内免费快递送到您家。"

顾客："那行，具体优惠多少，你说说看。"

业务员："如果您按上一年的方案购买的话，我们可以送您加油券850元！可以吗？"

顾客："差不多，不过，既然差不多，又何必麻烦换公司呢？"

业务员："刚才说到今年公司在搞促销活动，如果您在两天内定下来签约，还可以送您免费十次洗车服务。"

顾客："在哪个地方洗车呢？"

业务员："这个您放心好了，在你们L市有多个汽车服务店与我们有合作关系，我会安排离您距离最近的那一家，只要等您拿到保单去他们那里登记一下就行了，下次就可以直接开车去享受免费的优质洗车服务了！"

顾客："那好吧，成交。"

(六)直接反驳法

直接反驳法指推销员根据事实直接否定顾客异议的一种处理技术。直接反驳容易引起对方对立情绪，使顾客反感，甚至爆发正面冲突，导致洽谈气氛紧张，不利于推销员针对顾客的异议做解释和说服工作。因此，这种方法原则上应该尽量避免使用。只有在顾客的异议明显不符合事实或违背常理的情况下，才可以开门见山地反驳。但是态度一定要友好而温和，语气要尽量委婉，最好是引经据典，摆事实，说道理，以增强对顾客的说服力。

>>> 营销实战

顾客："你的商品肯定有问题，你们那个地方假冒伪劣商品全国出了名。"

推销人员反驳道："王先生，您这样讲可真冤枉我了。可别以偏概全啊，我厂的产品可是国家免检产品，您看这是产品鉴定证书、获奖证书、营业执照……"

反驳法具有两个优点，它既可以增强推销洽谈的说服力，又有利于节省推销时间，提高推销效率。当然反驳法也有不足之处，这种方法容易增加顾客的心理压力，稍不留神就会伤害顾客的自尊心，不利于推销成交。

直接反驳法主要适合以下两种情况：第一种情况，顾客的反对意见没有可靠的事实依据。第二种情况，由于顾客的无知、成见、道听途说等原因而导致的有明显错误的异议。

（七）询问法

询问法是指顾客提出异议后，推销员先通过提问进一步了解顾客的想法，以便确认有效异议并找到顾客异议背后的真正原因，为接下来解决异议创造条件。常用到这样的句式："请问您为什么会有这样的想法呢？"等。

>>> 营销实战

法兰克·贝格号称美国寿险推销大王。贝格回忆自己与一位顾客的洽谈情景，当他告诉对方一台机器的报价是 2700 元，客户说太贵了。

"为什么？"

"我付不起这么多钱。"

"为什么呢？"

"因为本钱太高，赚不回本呀！"

"为什么？"

"难道你认为它值得？"

"为什么不值得？它一直是最划算的投资。"

……

每次他拒绝或提出反对意见，我就问他为什么，并听他所回答的原因。他说得愈多，愈发现自己的理由并不完全正确，后来，总算决定买下那台机器。

（资料来源：郑晓夏. 保险推销之王[M]. 北京：中国工商出版社，2002）

视频：三句话
处理异议

询问法有以下三个优点：一是在顾客的异议有点模棱两可时，用询问法可以及时澄清问题，消除误会。二是顾客提出异议后，先提问可以起到缓冲作用，既可以缓解顾客的攻势，又为推销员思考对策赢得时间。三是询问法可以帮助推销员从顾客那里得到更多的信息，方便分析顾客异议形成的原因，有利于对症下药解决顾客异议。

当然，这种方法处理不当也会带来一些消极影响，用反问质疑容易引起顾客反感和抵触情绪，可能会破坏洽谈气氛，甚至断送交易。因此，实际操作时，一要注意态度和善友好，最好在请教的方式提问，并礼貌地征求顾客同意，如"我可以请教您一个问题吗？"二要注意因人而异，尊重顾客个性，对那些自以为是，喜欢争强好胜的急性子顾客，要特别小心，千万不能像审犯人一样。如果用连珠炮式的反问紧逼对方，很可能会引起对方情绪上的强烈反弹，反而不利于异议的处理。具体要根据顾客的反应而定，通常情况下，提一至两个问题较合适。事不过三，最多提三个问题。

(八)冷处理法

冷处理法指对顾客的一些不影响成交的异议,营销员最好不要反驳,采取不理会或装作没听到一样,以分散顾客的注意力,也有的叫忽视处理法。常用到这样的句式,"您真幽默!""嗯!您真是厉害!"等。

一般来说,推销员应对顾客提出的异议及时做出热情的回应。但有时候顾客提出的所谓异议,其实就是鸡毛蒜皮的小事或是子虚乌有的无效异议,不值得辩驳。那样的话,推销员与其花心思给他解释,甚至可能引起双方不快,还不如装聋作哑不予理睬,把话题转移到别的方面。例如,顾客说:"啊,你原来是××公司的推销员,你们公司周围的环境可真差,交通也不方便!"推销员笑而不答,朝顾客喊道:"先生,请您过来看看样品,这是您喜欢的样式,让我操作一下给您看……"

特别要注意的是,冷处理法是对顾客的某一异议不予理睬,而不是对顾客这个人不理睬。实际操作时必须小心,不可滥用。即使顾客的异议是无效的、虚假的,推销员也要耐心地聆听,态度谦恭温和,可微笑示意,让顾客有被尊重的感觉。推销员应当学会随机应变,为了沟通感情,有时候也有必要花点时间就一些无关紧要的问题与顾客进行探讨,要学会与顾客相处。在不理睬顾客的某一异议时,应当马上转移到与销售相关的其他话题继续与顾客保持沟通,千万不能把顾客晾在一边,长时间不理睬,否则,离生意失败就不远了。

四、常见顾客异议的处理

为方便学以致用,下面将针对推销工作中常遇到的顾客异议类型、表现形式、处理的策略与思路建议以及话术参考样本以列表的方式简要进行总结与梳理(见表4-11)。

表 4-11 顾客常见异议处理表

异议类型	异议表现	策略或思路	话术样本
1. 需求异议	"我不需要"	乘法策略:强调某个问题如不及时解决会"后果很严重。"	客户:"我们电力供应有保障,不需要后备电源。" 销售员:"刘院长,我非常理解您现在的想法。不过,请您想想,假如患者正在手术过程中,万一停电怎么办?那后果不堪设想!"
	"老是你们打来电话"	先表歉意,再强调利益	客户:"搞不懂,怎么老是接到你们这些人的电话!" 销售员:"真不好意思,可能是我的同行给您来过电话,给您添麻烦了,对不起。不过,我有责任给您打这个电话,不然,您有可能失去一个使您的财富倍增的机会!"
	"我已经有了"	发现不足,引导需求	客户:"我们早已上排课系统了。" 销售员:"很好,已经用上了系统,说明贵校的管理理念很先进。所谓人无完人,任何商品也不可能完美无缺,对吧。为了将来能开发出更好的软件为老师们服务,请问贵校在这套排课系统的操作中,有什么地方感觉还需要进一步优化呢?"

续表

异议类型	异议表现	策略或思路	话术样本
1. 需求异议	"我已经有了"	货比三家，强调优势	客户："我们用的是厦门S公司的排课系统。" 销售员："S公司我们比较熟悉，他们的综合研发实力确实还是不错的。不过，他们的财务管理软件更有名气，排课系统并不是他们的强项。而我们公司5年多以来，一直专注高校的排课系统开发和维护，对高校的排课要求，了解更详细、更具体，因而，我们开发的排课系统肯定更懂你！一套系统用了几年就过时了，需要后续优化升级，甚至重新开发。王主任，真诚希望我们有机会合作。"
		放低姿态，抬高对方	客户："我们已经有了合作伙伴。" 销售员："是吗，这个我一点也不感到意外，因为像您这样的大客户，肯定有好多家通信公司抢着和您合作。刘院长，如果我们承诺能提供相同服务，另外，还拿一笔钱出来设立奖学金，以资助优秀的贫困大学生完成学业，您有没有兴趣进一步谈谈呢？"
	"我没兴趣"	顺水推舟	客户："我没有兴趣。" 销售员："没兴趣？没有关系。一般人对不了解的东西没有兴趣是很正常的。请允许我花两分钟时间为您做个简单介绍，如果您听完还是没有兴趣，可以立即挂掉我的电话，好吗？"
		强调利益	客户："我没有兴趣。" 销售员："这完全在我们意料之中，因为绝大多数客户最初的反应与您一样，后来，当他们知道有一种方法可以有效地帮助他们从大量重复信息的输入和繁杂的计算中解脱出来，就有了完全不同的态度。不如让我也为您简单介绍一下，如果您听完还是没有兴趣，我保证再不打扰您。"
		设置悬念	客户："我没有兴趣。" 销售员："没有兴趣？您是说把别人卖七八万元的炒股软件完全免费送给您用，没有兴趣吗？我向您保证，绝对不用您花一分钱，并且以后也不收费！"
	"先寄份资料或发个传真"	设置条件	客户："你先寄份资料过来看看再说吧。" 销售员："行，一点问题没有，只是我们的资料有好多种，不知道哪份才适合您，所以想先请教您一个问题，好吗？"
		转折处理：强调资料难懂	客户："你先发份传真资料看看再说吧。" 销售员："好的，这是个不错的建议。陈经理，小敏只是有点担心，传真过来的资料有点枯燥，专业性太强，为了方便您理解，我想是不是先简单地为您做个介绍，然后再考虑要不要发传真，好吗？"

异议类型	异议表现	策略或思路	话术样本
1. 需求异议	"先寄份资料或发个传真"	转折处理：强调对方很忙	客户："你先寄份资料过来看看再说吧。" 销售员："赵教授，我很乐意为您寄资料。只是考虑到您平时很忙，可能没时间来仔细看这些资料，不如，现在就花两三分钟时间，让小敏在电话中简要地向您汇报一下，是不是更好？"
2. 时机异议	"考虑考虑再说"	减法策略——减日期：强调机不可失	客户"不着急，考虑考虑再说吧。" 销售员："先生，您是不是还有什么顾虑？如果不是，您多等一天，优惠机会就少了一天。另外，多等一天，您看中的商品被别人抢走的可能性也越大。反正准备买，当然得趁早啊。"
		减法策略——减名额：强调名额有限	客户"不着急，考虑考虑再说吧。" 销售员："先生，本次优惠只限前50位顾客，现在只剩下几个名额了，如果没有优惠将意味着，同样的商品您要多掏15%的钱。"
	"现在很忙"	直接摊牌	客户："我现在很忙。" 销售员："没有关系，李科长，我是东北女孩，也很爽快。请您直说，是现在真的很忙，还是对我们的产品有什么想法呢？"
		转化处理（借口）	客户："我现在很忙。" 销售员："正因为我知道您是个大忙人，所以我才要为您推荐这套系统，因为它实实在在已经帮助了80多家像您一样的大老板摆脱了琐事的烦恼。"
		拨云见日	客户："我现在很忙。" 销售员："您忙来忙去，最终还不是让自己一家人过上好的生活，而我正好有个主意，可以帮助您实现这个愿望。您不愿意花两三分钟让我们一起来探讨一下？"
3. 决策权异议	"和某某商量后再说"	激将法（借口）	客户："我要与某某商量再说。" 销售员："不会吧，黄先生，男子汉大丈夫，这点小事您都做不了主吗？"
		顺水推舟（属实）	客户："我要与某某商量再说。" 销售员："那太好了，毕竟这也是一笔不少的投资，征求一下您太太的意见也是应该的。您看这样是不是更好点，先让我与您太太简单沟通一下，这样你们交流起来会更轻松一些。"

续表

异议类型	异议表现	策略或思路	话术样本
4. 价格异议	"价格太贵了"	加法策略——加价值：强调物有所值	客户："你们的展位比别人的贵很多啊！" 销售员："王经理，我能够理解您的想法。有个问题想请教一下，如果招聘效果不理想，即使价格再便宜，我估计您也不会感兴趣，因为那就是去浪费时间。您也知道，我们的人才市场处于市中心，流动人口多，人气很旺，在业内知名度也是最高的。更重要的是，我们在这一块业务上积累了 8 年多经验，我们更专业，还有后续保姆式免费跟踪服务，这些都是别人无法做到的。"
		减法策略——减价格：条件允许的话，适当优惠	客户："你们的展位比别人的贵很多啊！" 销售员："王经理，我完全能理解您。不过请想想看，一件衬衣 50 元可以买到，而有的可能要卖 500 元！您是个行家，您当然知道我们的服务对得起这个价格。当然，王经理，我知道您也是一直支持我们的老朋友了，我会尽力向经理为您申请一个优惠名额，如果得到批准，可以再优惠 5%。"
		减法策略——减项目：减去某些增值项目，调低价格	客户："这个价格还是有点贵。" 销售员："对不起，这本来就是很优惠的报价了。如果质保期不是 8 年，而是像其他大多数公司承诺的 3 年那样的话，那么，价格可以降低 1200 元。"
		除法策略——即把价格进行切片处理	客户："每年要交 3200 元保费，确实不便宜啊。" 销售员："范师傅，我完全能够理解您，我有个叔叔也是跑长途的，毕竟赚钱不容易。假如换一个角度想想，3200 元说多也不算太多，平均每天也只需要 8.76 元，您只要每天少抽一包很普通的烟，全家人就有了可靠的经济保障。何况像您一样，长期在外跑运输的人，风险也一直是存在的。"
		"好马配好鞍"策略：强调高品质才与客户身份相符	客户："东西做工我也承认不错，不过，我还是觉得贵了点。" 销售员："胡先生，谢谢您的肯定，事实上，我们的产品不仅做工精细，而且用料也非常讲究，所以才成就了它卓越的品质。其实，像您这样的成功人士，也只有这样的产品才配得上您的身份！"
	"再优惠点"	加法策略——加赠品：无调价空间，赠小礼品安抚	客户："这个价格，多少再优惠点。" 销售员："赵总，这可是跳楼价了！您肯定也搞过调研，同样的车这个价格在别的地方是绝对提不到的，您就别为难小江了。这样吧，为了感谢赵总对小江的支持，小江自费赠送您一套行车记录仪，这可是防'碰瓷'的神器，非常强大呀。"

异议类型	异议表现	策略或思路	话术样本
4. 价格异议	"赠品抵现金"	表示惊讶	客户："你这个价值660元的大礼包我不想要，干脆少收600元得了。" 销售员："胡先生，听您这么一说，我简直要晕倒了！我费了九牛二虎之力才从经理那里帮您争取到这套礼品。您可能不知道，只有我们公司的VIP客户才能得到这样的大礼包，普通客户是没有送的。您的这个要求我真是力不从心了。"
		表示为难	客户"不要礼品，就直接优惠点算了。" 销售员："刘姐，您这样想是可以理解的。事实上，本来这个报价就相当超值了，这次礼品是厂家为了促销特意赞助的，总不可能把礼品退回厂家去，再向他们讨要现金优惠吧。请您就别为难我这个小小的销售顾问了吧。"
		扮苦情，换同情	客户"不要礼品，就直接优惠点算了。" 销售员："张先生，您不是在给我这个小姑娘开玩笑吧？其实，您也很清楚，这个价格真是非常实惠了，礼品要不要，都是这个价格了，毕竟多一样东西，总有用得着的时候。如果要再优惠，只有一种可能，除非是我自己掏腰包补贴您。我一个刚工作不久的小姑娘，一天忙到黑，一个月才1000多元，吃饭都吃不饱，您总不忍心真让我自己掏腰包吧。"
		调换赠品	客户："这个礼品不适合我，就直接优惠点吧。" 销售员："张先生，你说礼品不适合你，请问能不能告诉我具体原因呢？" 客户："汽车靠垫，家里有好几对了，用不上。" 销售员："说得也是。张先生，您看这样好不好？因为礼品是公司分组配备的，我这一组只有这种靠垫送，另外一组送真皮方向盘护套。本来礼品是不能调换的，刚好我有个好朋友在那个组，如果您需要，我让她帮帮忙，偷偷地为您换一个，不过，您要为我保密呀。"
5. 品质异议	"真的管用吗"	加法策略——加客户：强调"大家都买了"	客户："听你们的课，真的有效吗？" 销售员："刘先生，您的担心可以理解，但是完全是多余的。听过我们课程的人目前已达三万七千多人，他们都觉得收效很大，在工作中进步显著。其实，你一点也不用担心。本周六在东风宾馆开课，欢迎您过来免费试听。"

续表

异议类型	异议表现	策略或思路	话术样本
5. 品质异议	"真的管用吗"	顺水推舟,强调个人差异	客户:"听你们的课,真的有效吗?我听说,有个人也听过你们两次课,可他至今还是老样子。" 销售员:"你说得太对了,听我们的课真的没用!因为你刚才提到那位先生,听完课后,只是心里妄想着自己怎么成功,却一直没有付出多少实际的努力。我们只是教给学员一些先进的理念和管用的方法,如果学完不去行动,那神仙也帮不他。徐小姐,您绝对可以放心,接受我们培训的学员全国各地都有,已累计超过28000多人。除了您刚才说的个别极端的例子,超过98%的学员在销售实践中运用我们所教的方法改变了自己的人生轨迹,取得一定的成功。本周六在东风宾馆开课,欢迎您过来免费试听。"
	"这个牌子(或公司)没听过"	正面回答:用知名客户实证(公司有实力)	客户:"这个牌子没听过。" 销售员:"不会吧,像国内好多大型国企,比方某某公司、某某集团都是我们的多年合作伙伴。"
		正面回答:强调由代工转型(公司有实力)	客户:"这个牌子没听过。" 销售员:"我们以前主要为别人代工,像您知道的A公司、B公司这些世界级大企业,它们的产品都是我们生产的。既然这些知名企业的产品都是我们厂做的,您说哪家公司的质量更可靠,价格更有优势呢?"
		正面回答:强调在开拓新市场	客户:"以前没听过你们公司。" 销售员:"哦,我们公司总部在南方,我们的产品在南方也是非常受欢迎的。现在公司决定向北方发展,并且公司给了不少优惠政策,所以性价比会比南方高得多,请让我为您简单说明一下。"
		侧面回答:强调性价比高(无品牌优势)	客户:"这个牌子没听过。" 销售员:"可能是公司的理念不同吧,有的公司喜欢把功夫花在嘴上,在广告上舍得砸钱,所以知道的人多。有句话说得好:金杯银杯不如顾客的口碑。所以,我们公司喜欢低调做事,把省下的广告费让顾客得到实惠,我们更希望通过客户的口碑来宣传,尽管这种宣传效果没那么快。"
6. 财力异议	"我手上钱不够"(借口)	风趣调侃	客户:"我没这么多钱。" 销售员:"杨科长,别开国际玩笑了,如果像您这样的领导,连这笔小钱都拿不出,就只有一种可能,那就是全世界的银行都关门大吉了!"

续表

异议类型	异议表现	策略或思路	话术样本
6. 财力异议	"我手上钱不够"（借口）	以子之矛，攻子之盾	客户："我没钱交学费。" 销售员："您之所以现在没钱，是因为您业绩不好，拿到的佣金少，所以，您更应该尽快报名参加我们的培训，提升自己的业务能力。"
		展示远景	客户："我现在真没钱。" 销售员："刘先生，也许你说的是实话。我倒要提醒您一句，现在没钱不可怕，最可怕的是将来也没有钱。我听过这样一句名言：最合算的投资，就是给自己的大脑投资。所以，我们应该趁着年轻多注重学习提高啊。"
		提供解决方案	客户："我没那么多钱。" 销售员："都是年轻人，我也觉得钱永远不够花，因此我完全能够理解。其实，如果您采用分期付款的话，根本就没有什么压力了。"
	"超出预算"	对决策人强调预算的弹性	客户："这超出了我们的预算。" 销售员："刘经理，预算也是人制订出来的，您是公司的大领导，面对复杂多变的市场，我相信，您绝对不会被预算捆着手脚，而是合理地调度整个公司的预算。因为这套系统迟上一天，就意味着贵公司在人力资源方面要多浪费6000元。"
		对部门负责人，强调相对预算概念	客户："这超出了我们的预算。" 销售员："李科长，虽然您部门的预算有限，但是公司的总体预算是充足的，一般来说，公司总会留出一部分资金作为机动，以应对意外事件，既然这项工作对公司来说是件大好事，您为何不向领导申请追加预算呢？再说，您不申请，别的部门同样也会去申请。"
		寻找替代方案	客户："这超出了我们的预算。" 销售员："梁处，如果没有理解错误的话，假如每个人一年培训经费不超过6000元，是没有问题的，对吗？其实，我们可以这样处理，这次培训分两期，第一期使用当年经费足够了，第二期安排在第二年，每人只需要3000元，经费预算就更不成问题了。"

续表

异议类型	异议表现	策略或思路	话术样本
7. 推销员异议	"推销员素质差"	先表示歉意，解释过去，强调现在	客户："你们公司的人员素质好差。" 销售员："实在抱歉，请问您为什么会有这种感觉呢?" 客户："你们公司有个业务员，有次为我的车进行出险事故现场勘查，我提出几个小问题一起帮我处理，他不但不答应，还对我发脾气，什么态度，真是气死我了！我当时真想投诉他。考虑到，一投诉，他可能就丢饭碗了，就没跟他计较了。" 销售员："谢谢您的大度，请接受我代他向您道歉。您说的这可能是极个别的情况。正如您说的，我们公司有一套严格的客户反馈制度，如果有客户投诉，轻则经济处罚加行政处分，严重的直接辞退，绝不会允许损害客户正当利益的行为发生。所以，我们公司绝大多数员工都是很专业、也很敬业的，顾客的满意度非常高，请您绝对放心!"

（资料来源：赵柳村. 电话销售十步到位[M]. 北京：中国财富出版社，2015）

>>> 项目要点回顾

顾客提出异议是很正常的事情，推销员遇到顾客提出异议时，首先要坦然接受，冷静分析，辨明真伪。然后要努力找到顾客异议背后的真正原因，用恰当的方法巧妙化解。

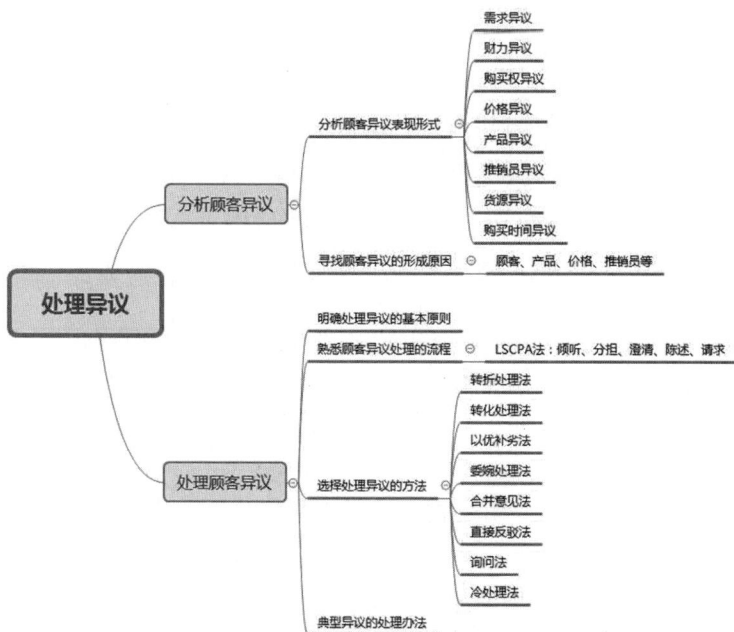

>>> **复习思考与训练**

一、判断题

1. 顾客异议是推销成交的障碍，推销员应当尽力回避。　　　　　　　（　　）

2. 顾客提出某个异议，目的是为了想以此换取交易上的某个优势。　　（　　）

3. 针对顾客确实"不需要"的异议，推销员应该停止继续销售。　　　　（　　）

4. 顾客提出财力异议，如果是真的，正确的做法是主动降价。　　　　（　　）

5. 顾客提出"我做不了主"时，推销员应该果断放弃对他继续销售，及时转移目标。
　　　　　　　　　　　　　　　　　　　　　　　　　　　　　　　（　　）

6. 顾客提出异议后，推销员首先要分析判断顾客异议的真伪，再想办法化解。
　　　　　　　　　　　　　　　　　　　　　　　　　　　　　　　（　　）

7. 顾客提出产品异议，既有可能是由于产品自身存在不足导致的，也可能是顾客的主观原因导致的。　　　　　　　　　　　　　　　　　　　　　（　　）

8. 顾客提出与推销员有关的异议，绝大多数情况下是顾客对推销员有偏见造成的。
　　　　　　　　　　　　　　　　　　　　　　　　　　　　　　　（　　）

9. "我们已经有固定的进货渠道"如果顾客的这类异议属实，推销成功的希望很渺茫，应马上转移目标。　　　　　　　　　　　　　　　　　　　　　（　　）

10. 如果顾客目前购买力暂时不足或存在决策权限问题，需要延期购买，推销员可以与顾客尝试寻求合适的替代方案解决，比如分期付款、寻求与决策人直接沟通等。
　　　　　　　　　　　　　　　　　　　　　　　　　　　　　　　（　　）

二、单项选择题

1. 处理顾客异议当顾客情绪激动时，选择处理时机正确的是（　　）。

A. 提前回答　　　　　　　　　　　　B. 立即回答

C. 稍后回答　　　　　　　　　　　　D. 不予回答

2. 以下关于转折处理法的描述中不正确是（　　）。

A. 能保全顾客的面子，有利于维持良好的推销气氛

B. 处理异议前留有一个缓冲，能给推销员争取时间

C. 将顾客拒绝购买的理由变成了说服顾客购买的理由

D. 不适用于敏感、固执且具有理智型购买动机的顾客

3. 顾客说："楼层低的房子灰尘会比较多。"推销员回答"您讲得有一定道理。事实上，您也看到了，市政府这两年在抓'创卫、创文'，城市环境卫生面貌大变样了，就是住一楼也很少看到几个蚊子了，完全不必太在乎这个问题，你说对吗？"这位推销员处理顾客异议的方法是（　　）。

A. 转折处理法　　　　　　　　　　　B. 转化处理法

C. 补偿法　　　　　　　　　　　　　D. 询问法

4. 关于冷处理法说法不正确的是（　　）。

A. 冷处理法是对顾客一些无关紧要的异议避而不谈，以分散顾客的注意力

B. 冷处理法就是对顾客提出异议后一概不理睬

C. 冷处理法是对顾客的某一异议不予理睬，而不能对顾客这个人不理睬

D. 冷处理法适合用这样的句式"您真幽默！"

5. 顾客："这种扫地机器人确实很方便，不过，我不知道我爱人喜欢不喜欢，还是先别买了。"这类顾客异议属于（　　）。

A. 需求异议　　　　　　　　　B. 购买时间异议

C. 购买权力异议　　　　　　　D. 产品异议

三、多项选择题

1. 推销过程中，针对有的顾客对推销品不太了解或者对自己的需求认识不足的情况，推销员可通过以下哪些方法帮助顾客熟悉产品，消除误会或偏见？（　　）

A. 产品示范　　　　　　　　　B. 免费试用

C. 提供保证　　　　　　　　　D. 提供赞助

2. 顾客因价格原因引起的异议具体包括（　　）。

A. 价格过高　　　　　　　　　B. 价格过低

C. 价格优惠　　　　　　　　　D. 讨价还价

3. 处理顾客异议正确的做法是（　　）。

A. 情绪放松，不要紧张　　　　B. 尊重顾客，不能争辩

C. 认真倾听，弄清原委　　　　D. 立即回答，沉着应对

4. 以下顾客异议适合不予理睬处理的是（　　）。

A. 异议明显站不住脚，不攻自破

B. 顾客肤浅的意见

C. 无实质意义的玩笑

D. 异议涉及较深的专业知识，无把握回答

5. 用补偿法处理顾客异议需要掌握的要领有（　　）。

A. 认真分析顾客的异议，明确有效的异议

B. 承认顾客异议是有效异议

C. 不承认顾客异议是有效异议

D. 及时提出推销的重点和优点，有效地补偿顾客异议

四、实务操作题

1. 结合资料分析顾客异议处理的 LSCPA 流程的具体环节。

推销邀请顾客过来参加课程培训，顾客说忙。

推销员说道："当然了，以张总的位置，每天都要处理那么多的事情，忙是自然的！除了时间外，还有没有其他的原因让张总不能来？其实张总，以前我们的很多客户都是因为太忙而未能来学习，但当他们了解了我们公司的培训之后，都觉得很有兴趣，而且对他们了解市场有很大的帮助，现在他们很多都经常打电话给我，让我早点通知他们最新的培训时间表。这样吧，张总，我们下个月还有一期课程，而且还有位置，分别是……您现在留下一些资料给我，等我先帮你预订位置，到时打电话联系您，

那么您的手机号是……"

（资料来源：新浪微博 http://blog.sina.com.cn/s/blog_6cf5da9e01010pm4.html）

2. 模拟训练。

训练项目：顾客异议模拟处理。

实训目标：熟练掌握顾客异议的处理方法，提高处理顾客异议的技能。

背景资料：

假如你是一位向大学毕业生推广毕业纪念相册定制服务的推销员，在推销过程中可能遇到以下顾客异议。

(1)价格太高。例如："你们的毕业纪念相册怎么这么贵？"

(2)财力异议。例如："我们已经没有多余的班费来定制毕业相册了。"

(3)购买权异议。例如："这事需要请示班主任。"

(4)购买时间异议。例如："反正毕业还有两三个月，看看其他公司的条件再说吧。"

(5)供货渠道异议。例如："我们学校跟 M 影楼是老合作关系了，上一届也是他们做的，而且做得可以。"

(6)你们公司距离太远了。例如："你们公司距离太远，又没打过交道，我们不放心。"

(7)品质异议。例如："你们拿给我们看的样品是可以，但实际交货没这么好怎么办？"

(8)推销员异议。例如："如果你收了我们的定金跑路了，我们找谁去？"

实训要求：

(1)班级同学以小组抽签确定推销员或顾客角色，并随机配组，每组准备 15 分钟。

(2)针对每一条异议，分别给出不同的解决方案，完成话术设计，然后进行角色表演。

(3)每组表演结束，老师评分并点评，然后进行角色互换，继续按第一至第二步完成表演。

项目时间：2 课时。

实训成果：各小组提交各条异议的书面话术设计，写出书面实训总结报告，教师点评和总结。

项目五　促成交易

知识目标：

1. 熟悉成交信号的表现形式。

2. 掌握促成交易的常用方法，并学会设计话术。

能力目标：

1. 能够在具体的销售工作情景中识别客户的成交信号。

2. 能够结合销售工作实际，灵活运用恰当的方法促成交易。

情境描述

一天我在与客户进行销售谈判的过程中，刚开始客户一直紧锁着眉头，而且还时不时地针对我们的服务提出一些反对意见。我都给客户耐心、细致的回答，同时还针对市场上同类产品的一些不足强调了我公司产品的竞争优势。后来我发现客户对我的推荐不再是一副漠不关心的模样，他的眼睛似乎在闪闪发亮，我知道说到了客户的心坎上了，于是我便趁机要求客户进行购买，并如愿以偿。

思考与讨论

1. 我为什么会成交？

2. 我捕捉到了什么成交信号？

学而思： 在成交阶段，销售员常出现哪些成交心理障碍？应怎样克服？

情境描述

情景一：

我："我们已经为了这单生意花费了很多的时间。"

客户："正因为你花了这么多时间，来回跑了几趟，我也觉得你们的产品其实不错，才诚心诚意和你谈的。"

我："这个月我们公司搞促销活动，现在下订单就可以享受 9 折的优惠，再过几天，我们活动的时间就过了，到时候我想给您优惠也没有办法了。"

情景二：

我："对于您刚才提出的一系列问题，您觉得我的回答可以让您感到满意吗？"

客户："您的回答很认真，也很细致，谢谢。"

我："您太客气了，为您服务是我的荣幸，也是我的职责。那么您现在还对哪些方面存有较大疑虑呢？"

客户："基本上没有了。"

我："那好，您看这个合同您签个字就行。如果有什么问题，您随时给我打电话，我们保证在 24 小时内帮您处理好。"

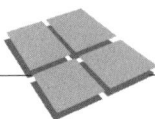

思考与讨论
1. 情景一使用了什么成交方法？
2. 情景二使用了什么成交方法？

▶任务一 识别成交信号

在推销过程中，推销成交阶段是一个特殊的阶段，它是整个推销工作的最终目标。成交信号是指顾客在语言、表情、行为等方面所泄露出来的打算购买推销品的一切暗示或提示。在实际推

视频：克服恐惧心理

销工作中，顾客为了保证实现自己所提出的交易条件，取得交易谈判的主动权，一般不会首先提出成交，更不愿主动、明确地提出成交。但是顾客的购买意向总会通过各种方式表现出来，对于推销人员而言，必须善于观察顾客的言行，捕捉各种成交信号，及时促成交易。

一、什么是成交

成交就是推销员帮助顾客做出使买卖双方都能接受的交易条件的活动过程。推销员可以直接请求顾客购买来推动和帮助顾客做出购买决定。增加成交机会需要销售人员在销售过程中做到以下三条：①捕捉和识别客户准备成交的信号；②把握好成交的适当时机；③同时运用一些有效的成交技巧，最后拍板成交。

二、什么是成交信号

成交信号是指顾客在语言、表情、行为等方面所泄露出来的打算购买推销品的一切暗示或提示。客户往往不会直接说出其产生的购买欲望，而是通过不自觉地表露态度和潜在想法，情不自禁地发出一定的成交信号。

三、成交信号的表现形式

(一)语言信号

顾客通过询问使用方法、价格、保养方法、使用注意事项、售后服务、交货期、交货手续、支付方式、新旧产品比较、竞争对手的产品及交货条件时等表露出来的成交信号。语言信号种类很多，推销人员必须具体情况具体分析，准确捕捉语言信号，顺利促成交易。

(1)话题集中在某一独特的问题上，客户反复询问。
(2)客户对产品给予真诚的肯定和称赞，或者对产品爱不释手。
(3)征询朋友的意见，说明他想买，正在求证。
(4)询价或讨价还价，这是一个最显著的信号，谈好价格后基本就可以成交。
(5)询问交易方式、购买手续、付款条件等。
(6)对产品的细节提出很具体的意见和要求。
(7)客户提出"假如我要购买"的试探问题。

（8）对产品质量或工艺提出疑问，说明他关心买了以后的使用，并为价格谈判做铺垫。

（9）了解售后服务的各项细节，对产品质量及加工过程提出质疑。

（10）明确说试一试、不错、好吧等肯定用词。

（11）抱怨以前用过的产品。

（12）告诉销售人员他的朋友曾采购过，感觉良好。

（13）把目前的产品与竞争对手产品进行比较。

>>> 营销实战

在销售过程当中，客户最容易通过语言方面的表现流露出成交的意向，经验丰富的销售人员往往能够通过对客户的密切观察，及时、准确地识别客户通过语言信息发出的成交信号，从而抓住成交的有利时机。销售人员可以从客户表达的哪些语言信息中准确捕捉到成交的信号呢？

一个卖中文电脑记事本的女孩去拜访一位公司经理。她向经理推荐和介绍了她的产品，并拿出产品向这位经理做了演示。这位经理接过她的产品在手上摆弄了半天，很喜欢。过了一会儿，这位经理说："我有几本名片簿，要把这些名片信息输进电脑记事本中，需要多长时间？"请分析一下经理说这句话的含义是什么？

大家想一想，如果一本名片簿能装 50 张名片，一张名片上约有 50 个字，那么要把这些字一个一个地输入电脑记事本需要多长时间呢？他的话是什么意思？如果遇到一个傻乎乎的销售人员，他认为这位客户的异议是不想购买我们的产品，而这个女孩马上就意识到了这是客户成交的信号。于是她就向客户提出要求："如果您同意的话，我把您的名片簿带回去，输完之后，明天给您送过来。"大家想一想，如果这位经理同意她把名片簿带回家去替他输入电脑记事本，不就意味着成交了吗？

为什么说这句话是成交信号呢？"我有几本名片簿，要把名片信息输进电脑记事本中，需要多长时间？"这是一个什么问题呢？它牵涉到一个使用问题，如果客户不想购买的话，他怎么会问一个产品的使用问题呢？这就是通过语言表达出来的成交信号。

（资料来源：钟立群. 现代推销技术［M］. 北京：电子工业出版社，2018）

（二）动作信号

顾客细看说明书、要求推销人员展示样品，并亲手触摸、试用产品等所表露出来的购买信号。由于人的动作行为习惯，经常会有意无意地透露一些对成交比较有价值的信息。当有以下信号发生的时候，推销人员要立即抓住良机，勇敢、果断地去试探、引导客户签单。

（1）坐姿发生改变，原来是坐在椅子上身体后仰看着你，现在直起身来，甚至身体前倾，说明原来对你的抗拒和戒备，变成了接受和迎合。

（2）动作变化，原来静止地听业务员介绍变成动态，或者由动态变为静态，说明他的心境已经改变了。

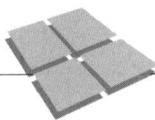

（3）客户不再提问，而是认真地思索。

（4）反复阅读文件和说明书，从单一角度观察商品到从多角度观察商品。

（5）查看和询问有关成交条件的合同文本或看订单。

（6）打电话询问家人，或者打电话询问他心目中的专家。

（7）请关键人物出场，或介绍相关人物。

（8）对销售人员倒水递烟，变得很热情。

（9）要求推销人员展示样品，并亲手触摸、试用产品。

（10）突然沉默或沉思，眼神和表情变得严肃，或表示好感，或笑容满面。

学而思：结合自己实际，谈谈销售工作中顾客表现出来的成交信号有哪些？

>>> **营销实战**

一位女士在面对皮衣推销员时，虽然是大热天，她仍穿着皮衣在试衣镜前，足足折腾了一刻钟。她走来走去的样子好像是在做时装表演；而当她脱下皮时，两手忍不住又去摸皮毛，甚至眼里涌动着泪光。

（资料来源：张晓青. 现代推销实务［M］. 上海：上海财经大学出版社，2018）

（三）表情信号

客户的面部表情同样可以透露其内心的成交欲望，销售人员在关注客户的语言信号和行为信号的同时，也要认真观察客户的表情以准确辨别购买意向。比如，当客户的眼神比较集中于你的说明或产品本身时，当客户的嘴角微翘、眼睛发亮显出十分兴奋的表情时，或者当客户渐渐舒展眉头时，等等，这些表情上的反应都可能是客户发出的成交信号。销售人员需要随时关注这些信号，一旦客户通过自己的表情语言透露出成交信号之后，销售人员就要及时做出恰当的回应。出现以下信号，销售人员应主动大胆一些。

（1）目光在产品逗留的时间增长、眼睛发光、神采奕奕。俗话说，眼睛是心灵的窗户，观察顾客眼睛、目光的微妙变化可以洞察先机。

（2）顾客由咬牙沉思变成表情明朗、放松、活泼、友好。

（3）表情由冷漠、怀疑、拒绝变为热情、亲切、轻松自然。

>>> **营销实战**

一位百度的推广销售人员与客户进行销售谈判的过程中，刚开始他发现那位客户一直紧锁着眉头，而且还时不时地针对产品的质量和服务提出一些反对意见。对客户提出的问题他都一一给予了耐心、细致的回答，同时还针对市场上同类产品的一些不足，比如 Google、Yahoo 网址等，强调他们公司百度竞价排名的竞争优势，尤其是针对客户比较关心的售后服务方面。在他向客户一一说明这些情况的时候，他发现客户对其推荐不再是一副漠不关心的模样，客户的眼睛似乎在闪闪发亮，于是他便乘机递上了合同，并签订了合同。

（资料来源：百度文库）

　　无论是在与客户进行正式的销售谈判过程中，还是在销售人员开展的其他销售过程当中，当客户有意购买时，他们通常都会因为内心的某些疑虑而不能迅速做出成交决定，这就要求销售人员必须要在销售过程当中密切注意客户的反应，以便从中准确识别客户发出的成交信号，做到这些可以有效减少成交失败的可能。及时、准确地利用客户表露出的成交信号捕捉成交机会，必须要靠销售人员的认真观察和细心体验，在销售过程中一旦发现成交信号，应及时捕捉，并迅速提出成交要求，否则将很容易错失成交的大好机会。

▶任务二　促成交易

一、请求成交法

　　请求成交法又称之为直接成交法，这是销售人员向客户主动提出成交的要求，直接要求客户购买商品的一种方法。当交易基本可以成交时，推销员自然就应说："李经理，你看既然没什么问题，我们现在就把合同签了吧"。

(一)使用请求成交法的时机

　　(1)针对老客户可以用此方法，毕竟老客户都非常熟悉了，比较容易接受这种方式。例如："王经理，您看这个产品最近销路非常好，您这次打算订多少?"

　　(2)假如客户对产品是有好感，但是还处于犹豫不决的状态，为了能促成交易，可以用此方法。例如："您看我们这个产品最近在做优惠活动，您又非常喜欢，要不我给您装起来吧。"

　　(3)有时候客户对推销的产品表示兴趣，但还没有意识到成交的问题，这时销售人员就可以提出请求，让客户意识到该考虑购买了。例如："对于您刚才说的顾虑，你可以放100个心，你到这边付下款?"

(二)使用请求成交法的优点

　　(1)能够快速地促成交易。
　　(2)可以充分利用各种成交机会。
　　(3)可以节省时间，提高效率。
　　(4)可以体现一个销售人员灵活、机动、主动进取的销售精神。

视频：销售成
交流程设计

(三)请求成交法的局限性

　　(1)请求成交法如果应用的时机不当，可能会给客户造成巨大的心理压力，使客户产生抵触情绪，使销售人员失去成交的主动权。
　　(2)对销售人员的洞察力要求比较高。

二、假定成交法

假定成交法也可以称之为假设成交法，是指销售人员在假定客户已经接受销售建议，同意购买的基础上，通过提出一些具体的成交问题，直接要求客户购买销售品的一种方法。例如："王经理，假设有了这样设备以后，你们是不是省了很多电，这样成本也有所降低，效率也提高了，不是很好吗?"

假定成交法的优点是节省推销时间，效率高。它可以将推销提示转化为购买提示，适当减轻顾客的成交压力，促成交易。

假定成交法要求销售人员要善于分析顾客，有针对性的使用假定成交法。同时销售人员应善于把握时机，适当运用假设成交法。销售人员同时应该善于制造推销气氛，自然地使用假定成交法。

三、选择成交法

选择成交法，就是直接向客户提出若干购买的方案，并要求客户选择一种购买方法。如"您是要红色还是蓝色?""你是要这个款式还是那种款式?"这都是选择成交法。销售人员在销售过程中应该看准顾客的购买信号，先假定成交，后选择成交，并把选择的范围局限在成交的范围。选择成交法的要点就是使客户回避要还是不要的问题。

(一)运用选择成交法的注意事项

选择成交法要求销售人员必须看准成交信号，提供成交选择方案，同时要讲究提示艺术，限制客户的选择范围，不可以替客户做出选择。

(二)选择成交法的优点

可以减轻客户的心理压力，制造良好的成交气氛。从表面上看来，选择成交法似乎把成交的主动权交给了客户，而事实上就是让客户在一定的范围内进行选择，可以有效地促成交易。

>>> 营销实战

推销员："以车身的颜色来说，您喜欢灰色的还是黑色的?"

客户："嗯，如果从颜色上来看，我倒是喜欢黑色的。"

推销员："选得不错! 现在最流行的就是黑色的! 那么，汽车是在明天还是在后天送来呢?"

客户："既然要买，就越快越好吧!"

经过这样一番话，客户等于说要买了，所以这时推销员就说："那么明天就送货吧。"这样很快就达成了交易。

四、总结利益成交法

总结利益成交法是指推销人员将顾客关注的产品的主要特色、优点和利益，在成交中以一种积极的方式成功地加以概括总结，以得到顾客的认同并最终获取订单的成交方法。例如："我们前面已经讨论过，这种产品可以帮助您节约 1/3 的煤块，是这样吧？（试探成交如果得到积极回应）你是想要普通款牌还是加强款？"

使用总结利益法有以下三个基本步骤可以遵循：

（1）总结顾客最关注的核心利益。

（2）总结销售过程中已成功处理过的反对意见，向客户表明对双方达成协议有障碍的问题都已得到妥善解决。

（3）及时建议成交。

>>> 营销实战

在一次推销洽谈中，顾客（一位商店女经理张女士）向推销员暗示了她对产品的毛利率、交货时间及付款条件感兴趣。以下是他们之间的对话。

推销员：张女士，您说过对我们较高的毛利率、快捷的交货时间及付款方式特别偏爱，对吧？（总结利益并试探成交）

张女士：我想是的。

推销员：随着我们公司营销计划的实施，光顾你们商店的顾客就会增加，该商品的销售必将推动全商店的销售额超过平常的营业额，我建议您购买（陈述产品和数量）。下两个月内足够大的市场需求量，必将给您提供预期的利润，下周初我们就可交货（等待顾客的回应）。

（资料来源：张晓青. 现代推销实务[M]. 上海：上海财经大学出版社，2018）

五、从众成交法

从众成交法是推销人员利用人们的从众心理来促成准顾客购买推销品的成交方法。"这个款式的服装我们都卖了很多套了，你要不也来一套？"

采用从众成交法是利用了客户的从众心理，从而有利于推销人员提高销售的效率。在日常生活中，人们或多或少都有一定的从众心理。由于产品已取得了一些顾客的认同，使销售人员的说辞更加有说服力，有利于顾客消除怀疑，增强购买信心。

我们要根据客户的情况进行识别，有些客户是标新立异的，并不希望从众，所以要加以鉴别。如果无法说服顾客，反而会制造新的成交障碍，失去成交的机会。

六、小点成交法

小点成交法又叫作次要问题成交法，或者叫作避重就轻成交法，是销售人员利用成交的小点来间接地促成交易的方法。

小点成交法主要利用的是"减压"原理，为了减轻顾客对成交的心理压力，帮助顾客尽快下定决心，推销人员可以采取化整为零的方法，将整体性的全部决定变为分散性的逐个决定，先征得对方部分同意。让顾客逐个拿定主意，最后再综合整体，以促成购买决策得达成。

（一）小点成交法的优点

它可以创造良好的成交气氛，减轻顾客的心理压力；先小点成交再大点成交。推

销人员看准成交时机，综合运用选择成交法和假定成交法，把成交小点和成交选择结合起来。促成小点成交，假定大点成交，及时达成交易。

>>> 营销实战

一个办公用品推销人员到某局办公室推销一种纸张粉碎机。办公室主任在听完产品介绍后摆弄起这台机器，并自言自语道："东西倒很适用，只是办公室这些小青年，毛手毛脚，只怕没用两天就坏了。"

推销人员一听，马上接着说："这样好了，明天我把货送来时，顺便把纸张粉碎机的使用方法和注意事项给大家讲一下。这是我的名片，如果使用中出现故障，请随时与我联系，我们负责修理。主任，如果没有其他问题，我们就这么定了？"

(二)小点成交法的缺点

若推销人员急于减轻顾客压力，盲目转移顾客注意力，容易引起顾客的误会，不利于双方的交流。此外，这种方法一般需多个回合才能解决问题，销售时间较长，会降低成交效率。

七、最后机会成交法

所谓最后机会成交法是指推销人员直接向顾客提示最后成交机会而促使顾客立即购买的一种成交方法。这一成交方法要求推销人员运用购买机会原理，向顾客提示"机不可失，时不再来"，给顾客施加一定的成交压力，使顾客感到应该珍惜时机，尽快购买。例如，推销员说："这个地段的房子已经没有了，现在只有这最后一套了，您买了立马升值。"

最后机会成交法的关键在于把握住有利的时机，若使用得当，往往具有很强的说服力，产生立竿见影的效果，并能节省销售时间，提高销售效率。

八、优惠成交法

优惠成交法又称为让步成交法，指的是销售人员通过提供优惠的条件促使客户立即购买的一种决定的方法。它利用了顾客在购买商品时，希望获得更大利益的心理，实行让利销售，促成交易。例如："李经理，您现在订货我们还会赠送给您一个价值8888的大礼包，但仅限今天交定金。"

(一)优惠成交法的优点

(1)正确地使用优惠成交法，利用顾客的求利心理，可以吸引并招揽顾客，有利于创造良好的成交气氛。

(2)利用批量成交优惠条件，可以促成大批量交易，提高成交的效率。

(二)优惠成交法的缺点

(1)通过给顾客让利来促成交易，必将导致销售成本上升。若没有把握好让利的尺度，还会减少销售收益。

（2）有时会让顾客误以为优惠产品是次货而不予信任，进而丧失购买的信心，不利于促成交易。

九、体验成交法

体验成交法是推销人员为了让顾客加深对产品的了解、增强顾客对产品的信心而采取的试用或者模拟体验的一种成交方法。当推销人员和顾客商讨完有关产品、服务保障和交易条件后，为了促成交易，就需要在可能的条件下形象化地、直观地展示推销品。体验成交法的运用必须要做好充分准备，并对产品中存在的不足要有清晰的认识并安排好应对策略。否则，由于顾客试用的时候很容易发现产品存在的不足而导致促销失败。

十、保证成交法

所谓保证成交法就是指销售人员对客户所允诺承担交易后的某种行为，以此来促进成交的方法。例如："这款产品您买回去，我们保证让您满意，如果有任何问题我们3个月内都是可以换的。"

（一）使用保证成交法的时机

产品的单价过高，缴纳的金额比较大，风险也比较大。客户对此种产品并不是十分了解，对其特性质量也没有把握，容易产生心理障碍，成交时犹豫不决，销售人员应该向顾客提出保证，以增强信心。

（二）保证成交法的优点

可以消除客户成交的心理障碍，增强成交信心，同时可以增强说服力与感染力，有利于销售人员妥善处理有关异议。

（三）使用保证成交法的注意事项

应该看准客户的成交心理障碍，针对客户所担心的几个主要问题直接提出有效的成交保证条件，以解除客户的后顾之忧，增强成交的信心，促使进一步成交。

根据事实、需要和可能，向客户提供可以实现的成交保证，切实地体恤对方。销售员既要学会从企业实际出发，不能凭空许诺，以维护企业的信誉，同时还要善于不断地去观察、探测客户有没有成交顾虑。

学而思：结合自己销售实践体会，谈谈用到哪些促成交易的方法？效果如何？

>>> 项目要点回顾

促成交易阶段十分关键，销售员如果能够把准时机，方法得当，做好"临门一脚"，就可能获得收获的喜悦。为此，销售员需要摆正心态，要学会通过观察判断识别顾客的成交信号，要善于灵活运用各种方法争取达成交易。

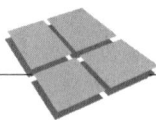

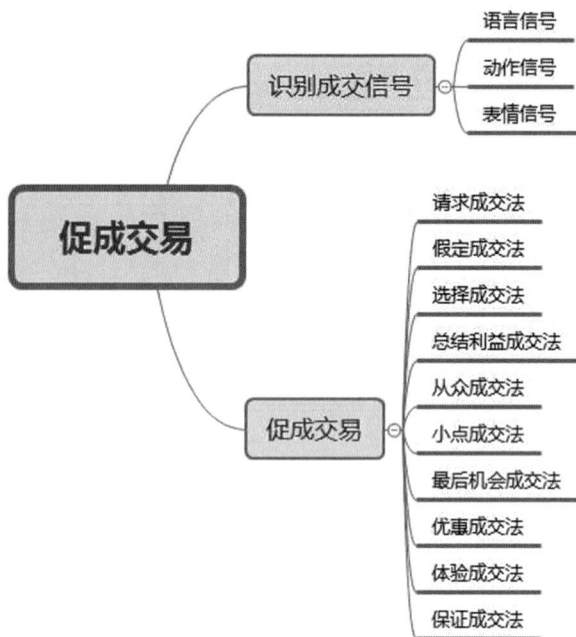

>>> 复习思考与训练

一、单项选择题

1. 客户心理在面部表情中的反应在成交信号中属于( )。

A. 表情信号　　　　B. 语言信号　　　　C. 行为信号　　　　D. 性格信号

2. 既然没有什么问题,我看我们现在就把合同签了吧,这种成交方法属于( )。

A. 局部成交法　　　B. 请求成交法　　　C. 保证成交法　　　D. 激将成交法

3. 最佳的成交时机是顾客购买心理活动过程中的哪一个阶段?( )

A. 兴趣　　　　　　B. 欲望　　　　　　C. 确信　　　　　　D. 认识

4. 一位打印机推销员与客户洽谈后,对顾客说:"您是要爱普生 LQ-1600K 还是 LQ-1800 呢?"这种成交方法是( )。

A. 请求成交法　　　　　　　　　B. 假定成交法

C. 选择成交法　　　　　　　　　D. 总结利益成交法

5. 被当作一种最简单也最常见的建议成交的方法,也叫直接成交法的是( )。

A. 请求成交法　　　　　　　　　B. 局部成交法

C. 假定成交法　　　　　　　　　D. 选择成交法

二、多项选择题

1. 总结利益成交法推销人员在推销洽谈中,记住准客户关注的主要是( )。在成交中以一种积极的方式成功的加以概括总结,以得到准客户的认同,并最终取得订单的成交方法。

A. 特色　　　　　　B. 优点　　　　　　C. 质量　　　　　　D. 利益

E. 服务

2. 以下哪些项销售方式采用的是选择成交法？（　　　）

A. 李先生，今天下午可以安装离合器，或者您更愿意明天早上将车送来

B. 你是愿意将车留在这里还是在此等候完工

C. 你是喜欢自己开车来，还是让我安排接车和交车

D. 我们可以立即安装，让你看一下他的工作方式

3. 促成交易的最好时机是（　　　）。

A. 重大的推销障碍，被处理后　　　　　B. 重要的商品利益被顾客接受

C. 顾客发出各种购买信号　　　　　　　D. 重要的购买决策的人出现时

4. 在以下促成交易的方法中，有利于减轻顾客心理压力的方法有（　　　）。

A. 请求成交法　　　　　　　　　　　　B. 选择成交法

C. 从众成交法　　　　　　　　　　　　D. 小点成交法

5. 以下哪些情况可以及时促成交易？（　　　）

A. 主动询问产品细节　　　　　　　　　B. 自言自语开始计算

C. 询问产品后续流程　　　　　　　　　D. 态度发生转变

三、简答题

1. 如何理解成交的内涵？

2. 作为推销人员，应掌握哪些成交策略？

3. 什么是成交信号？成交信号有哪些表现形式？

4. 推销活动中有哪些成交的主要方法？

四、案例分析题

克里斯·亨利(Chris Henry)是一个工业用阀门、法兰、密封圈及密封剂的推销员，他正在反问壳牌石油公司(Shell Oil)的购买者格雷·马斯洛，希望他能使用 Furmanite 牌子的密封制品来防渗透。克里斯刚和购买者讨论完产品的特色、优点、利益，也说明了公司的营销计划和业务开展计划，他感觉到快大功告成了。以下是他们两人的推销对话。

克里斯：让我来总结我们曾经谈到的。您说过您喜欢由于快速修理所节省下来的钱，您也喜欢我们快速的反应而节省的时间，最后一点我们的服务实行 3 年担保。是这样的吧？

格雷：是的，大概是这样吧。

克里斯：格雷，我提议带一伙人来这里维修这些阀门渗透，您看是让我的人星期一来呢还是别的什么时候？

格雷：不用这么快吧！你们的密封产品到底可不可靠？

克里斯：格雷，非常可靠。去年，我们为美孚(Mobil)做了同样的服务，至今为止我们都未因担保而返回修理，您听起来觉得可靠吗？

格雷：我想还行吧。

克里斯：我知道您做出决策时经验丰富、富有专业性，而且您也认同这是一个对

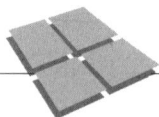

你们厂正确的、有益的服务，让我安排一些人来，您看是下星期还是两周内？

格雷：克里斯，我还是拿不定主意。

克里斯：一定有什么原因让您至今犹豫不决，您不介意我问吧？

格雷：我不能肯定这是否是一个正确的决策。

克里斯：就是这件事让你烦恼吗？

格雷：是的。

克里斯：只有您自己对自身的决策充满自信，您才可能接受我们的服务，对吧？

格雷：可能是吧。

克里斯：格雷，让我告诉您我们已经达成共识的地方。由于能够节省成本，您喜欢我们的在线修理服务；由于能得到及时的渗透维修，您喜欢我们快捷的服务回应；而且您也喜欢我们训练有素的服务人员及对服务所做的担保。是这些吧？

格雷：没错。

克里斯：那什么时候着手这项工作呢？

格雷：克里斯，计划看起来很不错，但我这个月没有钱，或许下个月我们才能做这项工作。

克里斯：一点也没问题，格雷。我尊重您在时间上的选择，下个月5号我再来您这里，确定维修工人动身的时间。

问题：

1. 列表说明推销员使用了哪些成交方法？

2. 多重成交技术的优缺点各有哪些？

3. 克里斯是否应该再次提出成交？为什么？

4. 假定克里斯觉得他能达成更多的成交额，您认为他可能会怎样做？

五、实务操作

针对某一产品进行一次推销实践活动，运用所学的各种成交的方法促成交易，并写出推销过程。

项目六　交易善后

知识目标：

1. 认清企业维护良好的客户关系的意义，熟悉维护客户关系的基本途径与方法。

2. 熟悉客户保持的方法，了解客户流失的原因，明确挽留客户的对策。

3. 明确企业正确处理客户投诉的意义，了解客户投诉处理的原则，熟悉客户投诉处理的流程。

能力目标：

1. 能够结合企业实际提出维护客户关系的具体对策。

2. 能够针对企业实际分析客户流失原因，提出可行的客户挽留方案。

3. 能够正确处理客户投诉。

情境描述

"你们简直是在骗钱！我要找你们领导！"

电话那头，一个女的在声嘶力竭地对我喊着。我当时只感觉脑袋发蒙，好像脑子突然短路了一样。老实说，这样的场面我到公司一年多还是第一次碰到，显然缺乏处理经验。

我稍冷静后，脑子飞速地搜索客户记忆，终于想起来了。那是一个多月前，我签了一家装饰公司的朋友圈广告合同。这家公司是由两个股东合伙开的，前期洽谈时是第二大股东刘先生负责的，广告清样经过他确认后就按约定的方案正式上线了。本想一切顺利，谁料到，广告发布一周后，他们公司的另一位股东曹女士大为不满，说广告发布后平台的监测数据没有及时提供给她，导致广告投放不准，效果不佳，要求中止合同并赔偿损失。她闹得够凶，甚至公司经理也知道了这件事。

说心里话，这件事我觉得挺冤屈的。后来才知道，曹女士是她公司的第一大股东，她负责公司的全盘，特别关注公司运营，有时对一些细节也盯得很紧。可当时我是与她公司的刘总具体对接的，双方的沟通也很顺畅，没有什么问题呀。他既没提后台数据的问题，也没说后期要他们的曹总来跟进。原因不是出在她们自己内部没有充分沟通好上面？关我什么事？尽管后来在我们经理的帮助下双方达成谅解，问题得到妥善解决，我觉得还是无意得罪了这位客户，我也不知道怎样才能挽回这个关系？

思考与讨论

1. 你觉得"我"与这家装饰公司的沟通有什么问题吗？

2."我"怎样才能善处理好与这家公司的关系？

3. 面对客户投诉应该如何妥善应对？

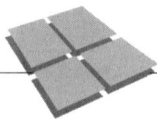

▶任务一　维护客户关系

一、维护客户关系的意义

所谓客户，是指购买企业的产品或接受企业服务的人。这里指的"人"，可以是一个自然人，也可以是一个法人或其他社会组织。通常，人们把客户与顾客两个概念混淆在一起，其实两者是有明显区别的。顾客，一般理解为，商店或服务行业前来购买东西的人或要求服务的对象，包括组织和个人。因此，凡是已经来购买和可能来购买你的产品或服务的单位和个人都可以算是顾客。可见，顾客这个概念的外延比客户更宽泛，前者包含后者。与企业有某种联系但没有购买的人不能叫客户，只能叫潜在顾客。简单说，只有购买了企业的产品或服务的顾客才是自己的客户。

维护好客户关系对企业意义十分重大。

第一，维护好客户关系可以提升客户满意度，留住老客户。

客户是企业的生命。据美国一项关于客户流失的调查研究表明，"对产品不满意"占14％，"公司业务代表对客户的态度"占68％，两项加起来达到82％。说明客户流失绝大部分原因是企业自身造成的，其中，销售员的行为影响更为关键。这从侧面证明，维护好客户关系，是减少客户流失，留住老客户的关键。

第二，维护好客户关系有利于节省开支，提升企业效益。

有统计表明，开发一个新客户所需要花费的成本是维护一个老客户所需成本的5～10倍。维护好客户关系，为更全面、更深入地了解客户的需求创造条件，便于挖掘客户的新需求，提高回购率，提升企业的单客价值，从而节省开拓市场的成本，达到事半功倍的效果。据美国学者弗里得里克·里奇海尔得的研究表明，重复购买的顾客在所有顾客中的比例每增加5％，对一家银行，利润可增加85％；对一位保险经纪人，利润可增加50％；对汽车维修店，利润可增加30％。

第三，维护好客户关系是企业拓展新客户，改善经营管理的利器。

维护好客户关系，一方面，有利于赢得客户好感与信任，促进客户之间的口碑传播，同时也有利于实现老客户转介绍新客户，增强企业的市场渗透能力。另一方面，由于老客户对企业的产品与服务最有发言权，维护好客户关系，有利于及时收集客户的反馈意见，改进产品设计，提高服务的有效性。

>>> 　营销实战

一条建议赢得转介绍

"小谭，把合同发过来吧，我们需要哪些资料呢？"

看到梁总的留言，我竟然不敢相信，因为与梁总的正式接触也就是那么一次。

事情得从半个月前说起。

粤喜婚纱摄影是我在 L 市开发的一个广告客户，该影楼虽然规模在当地不算很大，但其摄影技术很超前，重视营销策划。合作期间，双方沟通很融洽，但是广告的投放效果一般。我去 L 市出差的时候，顺便去粤喜回访客户，了解到客户刚签约了新摄影基地，准备推全新场景的婚纱客照。我根据上期广告，给了一些推广建议。快结束的时候，提到自己还和 L 市的某地产公司合作，于是粤喜的老板推荐了几个地产老板微信给我，其中一家就是在 L 市的房地产巨头梁总。

二、维护客户关系的对策

维护客户关系具体包括客户保持、客户流失分析、客户挽留三方面的工作。

(一)客户保持

客户保持(Customer Retention)是指企业通过努力来巩固及进一步发展与客户长期、稳定关系的动态过程和策略。

客户保持的关键就是要做好客户关怀。按照克拉特巴克的观点，他认为客户关怀是服务质量标准化的一种基本方式。它涵盖了公司经营的各个方面，从产品或服务设计到如何包装、交付和服务。显然，为客户提供质量可靠的产品或服务是客户关怀的基础，成交后企业如何用恰当的方式与客户建立有效联结是客户保持需要解决的课题。

1. 建立客户信息档案

建立客户信息档案必须解决怎样才能有效地获取客户信息。随着消费者自身权益意识的日益加强，以及市场竞争的加剧，企业收集客户信息确实面临不小的挑战。事实上，企业依靠基本的售后服务已经不能满足客户的需要，必须提供主动的、超值的、让客户感动的关怀才能赢得客户信息。

客户信息要尽量全面、准确，通常包括基础资料、客户特征、业务状况、交易现状等。

基础资料：即有关客户最基本的原始资料，包括客户的名称、地址、电话、所有者、经营管理者、法人代表及他们的个人性格、兴趣、爱好、家庭、学历、年龄、能力、经历背景，与本公司交往的时间，业务种类等。这些资料是客户管理的起点和基础，需要通过销售人员对客户的访问收集来的。

客户特征：主要包括市场区域、销售能力、发展潜力、经营观念、经营方向、经营政策、经营特点等。

业务状况：包括销售业绩、市场份额、市场竞争力和市场地位、与竞争者的关系及与本公司的业务关系和合作情况。

交易现状：主要包括客户的销售活动现状、存在的问题、公司的战略、未来的展望、公司的形象、声誉、财务状况、信用状况等。

当然，以上信息是对企业客户而言，如果是收集个人消费者的信息，电话号码、家庭住址、常用社交账号(如微信、QQ 等)是重要的"三大件"，至于消费者特征方面的信息，比如性别、年龄、职业、收入、爱好、消费习性等信息，如果不便现场一次性

收集，有了联系方式，可以在以后的交往中不断补充完善。

值得一提的是，在互联网时代的今天，通过一个手机 APP 收集用户信息变得十分便捷与高效，但是不能侵犯用户隐私，另外还要注意收集对象的针对性。

2. 精准了解客户需求

收集客户信息就是为了更准确地分析客户需求，提高服务的针对性。

消费需求具有差异性的特点，同一类商品，会因为消费者的年龄、性别、收入、个性等不同而呈现明显的消费偏好。比如手机，显然年轻人与老年人选择手机想法是不同的，不仅对手机的外观要求不同，对手机的性能要求差别也很大。即使同样是年轻人，不同收入，不同职业，不同个性的人对手机选择的态度也有很大区别。

3. 产品推荐

人们对陌生推销一般都会有种本能的抗拒，而对"熟人"碍于情面，却难以拒绝。因而，业务员在老顾客面前具有天然的优势，只要所推荐的商品符合客户的需要，成交率是很高的。如果所推荐的产品正好还能解决客户的燃眉之急，那客户感激还来不及，又怎么会拒之门外呢。所以，精准推荐才是成交关键。

>>> 营销实战

业务员向客户推荐排课软件

"陈校长，我们公司的教务管理系统已经实现了全新升级，升级后的功能模块更简洁，特别是排课系统更符合高校实际，而且采用了强大的 AI 人工智能算法，系统可以在实践中自我学习，使得排课更合理，更高效。这么厉害的新系统一出来，我就第一个想到的就是您，我想这套新系统一定帮助贵校大大提升教学管理水平，同时也可以大幅度减轻排课老师繁重的工作量。"……

4. 优惠推介

优惠推介，即针对客户的特点，把企业相关的优惠活动推荐给客户。如某培训机构，针对符合条件的老客户推出免费亲子一日游活动，受到家长喜爱。

5. 社群建立与维护

建立并维护好客户社群，是增强客户黏性，提高销售业绩的重要途径。通过线上与线下相结合的方式，有计划地策划一些有特色的公关活动可以增强客户社群的吸引力。线下可以成立客户兴趣沙龙或俱乐部、粉丝会等形式，并不定期开展一些客户感兴趣的活动。线上可以建立 QQ 群、微信群等虚拟社群，也可以创建网上虚拟社区。关键还是社群维护要得法，避免形成僵尸群。经验表明，有三个办法是行之有效的，一是提供有价值的资料或信息；二是推送优惠信息；三是发红包。当然，发红包也是要技术的，如果设置过多或过高的兑现条件，则会大大降低领红包者的积极性。比如，有的商家要求领红包者必须邀请多少新人成为商家的会员才能提现。其实，人们对这类建立在人情消耗基础上的行为是很抵触的。往往会做出这样的选择，宁可放弃领红包，也不肯违心去拉人头。

当然，线上与线下相结合，可以优势互补，增强社群的吸引力。比如，有的线上社群，不定期地举办一些网友见面会、企业考察、专家讲座、新产品免费体验等活动。

学而思：客户社群维护有哪些技巧？

6. 节日关怀

节日关怀，即在一些重要的日子不仅仅是节日给客户赠送小礼品，发送祝福短信，或者打电话祝福，让客户体会到亲情般的关怀。一般来说，客户的生日、一个国家传统的节日不要错过。除此之外还有其他有重要意义的日子，比如，客户结婚纪念日、公司周年庆典日等，如果能在这些特别的日子里，送上你的祝福，也许更能让客户感动。至于礼品的选择，不宜太贵重，一般以地方特色的土特产或小工艺品为宜，兼顾特色与实用。

>>> 营销实战

推销员："黎主任：您好！中秋节快到了，公司为了感谢您一直对我们招聘工作的大力支持，特寄来由公司总经理亲自执笔的一封感谢信，并附小礼品一份，请您签收。"

客户："不用这么客气，这也是我应该做的工作，谢谢你，请代向赵总表示感谢！"

7. 交易外的帮助或关怀

指业务员在与自己的生意没有直接关联的领域为客户提供力所能及的帮助和关心，包括客户的工作与生活两方面。通过提供对客户工作或生活上帮助和关心，为客户解决实际问题，或在客户需要关心的时候及时送去问候，如果你所做的这一切与"买卖"没有直接关系，就容易打动客户，赢得客户好感。这样，时间久了，就会成为客户的朋友。接下来，谈"买卖"自然是水到渠成的事了。

>>> 营销实战

电话销售人员："哎呀，是刘先生吧。你最近还好吧，听说您家那边最近发生水灾了，情况怎么样啊？"

客户："还好还好，我们这里没什么影响的。"

电话销售人员："那就好啊，昨天我看新闻才知道您家那边发生水灾，我就想今天一定得给您打个电话问问。"

客户："哎呀，真是谢谢你的关心……"

（资料来源：曹明元. 呼出业务能力训练[M]. 北京：高等教育出版社，2014）

8. 个性化服务

商业服务的最高境界应当是根据客户的实际需求，精准匹配，提供高质量的个性化服务。比如，某品牌服装针对老客户推出以旧换新优惠活动。公司以一定价格回收该品牌旧衣服，顾客重新购买时，可以直接从货款中抵扣。这正好击中了顾客

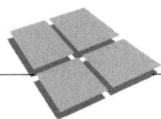

的消费痛点，平常打开衣柜旧衣服成堆，扔掉又觉得浪费。活动一推出，大受消费者欢迎。

9. 会员服务

会员制度是商家维护老顾客很常见的方法。一般采用发放会员卡，消费给积分的形式。积分越多，优惠越大，有的积分卡还有储值功能。当然，要提高会员的满意度，需要设计好会员制度，在促销与成本上找到平衡，以提高会员的消费积极性。

10. 客户激励

客户激励，即企业通过采取一定的激励措施调动客户与企业继续合作的积极性，包括物质激励与非物质激励两种手段。例如，西安扬森对客户的激励方式是资金池，以教育基金的形式帮助客户员工、下游客户做培训。

【案例分析 6-1】

珂兰钻石：努力让客户感到温暖

珂兰钻石成立于 2007 年，以"互联网＋珠宝"的理念，经过十年探索，O2O 模式日趋成熟，业务发展迅速，在老客户营销方面积累了有不少经验。

珂兰钻石副总裁王雍介绍说，老客户营销绝非简单地发发短信邮件这么简单，如果处理不当，不但响应率低，还极易引起客户反感。

情感交流是用来维系客户关系的重要方式。珂兰钻石的销售顾问每天至少与一位老客户通过电话或短信联系。日常拜访、节日的问候、婚庆喜事、过生日时的一句祝福或一束鲜花，都会使客户感到温暖，并且让客户知道，她是珂兰钻石的重要客户。

为了进一步让客户感到温暖，需要让客户参与到企业举办的活动中，感受企业文化。珂兰钻石每年都举办答谢会，回馈感谢客户的支持。答谢会不只是吃吃喝喝而已，还有客户互动环节。客户是答谢会的主角，所有的会场细节和活动环节都要让客人心里舒服。有一次，公司在昆明做了一场答谢宴，选择的是一家知名度顾高的酒店，当地人以到此吃饭为荣。销售顾问提前一周把邀请函送到客户手中。宴会上，销售顾问与自己的客户坐在一起，朋友般交流和互动，通过游戏向客户赠送礼品，通过员工表演让客户感受珂兰钻石的企业文化。原计划 200 名客户到现场，实际到场近 190 人。宴会结束后，销售顾问把礼品快递给未到场的客户——即使客户不到场，也要让客户感受到我们的诚意和温暖。

针对老客户，我们还推出更多的优惠措施，如数量折扣、赠品等，并且通过赠送礼品、有偿介绍等方式，增加老客户介绍业务的意愿。在珂兰钻石成立 5 周年活动中，老客户凭券到店可以领取一枚纪念银币；介绍新客户成交，老客户还可以获赠 10 克的定制银条，在银条背面刻有客户夫妻的名字和结婚日期，对于老客户而言，这是一份特殊的礼物。上海的一位老客户拿到定制银条后，主动在网上晒银条，跟帖全是好评和美慕，老客户的体验心理再次得到满足；跟帖的人也对珂兰钻石产生好感，愿意成为我们的客户。

综上所述，珂兰钻石的老客户维护，是层层递进的：从标准化服务阶段发展到个性化客户参与阶段，让客户感受到真心实意的温暖。

（资料来源：王雍．客户关系维护[J]．新营销，2012(11)．有改编）

思考与讨论

1. 珂兰钻石为了让客户感到温暖他们采取了哪些措施？效果如何？

2. 该案例对你学习客户维护有哪些启发？针对该企业实际，在客户维护方面你还有什么好的建议？

（二）客户流失分析与对策

1. 客户流失的含义与类型

客户流失：是指企业的客户由于种种原因不再忠诚，而转向购买其他企业的产品或服务的现象。

一般可分主动流失与被动流失两种情况。客户主动选择转移到另外一个供应商，使用他们的产品或服务，称为主动流失的客户。而那些由于恶意欠款被企业解除服务合同的客户则是被动流失的客户。

2. 客户流失的原因

客户流失的具体原因有差异，一般包括以下几种情况。

(1)自然流失：指客户因经济情况改变或地域上迁徙而造成的流失。

(2)竞争流失：即竞争对手通过更优质的产品或服务来吸引客户，从而导致对方客户流失。

(3)过失流失：指企业或业务员出现工作过失，导致顾客不满意造成的流失。

(4)恶意流失：由于企业目标客户发生改变，或客户信用度低，有故意欺诈行为等原因导致企业主动放弃的部分客户。

(5)其他流失：如员工跳槽带走的客户资源。

3. 应对客户流失的对策

(1)实施全面质量管理。很多情况下客户之所以流失，就是产品质量出现了问题，而且得不到满意的答复。实施全面质量管理，能有效防止这类问题发生。

(2)重视客户抱怨管理。产品或服务出现问题不可怕，可怕是没有一个有效解决问题的态度和机制。重视客户抱怨管理，及时加强与客户沟通，以务实的态度解决客户的问题，才是企业的正确选择。首先，要畅通客户信息沟通的渠道。不少企业虽然对外公布了客户热线电话，但人们普遍反映，不是语音系统设置过于繁琐，就是人工客户永远都在"忙"的状态，客户体验不佳。其次，要有针对性地完善企业的客户投诉制度，明确各相关方的责任。此外，建立训练有素的客服人员队伍就非常关键了。

(3)建立内部客户机制，提升员工满意度。企业再好的战略，再好的政策最终需要员工去完成。如果员工的积极性得不到有效保护和调动，企业想打造优质产品与服务

就很难做到。因此，建立内部客户机制，在企业内部把每一位职员也当作企业的客户一样看待，是具有战略远见的策略。

（4）建立以客户为中心的组织机构。以客户为中心，不仅仅要求企业观念上要自觉转变，更重要的是，必须对企业原有的业务流程进行重构，甚至对原有的组织机构必须来一场彻底的革命。

（5）建立客户关系的评价体系。借助现代信息技术，建立科学的客户关系评价指标体系，以便动态跟踪客情，发现问题，及时预警，及时处置。

（三）客户挽留

客户挽留是指运用科学的方法对将要流失的有价值的客户采取措施，争取将其留下的营销活动。它将有效地延长客户生命周期，保持市场份额和运营效益。

客户挽留的对策：

1. 调查原因，倾听意见

首先，企业要积极与流失客户联系，访问流失客户，针对不满诚恳表示歉意，安抚他们的情绪。其次，要了解流失的原因。弄清问题究竟出在哪里，并虚心听取他们的意见、看法和要求，让客户感受到企业对他的重视。

在实际工作中，业务员要注意根据客户不满意的程度，灵活采取相应的对策，可以设计对应的话术，加强平时训练。以下是某企业对满意度一般的客户设计的话术模版，可以参考。

"好的，非常感谢您对我们工作的理解和支持！对于我们工作不足的地方向您致歉，我们会及时将信息反馈到售后服务部，我们将努力为您下次进店提供完美的服务。如果您在使用过程中还有有需要帮助的话，可以随时与我们联系，24小时服务电话0874-880××××！

我的回访到此结束，祝您生活愉快！再见！"

（资料来源：曹明元. 呼出业务能力训练[M]. 北京：高等教育出版社，2014）

2. 对症下药，争取挽留

企业要根据客户流失的原因制定相应的对策，尽力争取及早挽回流失的客户。一般情况下，"自然流失"和"恶意流失"的客户恢复业务已不可能或不必要。对"竞争流失"的客户要区别对待，如果是被竞争对手收买的客户，挽回的希望很渺茫，其他情况应该对症下药，积极争取。

3. 区分级别，分类施策

企业应该根据客户的重要性来分配投入挽留客户的资源，挽留的重点是那些最能盈利的流失客户，这样才能达到挽留效益的最大化。

针对下列三种不同级别的流失客户，企业应当采取的基本态度如下。

对重要客户要极力挽留；对主要客户要尽力挽留，对普通客户的流失和非常难避免的流失，可见机行事；基本放弃对小客户的挽留努力。

4. 彻底放弃根本不值得挽留的流失客户

有些流失客户，如以下情况的流失客户根本不值得挽留。(1)不可能带来利润的客户，即所谓的"低价值客户"。(2)无法履行合同规定的客户。(3)损害员工士气的客户。(4)声望太差，与之建立业务关系会损害企业形象的客户。对这些不值得挽留的客户，企业要彻底放弃。

学而思：以某地家庭宽带服务为例，调查分析客户为什么流失，并提出挽留客户的措施。

▶任务二　处理客户投诉

>>> 营销实战

换大米

有一次，笔者到集市买大米，让老板推荐一种"好吃的"米，买回一袋10千克。试了一餐后，米饭偏硬，感觉口感不是自己要的那种。于是，第二天把剩下的米提去找老板。老板解释说，各人的口感不同，他自己也吃这种米，确实觉得这米不错。不过，既然不满意，没关系，可以换，并让我自己挑选。于是，补了差价换了价格更贵的一种。回家再试，满意。于是，我成了是他的常客。

所谓客户投诉，是指客户因对企业提供的产品或服务不满而向企业表达的抱怨与诉求。

有的人一提到客户投诉就会出现心理阴影感到害怕，担心处理不好会影响到公司的声誉。实际上客户投诉是一种正常的现象，每家公司都存在客户投诉的问题，世界顶级品牌的企业也不例外。例如，大家都熟悉的宝马、奔驰汽车也同样存在客户投诉的问题，关键是我们如何正确看待客户投诉。

学而思：客户为什么会投诉？应该如何接待和处理好客户的投诉？

一、正确处理客户投诉意义重大

1. 有利于恢复客户对企业的信任

客户之所以投诉，通常情况下，是客户买到了有问题的商品或者是对企业提供的服务不满意，也说明在一定程度上对企业存在失望。美国营销专家珍尼尔·巴诺在他的著作《抱怨是福》(Complain is a Gift)中写道："当顾客对服务不满时，他们有两种选择：一是他们可以说点儿什么，二是一走了之。如果他们一走了之，就等于根本不给企业消除他们不满的机会。提起投诉的顾客仍在和我们沟通，在给我们机会让我们的服务回到令人满意的状态，顾客也更有可能再次光顾本企业。"这正好也被美国营销学界的一项研究所证实，如果顾客对服务非常不满，那么，91%不会再回来光顾。但如

果客户的投诉得到了迅速解决，其中82%还会再回来。对于一些不严重的投诉，如能妥善处理，则会将顾客流失率降低到5%以下。可见，抱怨是福。企业更应该以积极的心态去面对，正确地处理好投诉，及时解决客户的问题，消除误会，帮助客户恢复对企业的信任。

2. 有利于避免事态恶性升级

顾客投诉大多是遇到问题来"讨说法"的，如果处理及时，就会把危机消除在萌芽状态。相反，如果处理不好，或者推卸责任，则往往容易激化矛盾，从而使事件变得恶化，比如，媒体曝光、发生冲突、恶意扰乱经营场所等。

依据有关统计显示：顾客感到不满时，有90%不会选择投诉；但他们会将自己不满告诉不下20人，而这20人会把此事传播给400人，并且使不满事件完全走样。因此，顾客投诉处理如果不正确的话，给企业带来的将是灾难性的影响。

3. 有利于收集相关信息

首先，企业可以得到自身需要改善的信息，比如服务方面的问题、卖场环境的问题，得到投诉后，企业可以及时进行改进。其次可以间接得到竞争对手的信息，比如说竞争对手开展的活动、商品的价格信息、商品信息等。再次，可以得到商品及相关服务的信息，如商品本身的缺陷、药品的不良反应、商品配件不齐等，及时反馈后，企业可以做出相应的补救处理，以改善经营管理。

二、客户投诉处理的原则

(一)客户投诉心理

了解投诉者的心理是正确处理客户投诉的前提，只有弄清投诉者需要什么，处理投诉的对策才能有的放矢。

一般来说，客户投诉主要表现为四种心理：求发泄心理、求尊重心理、求解决的心理、求补偿心理。

1. 求发泄心理

如前所述，客户之所以投诉，通常是他购买的商品或服务存在某种缺陷，给他的工作或生活造成了困扰甚至损失。所以，他需要表达自己的不满情绪，这非常正常。

2. 求尊重心理

投诉者在表达自己情绪的过程中，希望对方能够给予必要的尊重和信任，能够得到热情的接待和认真的回应，而不是冷漠与怀疑，或者一味推卸责任。

3. 求解决的心理

即商品出现问题，客户要求解决。比如，有客户反映新买的手机，系统更新后多次出现"闪退"问题，要求及时处理，恢复正常。

4. 求补偿心理

由于商品或服务的缺陷给客户带来麻烦或造成损失，客户要求得到补偿于法有据、于情合理。

(二)客户投诉处理的原则

正确处理客户投诉应该遵循"萨尔塔"(SALTA)五字原则,即诚(sincerity)、歉(apologize)、听(listen)、换(transposition thinking)、友(amity)。

视频"接待退货客户"

1. 诚意原则

该原则就是在接待客户投诉时,不管什么情况,首先应当给客户以必要的尊重,对客户反馈意见表示欢迎,并以负责任的态度及时协商解决问题,让客户感觉到我们的诚意,而不是故意拖延或寻找借口推脱责任。

>>> 营销实战

海尔的投诉处理

海尔集团前些年推出一款叫"小小神童"的洗衣机。该款洗衣机刚推向市场时,由于设计存在问题,使得这款洗衣机返修率相当高。海尔是怎么处理的呢? 公司调集了大量的员工,然后向客户承诺"接到投诉电话后24小时之内提供上门维修"。很多客户的洗衣机都是经过海尔连续三四次甚至五六次上门维修才解决问题的。

最终这件事的结果是:有很多客户反映说,"任何新的产品都会存在这样那样的问题,但对海尔的服务我们是满意的。"因为,他们看到了一个企业对客户的尊重和重视。

2. 道歉原则

客户找上门来投诉,立刻向客户表示道歉是十分必要的。因为,发生投诉,通常情况下,是由于企业的产品或服务存在不足,导致客户遇到麻烦或遭受了损失,马上道歉可以安抚客户激动的情绪。

3. 倾听原则

对客户的诉说要认真倾听,保持足够耐心,不要随便打断对方。对其中的重点及时做记录,如有不明白的地方,则要及时提问加以确认。如果是现场接待,还要注意与客户的目光交流,让对方感到"我是认真的"。

4. 换位思考

作为商家,必须懂得换位思考,站在客户的立场上考虑问题。这一原则是有效处理投诉的条件。有句话说得很经典,"先解决客户的情绪,再解决客户的问题"。因此,面对投诉,要学会以心换心,学会表达同理心,以防止客户情绪激动,矛盾扩大化。

5. 友好原则

处理客户投诉,要坚持"友好、友善"的原则。接待客户投诉什么情况都有可能发生,不管客户如何激动,哪怕是"无理取闹",接待人员也要控制好自己的情绪,进行"冷处理",千万不能与客户争辩。

【案例分析 6-2】

S 牌酸奶有苍蝇

2001 年某日，在某购物广场，顾客服务中心接到一起顾客投诉，顾客说从该商场购买的 S 品牌酸牛奶中喝出了苍蝇。投诉的内容大致是：顾客李小姐从该商场购买了 S 品牌酸牛奶后，马上去一家餐馆吃饭，吃完饭李小姐随手拿出酸牛奶让自己的孩子喝，自己则在一边跟朋友聊天，突然听见孩子大叫："妈妈，这里有苍蝇。"，李小姐寻声望去，看见小孩喝的酸牛奶盒里（当时酸奶盒已被孩子用手撕开）有只苍蝇。李小姐当时火冒三丈，带着小孩来商场投诉。正在这时，有位值班经理看见便走过来说："你既然说有问题，那就带小孩去医院，有问题我们负责！"顾客听到后，更是火上加油，大声喊："你负责？好，现在我让你去吃 10 只苍蝇，我带你去医院检查，我来负责好不好？"边说边在商场里大喊大叫，并口口声声说要去"消协"投诉，引起了许多顾客围观。

该购物广场顾客服务中心负责人听到后马上前来处理，赶快让那位值班经理离开，又把顾客请到办公室交谈，一边道歉，一边耐心地询问了事情的经过。

询问重点：1. 发现苍蝇的地点（确定餐厅卫生情况）。2. 确认当时酸牛奶的盒子是撕开状态而不是只插了吸管的封闭状态。3. 确认当时发现苍蝇是小孩先发现的，大人不在场。4. 询问以前购买 S 品牌牛奶有无相似情况？在了解了情况后，商场方提出了处理建议，但由于顾客对值班经理"有问题去医院检查，我们负责"的话一直耿耿于怀，不愿接受我们的道歉与建议，使交谈僵持了两个多小时之久，依然没有结果。最后，商场负责人只好让顾客留下联系电话，提出换个时间与其再进行协商。

第二天，商场负责人给顾客打了电话，告诉顾客：我商场已与 S 品牌牛奶公司取得联系，希望能邀请顾客去 S 品牌牛奶厂家参观了解（S 牌牛奶的流水生产线：生产——包装——检验全过程全是在无菌封闭的操作间进行的），并提出，本着商场对顾客负责的态度，如果顾客要求，我们可以联系相关检验部门对苍蝇的死亡时间进行鉴定与确认。由于顾客接到电话时已经过了气头，冷静下来了，而且也感觉商场负责人对此事的处理方法很认真严谨，顾客的态度一下缓和了许多。这时商场又对值班经理的讲话做了道歉，并对当时顾客发现苍蝇的地点——（并非是环境很干净的小饭店），时间——大人不在现场、酸奶盒没封闭，已被孩子撕开等情况做了分析，让顾客知道这一系列情况都不排除是苍蝇落入（而非牛奶本身带有）酸奶的因素。

通过商场负责人的不断沟通，顾客终于不再生气了，最后告诉商场负责人：她们其实最生气的是那位值班经理说的话，既然商场对这件事这么重视并认真负责处理，所以她们也不会再追究了，相信苍蝇有可能是小孩喝牛奶时从空中掉进去的。顾客说："既然你们真的这么认真的处理这件事，我们也不会再计较，现在就可以把购物小票撕掉，你们放心，我们会说到做到的，不会对这件小事再纠缠了。"

（资料来源：http://blog.sina.com.cn/s/blog_7a8f5c0b0100v7kn.html）

思考与讨论

1. 该商场值班经理接待客户投诉时犯了什么错误？

2. 对比商场值班经理与商场负责人在处理这起客户投诉处理时做法上的差别，谈谈自己的感想。

三、客户投诉处理的流程

客户投诉处理流程可分 7 个步骤，如图 6-1 所示。

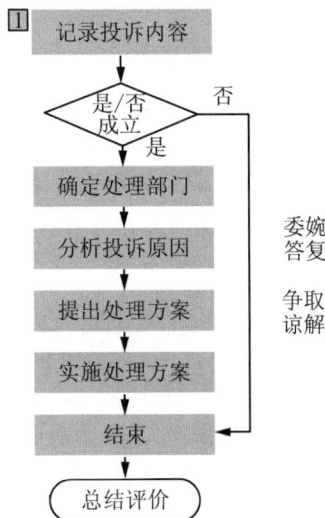

图 6-1　客户投诉处理流程图

1. 记录投诉内容

认真倾听，根据客户投诉登记表详细记录客户投诉的全部内容，如投诉人、投诉时间、投诉对象、投诉要求、联系方式等。

2. 判断投诉是否成立

先表示歉意，在了解客户投诉的内容后，要确定客户投诉的理由是否充分，投诉要求是否合理。如果投诉并不成立，就以委婉的方式答复客户，以取得客户的谅解，消除误会。

3. 确定处理部门

依据客户投诉的内容，确定相关的具体受理单位和受理负责人。例如：如果是化妆品质量问题，交日化部处理；如果属服务态度问题，则由责任人所在的团队或人力资源部处理。

4. 分析投诉原因

要查明客户投诉的具体原因及造成客户投诉的具体责任人。

5. 提出处理方案

依据实际情况，对照企业投诉处理制度，参照客户的投诉要求，提出公平解决投诉的具体方案，如退货、换货、维修、折价、赔偿等。与客户沟通时，要注意语气委

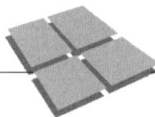

婉，尽量多用商量句式。

6. 实施处理方案

处理方案一旦形成要及时报请主管领导批准实施，并迅速通知客户，做好沟通和安抚工作。如果客户对投诉解决方案还不满意，企业仍然需要继续改进，争取达成谅解，并做好客户挽留工作。接下来才考虑内部的责任追究，对直接责任者和部门主管要根据有关规定做出处罚，依照投诉所造成的损失大小，扣罚责任人一定比例的绩效工资或资金。对不及时处理问题而造成延误的责任人也要追究相关责任。

处理客户投诉一定要遵循"解决问题第一，追究责任第二"的原则，千万不可主次颠倒，导致内部扯皮，相互推卸责任，耽误及时处理客户投诉，以致自酿苦果。

7. 总结评价

对投诉处理过程进行总结与综合评价，吸取经验教训，并提出改善对策，从而不断完善企业的经营管理和业务运作，提高客户服务质量和服务水平，降低投诉率。

投诉处理结束，重要的原始凭据要及时整理存档。

>>> 项目要点回顾

交易始于成交后，做好交易善后工作对企业具有重要战略意义。

本项目从建立客户信息档案等 10 个方面探讨了如何做好客户保持工作；通过分析归纳出客户流失的原因，提出了客户挽留的对策。在明确正确处理客户投诉的意义基础上，探讨了处理客户投诉的原则与基本流程。

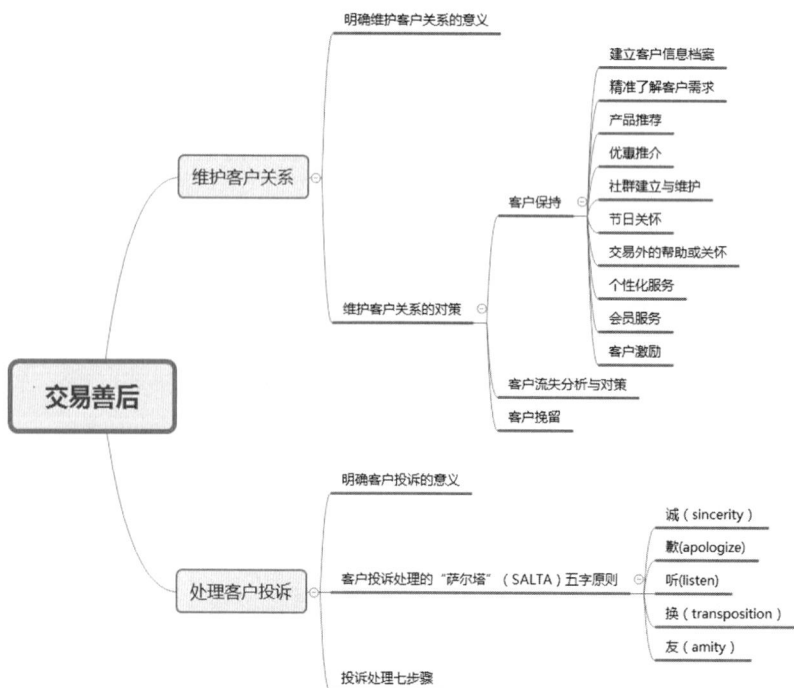

>>> 复习思考与训练

一、判断题

1. 维护好客户关系可以提升客户满意度,留住老客户。　　　　　　　　　(　　)

2. 精准了解客户需求,是做好客户保持工作的基础。　　　　　　　　　(　　)

3. 企业设计会员服务制度时,要把提高会员的满意度放在第一位,不要计较促销成本上的得失。　　　　　　　　　　　　　　　　　　　　　　　　　(　　)

4. 客户流失通常是企业的商品或服务不能令顾客满意而导致的。　　　　(　　)

5. 客服人员在接待客户投诉时,工作的第一个步骤就是要判断投诉是否成立。

(　　)

二、单项选择题

1. 以下不属于社群维护的对策的是(　　)。

A. 发红包　　　　　　　　　　　　B. 推送优惠信息

C. 提供有价值的资料或信息　　　　D. 投放广告

2. 某公司在3周年成立日为其每一位VIP客户赠送精美礼品一份。这种方法属于(　　)。

A. 产品推荐　　　B. 优惠推介　　　C. 节日关怀　　　D. 社群维护

3. 以下关于客户挽留的说法不正确的是(　　)。

A. 对"恶意流失"的客户没必要继续挽留

B. 对"低价值客户"要尽力挽留

C. 对重点客户要极力挽留

D. 对损害员工士气的客户不必挽留

4. 客户投诉处理的原则不包括(　　)。

A. 赔偿原则　　　　　　　　　　　B. 道歉原则

C. 倾听原则　　　　　　　　　　　D. 换位思考原则

5. 以下关于客户关系的描述中正确的是(　　)。

A. 处理客户关系的对象不仅仅指购买了自己产品的人,还包括有意向的潜在顾客

B. 维护好客户关系可以节省企业的营销成本

C. 维护客户关系对巩固老客户是有必要的,但对企业拓展新客户帮助不大

D. 交易外的帮助或关怀对维护客户关系来说得不偿失

三、多项选择题

1. 维护客户关系具体包括的工作内容有(　　)。

A. 客户保持　　　　　　　　　　　B. 客户流失分析

C. 客户投诉　　　　　　　　　　　D. 客户挽留

2. 以下属于客户保持策略的有(　　)。

A. 建立客户信息档案　　　　　　　B. 精准了解客户需求

C. 产品推荐　　　　　　　　　　　D. 优惠活动推介

3. 客户流失的原因有(　　　)。

A. 自然流失　　　　　　　　　　B. 过失流失

C. 恶意流失　　　　　　　　　　D. 竞争流失

4. 客户投诉主要表现的心理有(　　　)。

A. 求发泄心理　　　　　　　　　B. 求尊重心理

C. 求解决的心理　　　　　　　　D. 求补偿心理

5. 以下说法正确的是(　　　)。

A. 建立客户信息档案是维护客户关系的前提条件

B. 对客户的激励一般只适合用物质激励措施

C. 对"竞争流失"的客户通常挽回的希望渺茫,应当放弃

D. 接待客户投诉要学会换位思考,善于表达同理心,安排好对方的情绪

四、案例分析题

漏水的房

张强是盛家房地产开发公司客户服务中心的客户经理,负责接待和处理业主的投诉。

今天刚上班,他就接待了一位投诉房子漏水的客户。

"请进!您好,有什么需要我帮忙的吗?"

"帮忙?!我家的房子都快变成游泳池了,你说怎么办?"

"对不起,您先别着急,我帮您解决,您先请坐下来慢慢说。"

"我不坐,你是不着急,那又不是你们家!"

张强起身转过来,"我知道您很着急,可是您要跟我说清楚我才知道怎么帮您啊。"然后倒杯水,说:"来,您先消消气,喝杯水,坐下来,您慢慢说。"客户很不情愿地坐了下来,喝了口水。

"请问您贵姓?"

"我姓王!"

"噢,王先生,来,您给我说一说您的房子出了什么问题。"

"什么问题,就是你们开发商欺骗消费者,我花了100多万元买你们的房子,当初买房的时候你们跟孙子似的,整天跟着我,把我们家的电话都打爆了,花言巧语地把你们这座破楼的质量吹得跟皇宫似的,我就上了你们的当,出了事儿再找你们,我才知道我成孙子了!"

"对不起,王先生,您的心情我很理解,请您放心,我会尽全力地帮您解决的,您能不能先告诉我您的房子怎么了?"

"上个月我才搬进去,住了还没到3个星期,上礼拜下雨,我就发现墙壁渗水,我新贴的壁纸湿了一大片,我就打电话给你们物业,也不知道是谁告诉我,说当时没工人,说第二天来,结果又说没人。最后被我逼得没办法,第三天才派了两个人上我家,查完说是房子的外墙有问题,帮我又做了一遍防水,说没事了,谁知道他真修了还是假修了。结果前天下雨后又漏了,我气得又打电话,然后他们告诉我,那是施工质量

的事，他们管不了，让我找开发商，我就说你们收我的物业费，凭什么让我去找，他们就说因为这和他们没关系，我都快被他们给气疯了，你说这怎么办？我要退房！"

"对不起，王先生，您别生气，真照您这么说，物业公司他们就有问题，我首先代表公司向您赔礼道歉，您放心，我一定想办法帮您解决！"

（资料来源：陈俊宁.客户管理［M］.广州：暨南大学出版社，2009）

问题：

1. 简要分析案例中业主当时的投诉心理有哪些？

2. 案例中客户经理张强在接待投诉客户时表现如何？你对接下来的投诉处理有什么合理建议？

五、实务操作题

1.

客户投诉处理角色演练

任务名称：客户投诉处理角色演练。

实训目的：通过角色扮演，模拟客户投诉工作情境，学会正确处理客户投诉。

实训类型：小组讨论、角色演练、总结汇报。

实训内容与步骤：

根据模拟情境完成实训任务（A为投诉客户；B为客服人员）。

B：喂！您好！

A：你好，我是××的一个用户……

B：我知道，请讲！

A：是这样，我的手机这两天一接电话就断线……

B：那你不是不在地下室，所以信号不好呀？

A：不是，我在大街上都断线，好多次了……

B：那是不是你手机有问题呀？我们不可能出现这种问题！

A：我的手机才买了三个月，不可能出问题呀！

B：那可不一定，有的杂牌手机刚买几天就不行了。

A：我的手机是爱立信的，不可能有质量问题！

B：那你在哪买的，就去哪儿看看吧，肯定是手机的问题！

A：不可能，如果是手机有问题，那我用××的卡怎么就不断线呀？

B：是吗？那我就不清楚了。

A：那我的问题怎么办呀？我的手机天天断线，你给我缴费呀！

B：你这什么话呀，凭什么我缴费呀？你有问题，在哪买的你就去修吧！

A：你这什么态度呀，我要投诉你……

B：挂断。

各小组根据上述背景资料，完成角色模拟扮演，并找出客服人员工作错误之处并改正。

学时安排：

(1)任务实践：提前1周(包括讨论、模拟演练)。

(2)汇报总结：各小组汇报与总结，2学时。

(3)小组撰写《实训报告》(格式见附录，要求在报告写明具体的问题与收获，总结后3天内完成)。

实训要求：

(1)组建团队：以小组为单位，按要求完成实践任务。

(2)小组成员必须全员、全过程参加实训，分工合作。每个小组长各有一票，可行使推优与罚劣的权利，报告老师登记，作为平时表现考核的重要依据。

(3)实训总结评比后3天内，各小组把《实训报告》(只需电子版，注意填写班级与小组)打包交学委后，统一发送到老师指定邮箱。

实训准备：

(1)提前3天下达本实训任务书。

(2)总结汇报时，提前调试好教室的多媒体设备。

评价等级与标准：

评价分"达标"与"不达标"两个等级。具体考核标准如下：

评价等级与指标	主要考核点
达标	1. 团队成员认真参与，无人缺席。 2. 找错点完整、正确。 3. 总结陈述简洁，中肯。 4. 及时完成小组《实训报告》
不达标	有下列情形两种(含)以上者： 1. 小组成员态度不端正，应付了事，有1人无故缺席。 2. 分析出错出现2个点及以上。 3. 总结陈述观点错误，无针对性。 4. 未及时完成小组《实训报告》或《实训报告》格式不规范

2. 以学习小组为单位，自行挑选一家企业作为研究对象，调查了解该企业的客户投诉处理制度，结合所学知识，对该企业的客户投诉处理流程进行评价，并试着提出优化建议。如果该企业没有相关制度，请帮助其设计一个客户投诉处理流程，画出流程图并做简单文字说明。

模块三　修炼销售主管

项目七　销售团队管理

知识目标：

1. 掌握任职资格及胜任力模型的基本概念。

2. 掌握团队激励的理论。

3. 了解有效沟通的含义，熟悉沟通过程模型，明确团队有效沟通的原则。

能力目标：

1. 能够针对某个熟悉的岗位，按步骤构建其胜任力模型。

2. 能够按照团队有效沟通的原则，模拟构建一个具体的工作场景。

情境描述

A 公司成立于 2003 年，是一家以生产销售保健食品为主的高科技企业。员工队伍近千人，其中销售人员占总员工人数的 80% 左右。员工多是批量来自高职院校，基本都是"80 后""90 后"。在企业经营的过程中，一直面临几个难题：一是如何通过有效的甄选，招聘到符合企业价值观的员工；二是企业内部员工发展不均衡，一部分优秀员工的能力特别强，但绝大部分员工能力还有待提升，如何通过培训，复制成功经验，培养梯队人才；三是 2017 年公司整体进行了架构重组，内外资源进行了整合，一批认可 A 公司文化和发展前景的伙伴加入，如何融合新老队伍，如何调动员工的积极性，是当下 A 公司要重点解决的问题。

思考与讨论

针对 A 公司员工管理存在的问题，你有什么有效的解决思路或方案？

情境描述

哈佛商学院的一位教授应邀赴非洲给土著人讲课。为了表示对土著人的尊敬，他西装革履、一本正经。可一上讲台便直冒冷汗，是天热吗？不是。原来土著人以最高礼仪在听课——不论男女全部都是一丝不挂，只带着项圈，凡私处也只遮挡着树叶。

第二天，为了入乡随俗，教授也只好一丝不挂走上讲台，只带个项圈，私处也用树叶遮挡。可这一天也让他直冒汗，原来土著人为了照顾教授的感情，吸取了头一天的教训，全部都西装革履，一本正经，只有教授一个人光着身子在台上。

直到第三天，双方才做了很好的沟通，台上台下全部西装革履，教授在台上才没再冒汗。

思考与讨论

该故事给你有什么启示？在你看来，是否觉得这种情况是完全可避免的呢？

▶任务一　建设销售团队

一、任职资格与胜任力模型

学而思：怎样选拔合格的团队成员？

销售从整体上来说，存在相通性，但每个行业，每个企业都存在其独特性和个性化。因此，一家企业要想打造出属于自己的营销团队，就一定要破解团队的"密码"，特别是优秀的团队的特质，根据这些特质去甄选、培养、锻造人才。

而在人才的选拔中，离不开两个重要的工具：任职资格和胜任力模型。

1. 任职资格

任职资格是指为了保证工作目标的实现，任职者必须具备的知识、技能、能力和个性等方面的要求。它常常以胜任职位所需的学历、专业、工作经验、工作技能、能力加以表达。

具体来说：

(1)任职资格是任职者取得高绩效的行为的提炼和总结。

(2)任职资格关注的是任职者"能干什么"，而不是"知道什么"。

(3)员工能否承担某一等级的职务(岗位)，取决于承担者本人的资格与能力。

(4)任职资格管理是为了实现企业战略目标。根据企业组织的要求，对员工的工作能力和工作行为实施的系统管理。

(5)任职资格关注的是某个岗位的基本要求，强调的是基本条件。

2. 胜任力模型

胜任力模型(Competence Model)就是针对特定职位表现优异之要求组合起来的胜任力结构，是一系列人力资源管理与开发实践(如工作分析、招聘、选拔、培训与开发、绩效管理等)的重要基础。胜任力关注的是能够胜任此岗位、并能带来高绩效的特性，强调的是高绩效。

素质是驱使人们产生工作绩效的各种个性特征的集合，反映的是可以通过不同方式表现出来的知识、技能、个性与内驱等。素质具有以下特征。

第一，素质与工作绩效有密切的关系，甚至可以预测员工未来的工作绩效。每个人所具备的素质可能导致绩效优异，也可能导致负面效果。

第二，素质是可衡量的。通过评价素质等级，能够区分业绩优秀者和一般者。

第三，素质可以通过不同方式表现，有的是显性的(如知识、技能)，有的是隐性的(如内驱力)。

　　胜任素质是从组织战略发展的需要出发，以强化竞争力、提高实际业绩为目标的一种独特的人力资源管理的思维方式、工作方法、操作流程。胜任素质方法的应用是一项系统性的工作，它涉及人力资源管理的各个方面，被广泛应用于人才招聘选拔、培训及激励等方面。

　　麦克里兰把人的素质模型形象地描绘成一座冰山，冰山水下部分是我们所指的潜在特征，从上到下的深度不同则被挖掘与感知的难易程度不同，向下越深越不容易被挖掘和感知。冰山水上部分为表象部分，即人的知识与技能，容易被感知，具体见图7-1。

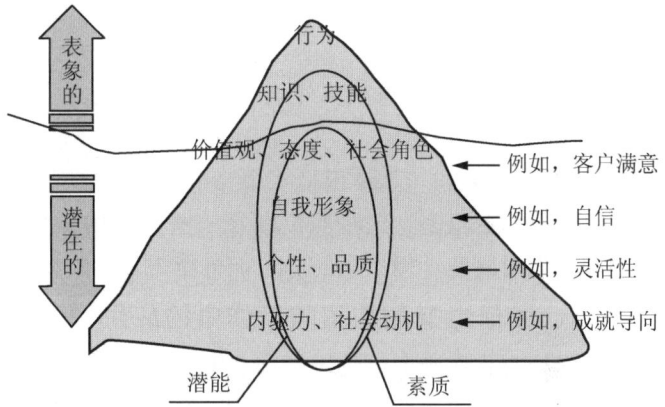

图 7-1　冰山模型

　　个人在工作中的绩效水平由素质的六个层次的因素综合决定，既有易于感知的知识、技能与行为，又有难以被挖掘与感知的潜能。"水面上"的知识与技能等仅仅是冰山的一个小角，"水面下"的更宏大的潜在素质，对绩效起到更大的决定作用。

　　心理学家们经过大量的研究，得出了权威的、公认的素质词典。在这个词典中，人的素质分为 6 大类、20 个具体要求，每个要素又分为很多级别。这 20 个素质要求，对人类的知识、技能、社会角色、自我概念、性格、动机做了全面概括，形成了企业任职者完整的素质模型（见图 7-2）。

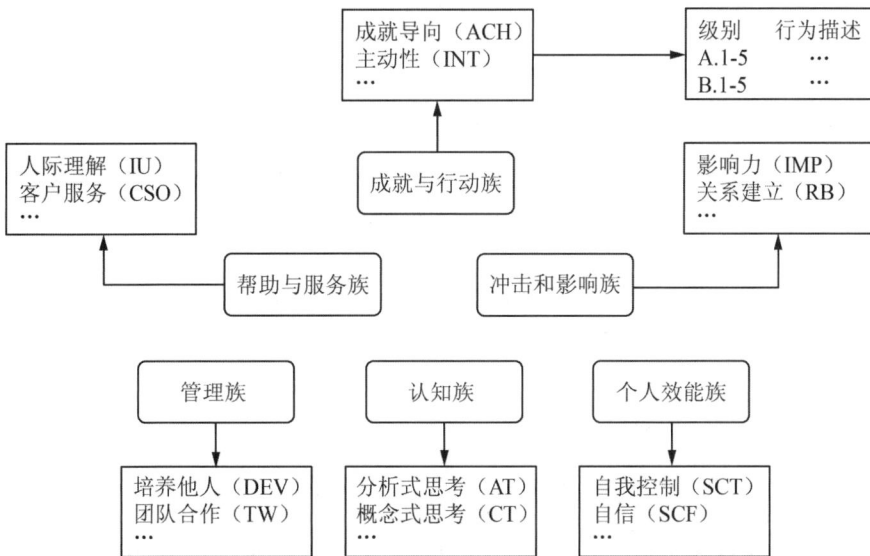

图 7-2　胜任特征辞典结构

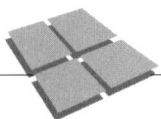

（1）成就与行动族，具体包括 4 个素质要素：成就动机、主动性、关注品质与次序、信息收集意识与能力。

（2）帮助与服务族，具体包括 2 个要素：人际理解能力、客户服务导向。

（3）影响力族，具体包括 3 个要素：影响力、关系建立能力、组织认知能力。

（4）管理族，具体包括 4 个要素：培养他人的意识与能力、团队合作精神、团队领导能力、命令/果断性。

（5）认知族，具体包括 3 个要素：分析式思维能力、概念式思维能力、专业知识（技术、职业、管理等）。

（6）个人效能族，具体包括 4 个要素：自我控制、自信、弹性、组织承诺。

组织的职业很多，这些职位存在一些共同的素质元素，职业素质元素可以构成不同的职业素质模型，但不同的职位，可能需要的素质结构和水平是不一样的。

二、胜任力模型在招聘工作中的应用

销售作为企业经营中关键环节，其团队的组建一直是企业人力资源管理工作的重中之重。每一个企业都希望拥有最优秀的销售人员，然而，如何甄选这些销售精英，成为摆在企业面前的一个重要问题。下面介绍一个简单易行的好方法。

招聘销售人员的基本流程如图 7-3 所示。

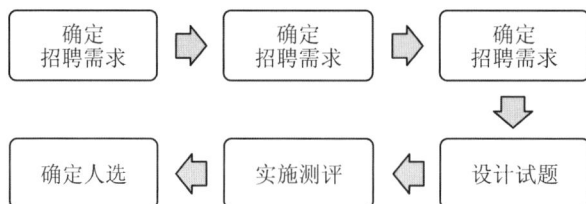

图 7-3　招聘销售人员的基本流程

（一）构建销售岗位胜任力模型

由于不同行业、不同企业对销售人员的能力要求各不相同，因此，企业在寻找适合自己单位岗位要求的销售人才之前，首先需要明确其对销售人员的具体能力要求，即构建销售人员岗位胜任力模型。

一般企业招聘选拔人才时主要看教育背景、任职岗位及过往工作经验等，但根据这些条件挑选出的人才往往不一定绩效优秀。如果利用胜任力模型，则能较好帮助企业找到相对合适的人才，从而降低因人才选拔失误带来的负面影响。

一般胜任力模型的构建过程如图 7-4 所示。

下面以 A 公司在招聘销售人才、开发销售类试题时，构建的销售经理的岗位胜任力模型为例，来看销售类岗位的胜任力模型如何构建。

第一步，组建专家小组。一般包括公司管理人员、两名 HR、一位资深销售人员，明确销售经理的绩效考核标准。

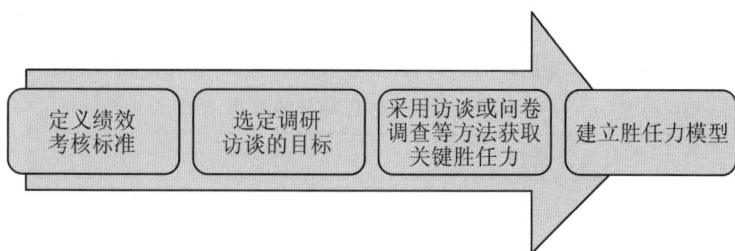

图 7-4 一般胜任力模型的构建过程

第二步，根据岗位要求分别选定一组绩效优秀的销售经理和一组普通销售经理进行访谈（行为事件访谈），并将得到的结果进行对比分析，表 7-1 即为其中两名员工的不同表现。

表 7-1 访谈结果对照表

访谈事件：A 保健品生产商先后派出了普通员工和绩优员工拜访某华东区保健品经销商陈总，希望该经销商在其华东各地的专卖店销售 A 公司的保健品	
绩优经理	普通经理
• 只拜访了两次，第一次两天，第二次三天； • 听说陈总出差了，通过多方打听，得到陈总所在的酒店地址，预订鲜花和果篮及一张签署自己名字的祝福卡，请酒店送到房间； • 请自己公司老板出面，邀请陈总参观公司； ……	• 在当地待了几个星期，前前后后做了很多工作； • 陈总所在公司的相关部门逐一拜访，当拜访陈总时，其出差了； • 无奈等陈总出差回来； ……

第三步，根据对比，分析找出两组人员差异化的典型特征（见表 7-2），这个差异就是特定职位的任职者必须具备的关键胜任力。

表 7-2 绩优和普通经理典型特质对照表

事件	关键胜任能力
找到关键决策人物	设定有挑战性但可以达到的目标 合理运用时间 坚持不懈，不轻言放弃 抓住机会 建多渠道，获得信息
向上司借力 帮助建立客户关系	关注潜在的获利机会 满足客户未被满足的需求 借力打力，借用中间联系，建立可信度 经营与工作相关的友谊
善用资源 运用组织力量支援	理解非言语的行为 PDCA 闭环的能力，事后追踪与客户联系的情况 以客户为中心，处理客户关心的问题

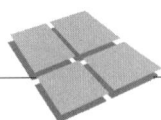

第四步，根据在调查、访谈过程中某种关键胜任力出现的频率，对绩优经理和普通经理进行比较，找出差异性；再根据其频率的集中程度，拟定胜任特征的权重(见表7-3)。

表7-3 不同胜任特征的权重

胜任特征	胜任特征项目	关键胜任力	级别
成就与行动	成就导向	设立有挑战性但可以达到的目标	5以上
		时间管理计划性	
		关注潜在的获利机会	
	主动性	坚持，不轻易放弃	2以上
		把握机会	
	信息收集	多渠道获取信息的能力	2以上
帮助与服务	人际理解	理解非言语的行为	5以上
	客户服务导向	以客户为中心	3以上
		顾客需求发掘能力	
		PDCA闭环能力	
冲击和影响	冲击与影响	处理客户关心的问题	5以上
		间接影响	
		建立可信度	
	关系建立	经营与工作相关的友谊	2以上
认知	分析式思考		2以上
	概念式思考		2以上
	技术/专业知识		门槛
个人效能	自信		3以上

(二)将胜任力模型转换为可测评的考核模型

构建好胜任力模型并验证通过后，则要设计如何将胜任力模型转换为可测评的考核模型，通过不同的测评方法对胜任力模型中的所有能力进行全面考察。要注意的是，虽然胜任力模型能够给出岗位所需要的能力，但是并不能够覆盖岗位的所有要求，因此各个企业需要根据岗位的实际工作要求，将岗位技能加入到考核模型中。

在当今，能力测评的方法有很多，具体使用哪一种，要由企业根据自己想要测量和评价的能力来确定。例如，我们在上文构建的销售经理的胜任力模型，其中涉及很多能力，可以用很多测评方法对这些能力进行考核(见表7-4)。

表 7-4 各种能力相对适用的测评方法

初级维度	二级维度	文本框测验	小组讨论	搜寻事实	演讲	模拟面谈	模拟会议	案例分析
成就和行动	成就导向		√			√	√	
	主动性		√			√	√	
	信息收集	√	√	√	√		√	√
帮助与服务	人际理解		√		√	√	√	
	客户服务导向		√			√		
冲击和影响	冲击与影响		√			√	√	
	关系建立		√			√		
认知	分析式思考	√	√	√	√	√		√
	概念式思考	√	√	√	√	√		√
	技术/专业知识	√			√	√	√	√
个人效能	自信		√		√	√	√	

表 7-4 给出了常见的测评方法，因每个测评方法使用的岗位、行业、成本等各不相同，我们不可能全部使用。

还是回到销售经理的例子，可以为上文中的例子建立如表 7-5 所示的考核模型。

表 7-5 销售经理考核模型

测评顺序	测评方法	测评内容
1	书面专业知识考试	销售计划、销售技巧、客户关系管理、产品知识
2	心理测试	各项特征、处事风格
3	无领导小组讨论	责任心、领导力、创新能力、团队协作
4	结构化面试	分析解决问题能力、计划组织能力、应变能力
5	文件筐测验	创新能力，团队合作

(三)设计有效的测评试题

建立了考核模型之后，就要根据考核模型设计测评试题。测评试题是测评内容的具体反映，只有采用有效的测评试题才能达到测评目标——找到合适的销售经理。关于设计测评试题的流程如图 7-5 所示。

案例采集 ⇨ 命题 ⇨ 试测调整 ⇨ 等值处理 ⇨ 题库建设

图 7-5 设计测评试题的流程步骤

由于不同行业、不同职位要求的销售技能各不相同，销售技能的考核也就成了许多企业在招聘销售人员时的最大难题。命制试题需要花大量的时间去采集案例，同时

成本也比较高。一般企业最常采用的就是结构化面试，从实际操作来讲，一份科学的结构化面试能满足绝大部分岗位的需求。

下面以 A 公司为例介绍销售经理岗位结构化面试模板(见表 7-6)。

表 7-6　销售经理岗位结构化面试模板

岗位评价要素		
形象气质、过往工作经历与现岗位的匹配度、求职动机与工作愿望、个人性格特质：积极自信、坚强执著、活跃性等		
面试问题		
面试项目	提问形式	评价要点
仪表、仪态	观察：1. 仪容、衣着； 2. 行为、举止； 3. 敲门、走路、坐姿、站立等的仪态； 4. 口语	1. 穿着整齐、得体、无明显不妥之处； 2. 沉着、稳重、大方； 3. 走路、敲门、坐姿符合礼节； 4. 口语文明、礼貌
开场导入部分	(压力式)请用 3 分钟的时间简单介绍一下你自己，或：请用 3～5 分钟概括介绍一下你自己	语言表达能力、自信心等
正题部分 —— 工作经历	(根据公司的用人标准，有针对性地询问重要的工作经历) 1. 单位名称，地址；就业日期；工作岗位及职责；工作业绩；你是否在该公司一直从事同样的工作？如果不是，说说你从事过哪些岗位？做了多长时间？换岗的原因？每个岗位具体做什么事情？ 2. 离职原因？在无工作期间做了什么？ 3. 工作业绩： ◆你在那家单位里做出了哪些你认为是值得骄傲的成就？ ◆对于过往从事销售的人员，关于其销售业绩，可以询问连续性问题，如在原企业工作时月度最高销售额是多、最低销售额是多少、数量多少、单价多少、平均多少等。 4. 针对工作经历追问一些开发式问题： ◆请你谈谈上一份工作中碰到的最大困难是什么？ ◆请你谈谈迄今为止，工作中遇到的最大挫折是什么？ ◆(如果曾担任过负责人)你在主管工作中，遇到过什么困难，你是如何处理和应付的？	1. 要与申请表上的项目核对，对不符之处要追问清楚，考察其诚信； 2. 从事应聘岗位的工作经验丰富程度，从其所述工作经历中判断其工作责任心、适应我司所聘岗位的能力； 3. 了解每一次离职的原因，在于判断语言的真实性及个性、合作性；了解其在无工作期间做了什么——了解其生活及工作态度、学习能力； 4. 了解该应聘者取得的工作业绩是在一个什么样的背景之下，通过不断地发问，可以全面了解该应聘者取得优秀业绩的前提，从而获知所取得的业绩有多少是与应聘者个人有关，多少是和市场的状况、行业的特点有关； 5. 关于销售业绩的询问，判断其诚信度、工作能力； 6. 工作中遇到的困难，观察其心理承受力
知识水平、专业特长	▲你学的是什么专业或接受过何种正规的专业培训； ▲列举一个用你所学专业解决的难题	应聘者是否具有应聘岗位所需的专业知识和专业技能

续表

面试问题		
面试项目		提问形式	评价要点
正题部分	工作动机与愿望	▲请谈谈你过往的工作情况，包括待遇、工作满意程度？ ▲对于那份工作，最满意的是什么方面？最不喜欢的是什么方面？ ▲你对我司有什么了解，为何想来本公司工作？或你选择本公司的原因？ ▲你在工作中追求什么，有何打算？ ▲你想如何实现你的理想和抱负？ ▲你上一份工作的待遇情况，支付形式及其他补助等？现在期望的薪酬？（还要关注其目前的生活状况，如租房还是在供房、家庭大致的收入状况） ▲您在选择工作时，最重视的因素是什么？ ▲您能加班吗？你最大限度的加班时间可以保证多少？ ▲你周末可以上班吗？	本公司所提供的岗位或工作条件能否满足其工作要求和期望，了解其稳定程度 过去和现在对工作的态度，更换工作与求职的原因，对我司的了解程度，本公司所提供的岗位或工作条件能否满足其工作要求和期望
	个人素质—自我评价	▲让我们总结一下，你认为自己的优点是什么？ ▲你已经向我们提供了许多个人情况，但每个人都有所不足，你希望今后对哪些方面进行完善？ ▲对于销售工作，你认为自己性格中最需要改善的方面在哪里？ ▲你认为自己性格适合做销售吗？若应聘者认为适合，请其举例说明 ▲谈谈你的优缺点？ ▲据你自我分析，最适合你的工作是什么？	了解其性格，也看应聘者是否能自我检查，善于发现自己的优缺点。
	个人素质—情绪控制力（压力承受力）	▲您有没有过失业或暂时待业经历，谈谈那时的生活态度和心情状态？ ▲我们的工作与生活历程并不是一帆风顺的，谈谈您的工作或生活或求学经历中出现的挫折或低潮期，您是如何克服的？ ▲谈谈您以往职业生涯中最有压力的一、两件事，并说说是如何克服的？ ▲请您举一个您亲身经历的事例来说明您对困难或挫折有一定的承受力？ ▲谈谈您以往职业生涯中令您有成就感的一、	了解应聘者在遇到挫折或工作有压力时，是否能够克制、容忍、理智地对待，其能承受的压力程度等

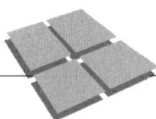

续表

面试问题		
面试项目	提问形式	评价要点
	两件事，并说说它给您的启示。 ▲领导和同事批评你时，以及考核不合格时，你如何对待	
正题部分 个人素质——上进心与自信心	▲您认为自己有什么资格来胜任这份工作？ ▲说说您对成功的看法？ ▲谈谈您过往经历中令您感到成功的事例及成功的因素？ ▲你是否曾经付出过很多努力，结果却不令人满意？你是怎样安慰自己的？效果如何？你是否想到过从事销售工作？销售工作往往会面临很大压力，你认为你的心理素质能满足要求吗？举例说明。 ▲3～5年的职业发展目标？	了解应聘者的上进心、成就动机及自信心
个人素质——社交能力和人际关系	▲请评价一下你过往的直接上司？ ▲选择朋友的标准？ ▲在同事眼中，你是个什么样的人？ ▲在过往的团队中，最不愿意和什么样的人打交道？ ▲最近一次和人发生争执的事例（工作或生活中）？	自我认识，交往能力
个人素质——反应力、应变能力	询问一些小案例或提出某些问题要求其回答	头脑的机敏程度，对突发事件的应急处理能力，对主试提出的问题是否迅速、准确地理解，并尽快做出相应的回答
个人素质——活跃性	▲你如何使用休闲时间？ ▲你的兴趣和爱好对所聘的岗位有何帮助？ ▲营销人员的工作有时可能完全没有规律，需要大量的时间与精力，你认为你能胜任吗？	应聘者是否精力充沛、充满活力，其兴趣与爱好是否符合应聘岗位的要求
其他——销售经营意识	通过做一些简单的销售访问来判断其是否有这方面的观念和意识	判断应聘者是否具有销售概念、效益观念、竞争意识
其他——家庭了解	介绍一下自己的家庭、家庭观念尤其是与家中老人的关系	了解其成长环境、家庭观念，以判断其个性、价值观等
面试结束	我们的提问到此结束，你还有什么问题需要了解吗？	给应聘者发问的时间，了解其关注的领域及真实意图

(四)实施测评

招聘结果的准确与否还受招聘官的主观判断、经验等因素影响，所以在测评方法实施前，最好有一套明确的决策标准和流程，并选择合适的测量工具。以结构化面试来说，还需要面试官有较好的面试技巧，多采用行为面试法，不断通过追问去深挖面试者过往的工作经验，以此来甄选真正符合自己的人才。

如果在测评实施过程中，面试官弃流程和决策标准不顾，依照个人的印象和喜好来评判应聘者，则上述一系列工作就是形同虚设。在企业，人力资源部一方面要避免本部门招聘官犯类似错误，另一方面也要对兼职的面试官进行专业、严格的培训，以此来提高人才猎聘的精准性。

相信经过上述几个标准、专业的招聘流程操作，发掘出自己想要的销售精英将不再是个难题。

三、评估团队能力水平实施有效培训

销售团队招聘到位后，根据胜任力模型，要对比现有人员的水平，找到差距，有针对性地进行培训和提升。

那么，一个有效的培训应该包括哪些方面呢？简单来讲包括：培训需求分析、培训课程确定及课程开发、培训实施、培训评估四个步骤。下面将以 A 公司销售经理的培训为例来进行讲解。

>>> **营销实战**

A 公司销售经理培训提升方案

背景：公司自 2003 年成立至今，员工从原来的几个人到近千人，下辖 4 大事业区域，20 多个分公司，销售经理的管理水平参差不齐，如果不及时解决，将会对接下来的发展产生一定的阻碍。为此，经公司研究决定，投入一笔资金，专用销售经理的专项培训。

1. 培训需求分析

调研：人力资源部制作《培训需求调研表》问卷，确定一定的样本数，分别请相关的销售经理填写，了解他们的问题点及需求点，并对部分重点人员及公司高层领导进行访谈，确定公司对销售经理的定位及公司未来发展对人才的需求。

统计：人力资源部根据调研结果及访谈结果，统计分析销售经理目前存在的问题，具体结果如下。

- 表达和沟通能力欠缺；
- 主动承担工作责任及有效沟通方面还有待提高；
- 对机关各部门工作内容还不明确了解，需培训提高；
- 对市场敏感度不够，方向感不强，团队管理有欠缺；
- 只注重销量、关注销量，全盘管理整合方面比较欠缺，尤其是对数据不敏感；

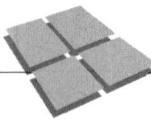

- 大局观不强，自我控制能力较差，个人与团队的关系未能分清，过分重视个人利益；

- 欠缺计划性（特别是中长期规划），导致市场不能良性发展；

- 营养与保健专业知识及营销理论知识欠缺，管理水平有待提高；

- 主要是视野不够开阔，同时部分销售经理的职业素养还有待提高。

- 根据上述调研结果，结合胜任力模型，最终确定本次培训要重点提升的能力如下。

类型	具体内容
知识	营销实战的理论知识 综合管理知识（人、财、物、公关外联、法律等） 行业知识
能力	团队管理能力、规划能力、人际关系管理能力、人力资源管理能力 信息管理决策能力、简明表达说服劝说能力、学习创新能力、危机管理能力

2. 确定课程

根据以上需要提升的知识和能力，公司特与外部培训机构合作，确定培训课程。

销售经理素质能力提升课程安排					
序号	推荐课程	讲师	课程天数	培训地点	培训时间
1	区域破冰——区域生意提升策略	A	2	总部（广州）	2015 年 11 月
2	生意的出路在思路——生意分析的思路与方法	B	2	总部（广州）	2016 年 1 月
3	高效会议管理	B	1	总部（广州）	2016 年 5 月
4	高效的计划与时间掌控能力	C	1	总部（广州）	2016 年 7 月
5	打造有战斗力的营销团队	D	2	总部（广州）	2016 年 8 月
6	《PDCA 过程监控》	B	1	总部（广州）	2016 年 10 月
7	说服性销售技巧	A	1	总部（广州）	2016 年 11 月
8	危机公关应对方法	A	1	总部（广州）	2017 年 1 月
9	训练企业内部讲师	A	2	总部（广州）	2017 年 4 月
10	复制高效能人才	A	2	总部（广州）	2017 年 6 月

3. 培训的组织和实施

培训课程确定好后，由人力资源部根据课程安排及时间推进，有计划地组织培训。

4. 培训效果评估

所谓培训有效果，就是参加培训的人员，在培训结束后，在知识、能力、思维、行为、绩效水平等维度有所改善和提升，从而能够创造更好的业绩。因此，本次培训效果的评估，除了基础的评估以后，更侧重受训者知识的应用与转化。为保证大家能积极参与培训，特设定培训的考核，以此作为培训效果评估的一个重要评价依据。

课程评分：5分制评分。

全部课程总分50分，由三部分组成，即课堂得分10分、考试得分10分、应用得分30分，其中得分标准如下。

内容	5分标准	8分标准	10分标准	满分	实战作业总分
问题分析	逻辑性	知识点	实战性高	10分	
行动方案	全面性	知识点	实战性高	10分	30分
实战应用	一般	可行	非常好	10分	

每门课的满分均为5分，为原始总分除以10。

训练营最终得分：10门课的总分除以10。

≥4.5	≥4	≥3.5	≥3	<3
优秀	优良	良好	及格	不及格

课程最终评定：

本次培训改变以往评估的形式，将培训效果的评估一是通过课堂上学员的得分情况来反映，二是通过课后作业，根据所学知识结合实际工作，完成的作业情况来考察学员的吸收情况，结果示例如下。

组别	序号	姓名	第1次课程：打造有战斗力的团队				
			课堂得分(10)	考试得分(10)	应用得分(30)	小计(5分制)	小组得分
第一组	1	×××	8	9	20	3.7	
	2	×××	8	9	27	4.4	
	3	×××	3	8	24	3.5	
	4	×××	6	8.5	18	3.25	

根据以上的评估，一方面帮助学员温习所学内容；二是考察学员对知识的转化程度；三是通过课堂呈现、书面考试及应用三方面的考核，对学员的学习态度和接收能力有一个初步判断，对一些具有培养潜力的销售经理进行重点关注。

5. 培训的执行和保障（略）

6. 培训费用投入（略）

四、销售团队的激励

(一)员工激励

员工激励是指通过各种有效的手段，对员工的各种需要予以不同程度的满足或者

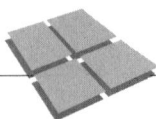

限制，以激发员工的需要、动机、欲望，从而使员工形成某一特定目标并在追求这一目标的过程中保持高昂的情绪和持续的积极状态，充分挖掘潜力，全力达到预期目标的过程。

激励是对员工潜能的开发，它完全不同于自然资源和资本资源的开发，无法用精确的计算来进行预测、计划和控制。员工激励有以下几个特点：

1. 激励的结果不能事先感知

激励是以人的心理作为激励的出发点，激励的过程是人的心理活动的过程，而人的心理活动不可能凭直观感知，只能通过其导致的行为表现来感知。

2. 激励产生的动机行为是动态变化的

从认识的角度来看，激励产生的动机行为不是固定不变的，受多种主客观因素的制约，不同的条件下，其表现不同。因此，必须以动态的观点认识这一问题。

3. 激励手段是因人而异的

从激励的对象来看，由于激励的对象是有差异的，所以人的需要也千差万别，从而决定了不同的人对激励的满足程度和心理承受能力各不相同。要求对不同的人采取不同的激励手段。

4. 激励的作用是有限度的

从激励的程度上看，激励不能超过人的生理和能力的限度，应该讲究适度的原则。激励的目的是使人的潜力得到最大限度的发挥。但是，人的潜力不是无限的，受到生理因素和自身条件的限制，所以，不同的人发挥的能力是不同的。

(二)激励理论

激励的理论有很多种，影响最大用得最多的有两种，一是马斯洛的需求层次理论，二是赫兹伯格的双因素理论。

1. 马斯洛的需求层次理论

马斯洛需求层次理论是人本主义科学的理论之一，由美国心理学家亚伯拉罕·马斯洛于1943年在《人类激励理论》论文中提出。书中将人类需求像阶梯一样从低到高按层次分为五种，分别是：生理需求、安全需求、社交需求、尊重需求和自我实现需求，这五种需求对应为五种典型的需要结构：

(1)五种需要像阶梯一样从低到高，按层次逐级递升，但这样的次序不是完全固定的，它可以变化，也有种种例外情况。

(2)需求层次理论有两个基本出发点，一是人人都有需要，某层需要获得满足后，另一层需要才出现；二是在多种需要未获满足前，首先满足迫切需要；该需要满足后，后面的需要才显示出其激励作用。

(3)一般来说，某一层次的需要相对满足了，就会向高一层次发展，追求更高一层次的需要就成为驱使行为的动力。相应的，获得基本满足的需要就不再是一股激励力量。

　　了解员工的需要是应用需要层次论对员工进行激励的一个重要前提。在不同组织中、不同时期的员工以及组织中不同的员工的需要充满差异性，而且经常变化。因此，管理者应该经常性地用各种方式进行调研，弄清员工未得到满足的需要是什么，然后有针对性地进行激励。

　　1986 年全国总工会开展了一次规模空前的"全国职工队伍情况调查"，样本数达到 60 多万个。数据表明，我国职工队伍中需要结构分别为：生存人占 33％，安全人占 20％，社会人占 7％，尊重人占 20％，自我实现人占 15％。现在三十多年过去了，估计中国企业职工的需要层次在提高，即尊重人和自我实现人的比例有了较大的提高。马斯洛认为，需要产生动机，动机导致行为。在若干个需要中间，总有一个最强烈的需要起主导作用，叫作主导需要；在若干个动机中间，总有一个动机强度最大，叫作优势动机。主导需要产生的优势动机就是人们行为产生的直接原因。通过调查研究，掌握本单位员工的需要层次和需要结构，是做好人力资源开发管理工作的基础和前提。

　　马斯洛需求层次论在企业激励中的运用，如表 7-7 所示。

表 7-7　马斯洛需求层次论在企业激励中的运用

需求的层次	说明	管理者对不同层次需求的激励措施	企业中应用
自我实现的需求	个人潜力得到发挥以实现理想和抱负	自我实现的需求，如带薪休假、领导项目任务小组、受教育的机会、承担教学任务、承担指导任务等	富有挑战性的工作；工作中的自主权；决策权
尊重需求	自尊、自爱、自豪感、被尊重、地位、权力、名誉、社会认可	如奖励表扬、授予称号、公开场合露面、为管理委员会服务等	职称、头衔；宽大的办公室；当众受到称赞
社会需求（归属需求）	归属、社会接受、友谊、忠诚、爱情	如被邀请到特殊场合、有机会加入特殊任务小组、有机会成为委员会委员、成为俱乐部组织成员、工作轮换等	上级对下级的关怀；友善的同事；联谊小组与活动
安全需求	人身安全、就业、保障保险、财产安全	享有优先股权、保险、职业稳定、口头承诺和书面承诺与晋升等	工作与就业保障；养老保险；医疗保险；失业保险
生理需求	生存、生理、衣食住行	提高工资、奖金、改善工作条件、定期医疗检查、娱乐等	足够的薪酬；适度的工作时间与舒适的工作环境；低息住房贷款

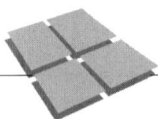

学而思：如何调动团队成员的工作积极性？

2. 赫兹伯格的双因素理论

双因素理论是美国心理学家赫兹伯格于 1959 年提出来的，全名叫"激励、保健因素理论"。

通过在匹兹堡地区 11 个工商业机构对 200 多位工程师、会计师调查征询，赫兹伯格发现，受访人员举出的不满的项目，大都同他们的工作环境有关，而感到满意的因素，则一般都与工作本身有关。据此，他提出了双因素理论。

传统理论认为，满意的对立面是不满意。而据双因素理论，满意的对立面是没有满意，不满意的对立面是没有不满意。因此，影响职工工作积极性的因素可分为两类：保健因素和激励因素，这两种因素是彼此独立的并且以不同的方式影响人们的工作行为。

所谓保健因素，就是那些造成职工不满的因素，它们的改善能够解除职工的不满，但不能使职工感到满意并激发起职工的积极性。它们主要有企业的政策、行政管理、工资发放、劳动保护、工作监督以及各种人事关系处理等。由于它们只带有预防性，只起维持工作现状的作用，也被称为"维持因素"。赫兹伯格发现保健因素主要有 10 个：(1)公司的政策和行政管理；(2)技术监督系统；(3)与监督者个人之间的关系；(4)与上级的关系；(5)与下级的关系；(6)工资；(7)工作安全性；(8)个人的生活；(9)工作环境；(10)地位。

所谓激励因素，就是那些使职工感到满意的因素，唯有它们的改善才能让职工感到满意，给职工以较高的激励，调动积极性，提高劳动生产效率。它们主要有工作表现机会、工作本身的乐趣、工作上的成就感、对未来发展的期望、职务上的责任感等。赫兹伯格认为激励因素主要有六个：(1)工作本身具有挑战性；(2)奖励；(3)晋升；(4)成长；(5)负有较大的责任；(6)成就感。

双因素理论与马斯洛的需要层次理论是相吻合的，马斯洛理论中低层次的需要，相当于保健因素，而高层次的需要相似于激励因素。

3. 激励理论在销售人员管理中的应用

以 A 公司为例，销售管理人员的薪资构成，由如下部分组成：

月总收入＝基本工资＋销售提成奖＋单项奖；

年总收入＝月总收入×12＋总裁特别奖。

>>> **营销实战**

A 公司销售经理薪酬管理制度

1. 目的

为提高 A 公司下属单售位的销团队的积极性和稳定性，激励销售经理实现超额目标与超额利润，特制定本制度。

2. 适应范围

本制度适用于与公司签订正式劳动合同的各销售经理。

3. 薪酬原则

根据公司理念，公司薪酬与员工的绩效和业绩相结合，以充分调动员工的积极性和创造性，实现"按劳取酬，多劳多得"。

4. 薪酬结构

销售经理薪酬结构由基本工资、销售提成、季度(战役)单项奖三个部分组成，即：

年度薪酬总额＝基本工资＋销售提成＋季度(战役)单项奖＋分红(限事业合伙人)

4.1　基本工资

根据公司的经营特点和各销售区域实际情况，销售经理的基本工资按销售区域的经营规模(上一年度销售额)划分为五个类别，详见下表：

销售区域类别	上一年度销售额	基本工资(元/月)
特类 A	7000 万元及以上	35000
特类 B	5000 万元及以上	26000
一类	3000 万元及以上	18000
二类	1500 万元及以上	15000
三类	800 万元及以上	12000

(1)原有区域销售经理，按上年度实际销售额对应的区域类别领取对应的基本工资。销售额达到对应级别的同时，区域利润不能低于上年度利润。

(2)新任区域销售经理，按集团销售部确定的区域类别领取对应的基本工资。

(3)区域类别晋升，销售经理次年晋升工资级别；区域类别降级，区域销售经理次年工资级别保持不变。第二年区域类别仍被降级的，第三年开始降低至对应工资级别。

(4)以上工资级别调整机制，销售经理因业务需要被调整和被免职的除外。

(5)上一年度销售额(统计周期为每年 1 月 1 日至 12 月 31 日)统计截止后产生退货的：12 月 20 日之前(含 12 月 20 日)退货的，扣减上月销售额，当年度销售额减少；12 月 20 日之后退货的，扣减当月销售额，不影响上一年度销售额。

4.2　销售提成

区域销售经理的销售提成按区域类别对应的提成比例，按月计提发放。

销售提成＝当月销售区域实际销售额×提成比例

销售区域类别及提成比例对照表如下。

区域类别		提成比例(%)
老区域		3
新开区域	第一年	4
	第二年开始	3

4.3　季度(战役)单项奖

具体以集团人力资源部制定的季度(战役)单项奖方案执行。

4.4　年度总裁特别奖

具体以集团人力资源部制定的年度总裁特别奖方案执行。

5．薪酬发放

5.1　基本工资发放

基本工资每月 10 日计提发放。其中基本工资与当月实际出勤情况挂钩。

5.2　销售提成发放

销售提成每月 25 日计提发放。

5.2　季度(战役)单项奖

每季度(战役)第 1 个月的 25 日计发上季度(战役)单项奖。

6．附则

6.1　本制度由集团人力资源部负责组织制定并根据公司发展需要适时修订。

6.2　本制度由公司授权集团人力资源部进行解释。对于本制度未能详尽之事宜，由人力资源部参照其他管理制度执行，需要时可补充新的规定。

6.3　薪酬信息属核心商业机密，所有员工不得对外公布本公司的薪酬资料，若造成薪酬资料泄露，公司将保留追究相关人员法律责任的权利。

6.4　本制度自发布之日起生效执行。

7．附件：无

A 公司的销售经理薪酬管理制度，就结合了上述两个激励理论。一是所在销售区域的业绩决定其基本工资的区间，鼓励销售经理努力奋斗，争取晋级以匹配更高的基本工资，通过这种阶梯式的工资标准，调动销售经理向上发展的意愿度，通过区域级别的晋级，培养其承担更大的责任和能力。二是工资采取的低底薪，高提成制。在基本工资外，设置了销售提成奖，提成奖金无上限，充分体现员工个人能力，增加了工作当中的挑战性。

在设置销售提成奖时，为避免销售经理过于功利化，只关注个人利益，而忽略了团队的利益，在这个基础了，增设了总裁特别奖，总裁特别奖以荣耀奖励为主，物质奖励为辅，重点打造团队的 PK 精神和集体荣誉。

>>> 营销实战

A 公司总裁特别奖

类别	类别	评奖规则	名次	名额	奖励
1	优秀总经理奖	战役期间，以实际总量进行排名，取前 6 名	第 1 名	1	华为定制大礼包1
			第 2 名	1	华为定制大礼包1
			第 3 名	1	华为定制大礼包1
			第 4～6 名	3	华为定制大礼包1

续表

类别	类别	评奖规则		名次	名额	奖励
2	总经理达标奖	战役期间，完成战役目标(3—8月)即可获奖			10	华为定制大礼包2
3	优秀片区总监奖	所在片区月均销量≥X万的前提下，按2019年3—8月实际销量分组排名	A市场、B市场，取前4名	第1名	1	华为定制大礼包2
				第2名	1	华为定制大礼包2
				第3名	1	华为定制大礼包2
				第4名	1	华为定制大礼包3
			C、D、E、F市场，取前3名	第1名	1	华为定制大礼包2
				第2名	1	华为定制大礼包2
				第3名	1	华为定制大礼包3
4	半年度优秀经营部经理奖	2019年3—8月，经营部月均不低于店面数X的前提下，全国经营部按2019年3—8月实际销量排名，取前30名		第1名	1	华为定制大礼包2
				第2名	1	华为定制大礼包2
				第3名	1	华为定制大礼包2
				第4~20名	17	华为定制大礼包3
				第21~30名	10	华为定制大礼包4
5	半年度优秀店长奖	2019年3—8月，所在店面月均不低于X的前提下，全国店面按2019年3—8月实际销量排名，取前60名		第1名	1	华为定制大礼包2
				第2名	1	华为定制大礼包2
				第3名	1	华为定制大礼包2
				第4~20名	17	华为定制大礼包3
				第21~30名	10	华为定制大礼包4
				第31~60名	30	华为定制大礼包5

分层级的设置PK奖励，每个参与的人都不知道对手的上限在哪里，只能尽自己最大的努力向前冲。在这个过程中，每个人、每个团队，都为了最后能站在颁奖台上不遗余力。

销售提成奖偏向于短期激励，以物质激励为主，而总裁特别奖更侧重中期激励，以荣誉激励为主，两者相互配合，相互支撑，才能对团队起到一个正向的激励效果。

因此，对于销售团队进行有效的激励，一定要考虑以下几个因素。

短期利益与中长期利益相结合。避免被激励对象为争取当下的利益，做出对所在市场有损害的行为。在当前的情况下，合理设置一些中长期的激励手段，也是留住核心员工的一个有效措施。

物质激励与精神激励相结合。对销售精英的激励，一定要注意这条，以较高的物质激励销售人员，是很多销售型企业都存在的现状。但千万不可只有物质激励，一定要加强精神激励的力度。如引进PK，增加团队的竞争氛围，提升团队的凝聚力；增设

与金钱无关的奖励，奖励与企业文化、价值观主张相关的奖品。A公司以孝爱作为企业文化的核心，因此其在奖项设置时鼓励销售精英赢取奖品尽孝父母等。

层级覆盖和点面结合。一份有效的激励制度，一定要清晰地知道你最想激励的群体和对象。这里有一个原则：就是根据你所在公司最一线的销售业绩由谁来创造，就重点激励谁。所有的激励不是激励职位最高的那个人或那群人。另外，就是激励的面要广，既要让金字塔端的销售人员享有荣耀，也有让金字塔下端的优秀人员有机会获得。否则，激励就是一潭死水，没有活力。

成本预算原则：一个有效的激励，不是无底限的投入，一定要注意投入产出比，以最少的投放最大的产出为原则。在设计激励政策时，要做精准的预用投入预算，测算其占销售收入的占比，如果比重过大或者超过销售业绩的增长率就不合适，需要调整。

▶任务二　建立沟通机制

在人际生活中，可以说沟通无处不在，购物、听课、聊天、问路、会议等都是沟通。

及时有效的沟通，能让我们的工作和生活事半功倍，反之则是事倍功半，就如这个小故事中讲述的一样。如果教授和土著人提前就这方面有进行沟通，就不存在前两天的尴尬和误会，教授也会发挥得更好。

一、什么是沟通

根据哈佛商学院的一项调查研究表明，沟通技能在职业经理人的十项技能当中名列首位，有超过60％以上的经理人认为沟通技能是职业经理人首要具备的基本功之一。

沟通(Communication)是人们分享信息、思想和情感的任何过程。这种过程不仅包含口头语言和书面语言，也包含形体语言、个人的习气和方式、物质环境——赋予信息含义的任何东西。

(一)沟通的种类

(1)以组织系统来分，有正式沟通，非正常沟通。
(2)以沟通流动的方向来分，有自上而下，自下而上、平行沟通。
(3)以沟通渠道来分，有书面沟通、口头沟通。
(4)以主体和客体交互作用来分，有单向沟通、双向沟通。
(5)以沟通的目的来分，有人际沟通、工作沟通、商务沟通。

沟通是一种把团队或者组织的成员联系在一起，以实现共同目标的手段。在众多的管理类书籍中，在总结优秀团队需具备的特征中，均提到了一个共性的特征，即良好的沟通与执行是打造一个优秀团队必不可少的(见图7-6)。

共同的价值观	魅力、激情与分享
明确一致的目标	互补与创新
清晰的角色和职责	良好的沟通与执行
相互信任与尊重	授权得当赏罚分明
极度透明与开放	归属感与奉献

图 7-6　优秀团队特征

(二)沟通的作用和意义

对个体及组织，沟通具有十分重要的作用和意义。

第一，可以提高企业的管理绩效，掌握工作和人员的具体状况和事实，分析解决问题。

第二，使员工能够共同参与到企业的组织管理，激发员工的工作积极性和无私奉献的精神。

第三，可以增强团队内部成员之间及团队与外部的沟通与理解，提高凝聚力。

第四，加强内部和外部之间的沟通和了解，有助于企业转型，进行很好的变革和创新。

总之，通过有效的沟通，可能正确地传达上级的方针、目标，赢得部下的合作，改善行为，汇集部下和管理者的智慧，增进与部下彼此的了解，促进部门良好的人际关系。

学而思：哪些因素会影响团队内部有效沟通？

(三)沟通过程模型

沟通过程模型可分为 7 个要素，即发送方、编码、媒介、接收方、解码、反馈和噪音，具体模型可参见图 7-7。

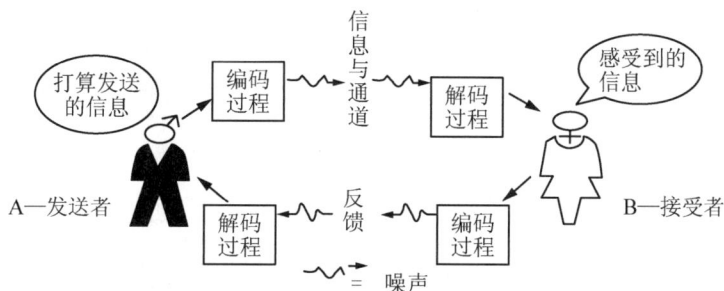

图 7-7　沟通过程模型

1．发送方

可以提供用于交流的信息，在沟通过程中处于信息传递的主动地位，是整个沟通的起点。发送方可以是个人，也可以是群体。

2．编码

编码就是发送方将信息以接收方能够正确接收并识别的方式表达出来的过程。由于沟通的主体是人，所以信息的表示形式可以是语言、文字、图形、动作或表情等，丰富多样。

3．媒介

媒介即信息的传递方式。除了最常用的通过语言进行直接交流外，随着各种通信工具的产生和发展，人们还可以通过电话、传真、电子邮件、互联网聊天工具等形式传递信息。

在实际沟通过程中，人们除了要选择适合的通信工具外，还要考虑恰当的时间和环境。比如，重要的合同除了口头协议外，还应必须选择书面方式等。

4．接收方

相对于发送方，接收方是信息送达的对象，在沟通过程中处于被动地位。人们往往借助于听觉、视觉、触觉等的活动感知信息。

5．解码

解码是接收方把送达的信息经过"翻译"，变成自身可理解信息的过程，是编码的逆过程。编码和解码过程类似于电报传输中的加密和解密过程，双方如果要进行信息的准确传递，就必须遵循一定的规则。当然，在实际的沟通中，由于信息双方不同的主观意识和经验背景，接收方解码后获得的信息不一定就是发送方的本意，因此，有必要加强沟通。

6．反馈

反馈是接收方接收并翻译信息后，向发送求证理解是否正确的过程。它是沟通过程的最后一个环节。反馈使沟通过程变成一个闭合循环的过程，也使得信息传递双方在发送方和接收方两个角色之间进行不断切换，是双方实现准确信息交换目的的重要环节。

在实际沟通过程中，信息接收方应积极向发送方做出反馈，另一方面发送方也应该主动向接收方获取反馈，以达到最终信息传递目的。

7．噪声

对信息的传递有可能造成干扰的一切因素均可称作噪声。噪声越大，信息传递障碍越大，信息传递效率越低。所以，我们要尽量避免噪声的产生，减少或弱化噪声干扰的影响。

在实际沟通过程中，噪声的影响无处不在，我们无法将其彻底消除。常见的噪声源有：不同的文化背景、主体的情绪、个人的价值观和伦理道德观、模棱两可的语言、认知水平的高低等。

因此，沟通的实质其实就是符号象征过程与解释的过程。

凡是可以表达一定意义的事物都属于符号的范畴，如思想与感情是看不见摸不到的，要表达它们就要借助于某种可见的载体（文字、动作、表情、语气、语调等）。

任何符号都是代表某种事物的，其本身没有特定的意义，如果一个人不认识某种符号，那他就无法理解，也就无法沟通。

有效的沟通必须是沟通双方使用同一种符号系统，对符号的解释来源于沟通对象的个人知识与经验，保证企业内部有效沟通的前提是为"符号解释"创造共同的意义框架。

二、团队中有效沟通的障碍

沟通指的是人与人之间的信息交换、思想传达及情感互动的过程。

有效的沟通，是指为了设定的目标，在恰当的时机与场合、以恰当的方式让信息、思想及情感在发送者与接受者之间互动并达成一致的过程。

有关研究表明，团队管理中 70%的错误是由于不善于沟通造成的。因为团队的工作总是需要大家一起来配合才能完成的，只有良好的沟通，才能统一思路和方向。

而现在很多团队在管理中却都因为沟通障碍而导致了团队的低效率，主要表现有以下几方面。

视频：雪狼团队猎鸟

（一）侧重信息，忽视心理

在团队沟通过程中，除了要准确传达信息外，同时也要照顾到信息接收方的心理感受。通常情况下，很多人都误以为把信息传达出去，对方能够准确、完整地接受就可以，这种想法其实是不完全正确的。

（二）观点表达不清楚、模糊

在沟通表达过程中，很多人常常会把简单的事情变得复杂，在管理工作中谈沟通，不建议绕太多圈子，只需要简单明了、直截了当、开门见山。

（三）简单问题复杂化

在沟通中，还有一部分人喜欢把很简单的事情变得复杂，故意制造沟通障碍和沟通时信息的不对称，以彰显自己所谓的专业权威。

三、打造良性沟通团队的原则

【案例分析 7-1】

一则上司与下属的对话（角色：上司：项目总监；下属：项目经理）

下属：你今天有没有时间？

上司：今天什么时候？

下属：随便。

上司：什么事？

下属：你没有时间就算了。

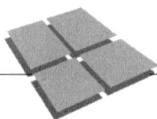

上司：告诉我，什么事。

下属：讨论一个客户的事，问你去不去。

上司：你需要我去吗？

下属：不知道。

上司：你解决的方案是什么？

下属：我要和你讨论才知道

上司：讨论什么？

下属：是这样的……

上司：要我去的目的是什么？

下属：你在，会好一点。

上司：你把我去的目的想清楚再决定。

下属：好的。

思考与讨论

1. 如果你是下属，在与上司沟通前，你会如何做？

2. 如果你是上司，碰到这样的下属，你怎么办？

在我们学习、生活、工作中，自己有没有遇到过类似的情况，说了很多，但别人听不明白你在讲什么？身边有没有这样的朋友，向你倾诉了 3 小时，其实想表达的观点只有一句话，你有没有因此而苦恼。

回到这个案例上来，这个项目的经理因为项目的进展需要与总监沟通。在推开总监办公室的门之前，他必须明确自己的目的，是仅仅汇报项目的当前进展，还是讨论项目未来的策略；是简单地汇报工作，还是寻求新的指示；是为了申请更多的支持资源，还是直接提出要求；是沟通项目本身，还是借此机会谈谈其他问题……

沟通是一种有目标的行为，特别是那些向上传达和向下传达的沟通。因此，有效的团队沟通，首要的就是要明确沟通的目标。

1. 目标法则

不管是个人人际交往还是团队内部沟通，围绕清晰的目标来沟通，能大大提高工作的效率。

这里介绍一个简单有效的目标制定原则：SMART。

（1）S（Specific）明确性。所谓明确就是要用具体的语言清楚地说明要达成的行为标准。明确的目标几乎是所有成功团队的一致特点。很多团队不成功的重要原因之一就因为目标定得模棱两可，或没有将目标有效地传达给相关成员。

（2）M（Measurable）衡量性。衡量性就是指目标应该是明确的，而不是模糊的。应该有一组明确的数据，作为衡量是否达成目标的依据。

（3）A（Achievable）实现性。目标是基于现实并且具有一定的挑战性，目标是要能够让被执行人所接受的。目标设定时依照自身的能力条件、内外部可用资源、当前发展和未来可能发生的情势等情况，区分阶段按步骤实施。

（4）R（Relevant）相关性。目标必须具有相关性：个人目标与公司、部门目标相关；长、中、短期目标相关；目标与岗位职责相关；目标之间彼此不冲突。设定目标时要考虑达成目标所需要的条件，这些条件包括人力资源、硬件条件、技术条件、系统信息条件、团队环境因素等。

（5）T（Time-related）时限性。目标特性的时限性就是指目标是有时间限制的。例如，我将在 2019 年 12 月 31 日之前完成某事。12 月 31 日就是一个确定的时间限制。没有时间限制的目标没有办法考核，或带来考核的不公。上下级之间对目标轻重缓急的认识程度不同，上司着急，但下面不知道。到头来上司可以暴跳如雷，而下属觉得委屈。

下面是 SMART 分解及案例分析。

"2019 年 9 月至 2019 年 11 月三个月的时间，你想将 800 米跑的成绩从 3 分提升到 2 分 50 秒"

S：明确性，这里就是 800 米跑；

M：衡量性，成绩提升 10 秒；

A：实现性，提升 10 秒就是比较现实的，通过努力是可以达，可接受的；

R：相关性，为了提升 10 秒，要安排相关的体能训练；

T：时限性，三个月。

对于团队管理来说，沟通的目标也具有多层次、多样化的特点，因此具体的、局部的、琐碎的工作也应该具有明确的沟通目标，并对沟通做出清晰的计划。例如，确定了团队沟通的种类和方法、负责沟通的人员、沟通的对象以及沟通的频率，每个团队成员都非常清楚每一次沟通的目标，并知道怎么样去准备工作。

2. 打造团队精神

沟通的环境是影响团队沟通的一个重要因素，这种环境包括团队的整体结构、人际关系是否和谐程、团队文化氛围和导者的行为风格等。例如：紧张的团队氛围，会让团队内部成员容易发生冲突；松散的团队则容易导致团队成员在沟通中过于放任。良好的团队沟通必然由其良好的团队结构和文化所决定，要让团队沟通取得好的效果，需要打造团队精神。

打造团队精神从建立团队规范开始，团队规范是影响成员行为的手段，使成员知道自己应该做什么，不应该做什么。在团队内部，打造团队精神，还要注意以下几点。

多做建设性沟通，少做道理性说服。以解决实际问题为主，而不仅仅在于讨他人喜爱，或被社会承认，在沟通过程中准确、高效地传递信息，避免信息与主题的偏离，也避免给受众传递错误的信息。

营造相互信任的工作氛围。团队中不要拉帮结派，不要论资排辈，勇于授权，在可控范围内大胆试错，成员之间彼此互相帮助，而不是互相猜忌，阿谀奉承。

多表扬少批评，相互欣赏。积极的人不只是会积极地思考，更会积极地说、积极地表达。他从不会提及他所担心的事情，而总在谈论他所希望发生的事。

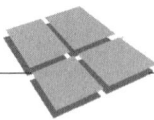

3. 与时俱进，因地制宜法则

团队的有效沟通既需要畅通的正式沟通渠道，也需要合理的非正式沟通渠道，两者互相补充。有效的沟通应该根据沟通的内容、沟通的对象，因人制宜、因时制宜、因时制宜，并结合各种沟通方式的优缺点来确定沟通方式。

4. 换位思考原则

当我们拿花送给别人的时候，首先闻到花香的是自己；当我们抓起泥巴抛向别人的时候，首先弄脏的也是自己的手。在团队沟通中，多站在对方角度，以同理心来沟通。少一些本位主义，少一些以自我为中心，就可以避免沟通中出现矛盾和僵局。

5. 知识信息共享原则

知识和信息是团队有效运作的基础，团队成员只有掌握了必要的知识和团队内外的信息后，才能充分挖掘自己的潜力，发挥自己的聪明才智，因此，建立知识和信息共享的沟通渠道，是团队管理中的重要工作。

首先，团队可以通过培训、学习，转变思想观念，让团队中的每个成员都对团队之间的沟通进行重新认识，这是团队良好沟通的预热和基础；其次，团队可以找出一些在工作中的积极分子或者表现突出的员工，通过现场、微信语音等来跟大家分享经验，促进知识和信息的沟通。

6. 积极聆听原则

有专家指出，在沟通中应该花65％的时间去聆听，聆听是沟通行为中的核心过程。因为聆听能激发对方的谈话欲，促发更深层次的沟通。同时，可以了解对方的心理及他的思维方式，从而达到沟通的目的。所以，一名优秀的团队成员必定是一位优秀的倾听者。

7. 关键人物法则

80/20法则显示，一个企业内部有效的沟通80％发生在20％的人之间。

例如，总裁助理、总裁秘书、办公室主任、区域经理等就是公司内部沟通的关键人员，他们是信息传递的中转站，负责沟通传递工作。同时，他们也是最容易成为信息流失或者变质的地方。对于一个团队来说，和这些沟通中的重要角色建立良好的联系，并培养他们建立正确的信息传递的方式和行为，对于沟通渠道畅通起着非常关键的作用。

8. 双赢原则

团队的核心是共同奉献与共同承诺。在团队成员中不可避免会存一些"本位主义"的人，他们的通病就是一开口要么"不行""不能"，要么"绝对不可以""那可不成"等语言，这往往会让沟通很难达到预期的效果。因此，团队要达成共识，每个人都要懂得"让人三尺又何妨"的艺术，要用"双赢"的思维去沟通，求同存异，从而达到良好的沟通目的。

三、团队有效沟通的六个步骤

一个优秀的团队，其团队精神的核心就是团队协作。因此，团队沟通是否有效，也是以团队有没有凝聚力、具不具备协作精神来衡量的。那么，一个团队如何实现有效沟通呢？

团队有效沟通的步骤主要有以下几个。

1. 事前准备

(1)了解沟通对象。在沟通前，先分析你准备要沟通的对象，他是什么职位？性格特征如何？是直爽型还是敏感型？对直爽的对象，沟通中直接一点，不需要铺垫太多，而如果是敏感型，则反之。

(2)设立沟通的目标。梳理本次沟通你要达到的目的，不要无的放矢。

(3)预测可能遇到的状况。根据你要达到的目的，结合当下的现状，预估可能会出现的沟通阻碍，并要提前想好一定的对策。

(4)制订沟通计划。最好能用思维导图的形式，为自己的沟通做一个简单的沟通计划。

2. 确认需求

(1)有效提问。沟通过程中，双方一定要无数次地确认对方输出的信息的程度，理解不是特别明确的，要有针对性地提出追问。

(2)积极倾听。过程中，双方都要积极倾听，不能左顾右盼，三心二意，否则，既给人不被尊重的感觉，也影响沟通的效果。

(3)区别并取得一致。在沟通需求的过程中，双方有分歧的地方，一定要及时提出来，进行进一步的剖析探讨，直到双方理解一致。

学而思：如何在团队中实现上下级之间的有效沟通？

3. 阐明观点

在沟通双方的需求达成一致后，即可以进入阐明观点这个环节，用简明的语言，交代好背景和观点。

(1)关联"需求"。在讲述观点的时间，一定要将需求关联上，即将沟通双方都纳入到这个需求中来，你想要对方做什么，为什么要做，做了有什么好处，不做有什么坏处等。

(2)利益分析。在关联需求这个环节，可以顺带将利益分析一起进行沟通。

(3)深入讨论。这是这个环节的最后一步，在前面都没有问题的前提下，沟通双方便可就要达到的目的进行具体深入的讨论。

4. 处理异议

如果在过程中，有不同的意见，沟通的一方要站在先同意对方提出不同意见的立场，然后找出根源并回答对方的不同意见，最后将话题引导回沟通的主题上。千万不可简单粗暴回复"不同意""不行""完全不可能"等，否则沟通将陷入一个僵局。

5. 达成一致

感谢、赞美、参与，表达对对方的感谢和赞美。

6. 共同实施

达成协议是沟通的结果，沟通的结果意味着一项工作的开始，要按照协议去做。

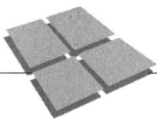

没有按照协议去做，意味着不守信用，将失掉信任。而信任是沟通的基础，失掉信任，下一次的沟通将变得非常困难。

>>> 项目要点回顾

建设销售团队，最核心的是找到本销售团队的特质。对比普通员工和绩优员工的差异，建立任职资格和胜任力模型，以此来指导人才的招聘，能让企业的猎聘更为精准。同时，基于胜任力模型的培训，将优秀员工的经验加以复制，帮助普通员工成长为绩优员工。

在团队管理中，让团队持久保有激情和战斗力，还需要有效的激励机制。每个企业根据自身的发展阶段、战略规划、员工情况、业绩导向等，设计符合自己团队的激励方案。激励是一个动态的过程，企业必须动态的进行调整，才能让员工保有活力。

总之，销售团队的建设说到底还是销售人员的招聘、培训、考核和激励，这是一个系统复杂的过程，也是一个循序渐进的过程。因此，在建设过程中，切不可操之过急，一步步夯实基础，结合本企业的情况，能做到哪一步就先做到哪一步，在实践的过程中逐步补充和完善。

沟通是自然科学和社会科学的混合物，是企业管理的有效工具。沟通还是一种技能，是一个人对本身知识能力、表达能力、行为能力的发挥。无论是企业管理者还是普通员工，都是其竞争力的核心要素，做好沟通工作，无疑是企业各项工作顺利进行的前提。一个团队，能否成为具有战斗力的团队，流畅的团队沟通机制起着决定性的作用。在团队管理中，要有效避开沟通的障碍，应用良性沟通的原则，统一团队目标，用规范来打造团队精神，根据团队的实际情况，采用不同的沟通方式，在过程中多换位思考，加强信息的共享和交流等，来构建顺畅的沟通机制。

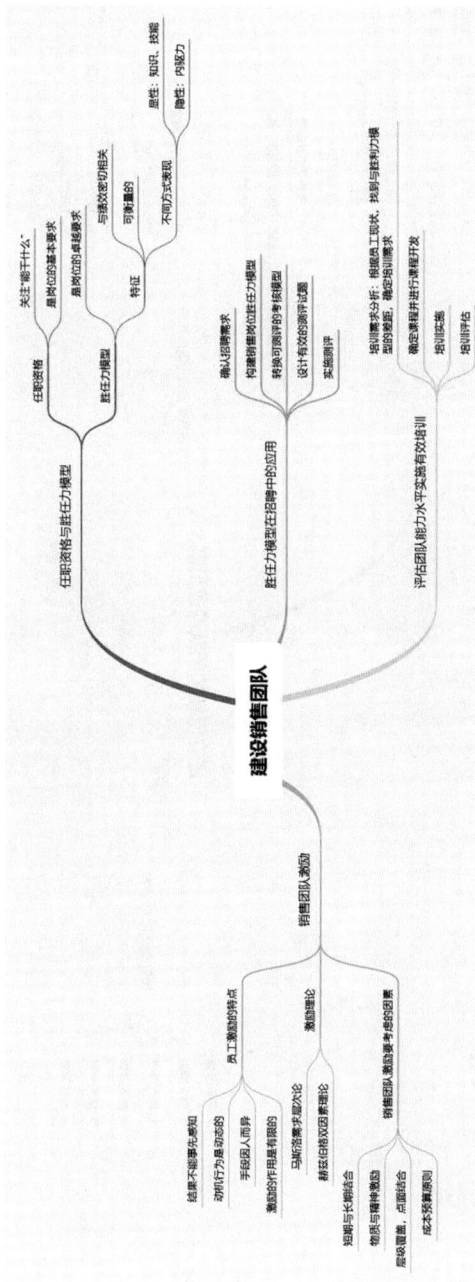

建立流畅的团队沟通机制

沟通
- 沟通的定义：人们分享信息、思想和情感的任何过程
- 沟通的种类
  - 组织系统划分：正式沟通、非正式沟通
  - 沟通流动的方向分：自上而下、自下而上、平行沟通
  - 沟通表现：书面沟通、口头沟通
  - 主体和客体交互作用分：单向沟通、双向沟通
  - 沟通的目的和媒介：人际沟通、工作沟通、商务沟通
- 沟通的作用和意义
  - 可以提高企业的管理绩效
  - 激发员工的工作积极性
  - 提高领导力
  - 有助于企业转型
- 沟通障碍：语方、编码、媒介、接收方、解码、反馈的障碍

在团队中高效沟通的障碍
- 顽固信息、态度心理
- 观念表达不明确、措辞
- 简单问题复杂化

打造良性沟通团队的原则
1. 目标法则 SMART原则
2. 打造团队精神
3. 与时俱进、因地制宜原则
4. 换位思考原则
5. 知识信息共享原则
6. 积极聆听原则
7. 关键人物主导原则
8. 双赢原则

团队高效沟通的步骤
1. 事前准备
2. 确认需求
3. 阐明观点
4. 处理异议
5. 达成一致
6. 共同实施

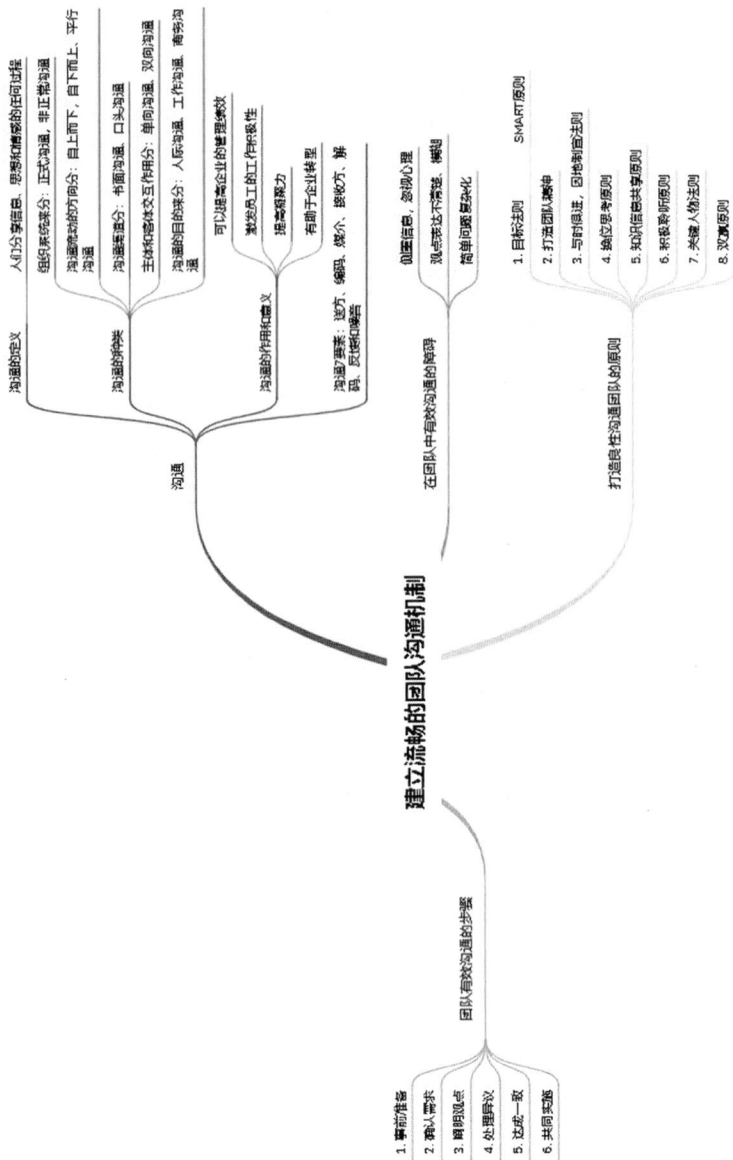

>>> 复习思考与训练

一、判断题

1. 任职资格关注的是任职者"知道什么"，而不是"能干什么"。　　　　　（　　）

2. 求职者的素质高低是不可衡量的。　　　　　　　　　　　　　　　　（　　）

3. 马斯洛需求层次理论认为，自我实现是人的最高层次的需求。　　　　（　　）

4. 双因素理论把员工的上下级关系当作激励因素对待。　　　　　　　　（　　）

5. 马斯洛需求层次论中的高层次的需要相当于双因素理论的保健因素。　（　　）

二、单项选择题

1. 任职资格关注的重点是某个岗位的(   )。

    A. 基本要求   B. 核心能力   C. 社会能力   D. 综合素质

2. 关于人的素质研究，有一个著名的"冰山"理论，该理论的研究者是(   )。

    A. 赫兹伯格   B. 马斯洛   C. 麦克里兰   D. 戈德曼

3. 马斯洛认为人最低层次的需求是(   )。

    A. 安全需求   B. 生理需求

    C. 社交需求   D. 尊重需求

4. 沟通，按组织系统分为(   )。

    A. 单向沟通与双向沟通   B. 书面沟通与口头沟通

    C. 纵向沟通与横向沟通   D. 正式沟通与非正式沟通

5. 销售员把工作报表通过 E-mail 向他的主管汇报。E-mail 在沟通过程模型中属于
(   )。

    A. 发送方   B. 编码   C. 媒介   D. 解码

三、多项选择题

1. 关于员工激励正确的说法是(   )。

    A. 激励的结果不能事先感知   B. 激励产生的动机行为是动态变化的

    C. 激励手段是因人而异的   D. 激励的作用是无限的

2. 赫兹伯格的双因素理论认为，以下属于激励因素的有(   )。

    A. 工作安全性   B. 工作本身具有挑战性

    C. 地位   D. 奖励

3. 以下属于双因素理论中的保健因素的是(   )。

    A. 工作环境   B. 成就感

    C. 公司的政策与管理   D. 业务培训

4. 沟通的主要障碍包括(   )。

    A. 侧重信息，忽视心理   B. 观点表达不清

    C. 简单问题复杂化   D. 个人喜好不同

5. 以下符合有效沟通的原则的是(   )。

    A. 目标清晰原则   B. 换位思考原则

    C. 拥护权威原则   D. 关键人物法则

四、简答题

简要介绍企业销售员招聘的工作流程。

五、案例分析题

员工为什么老跳槽

有一次，我给一家企业做内部培训，企业老板对我说："我们公司的人才流失率太高，有些员工在公司里工作了两三年就跳槽了，每年我都为留不住人才而发愁。"

我问他："你们公司的薪酬在同行业里处于什么水平？"

他回答说："属于中等偏上水平。"过了一会儿，他又补充道："最令我纳闷的是，有些员工竟然跳槽到了工资水平不如我们的公司！"

"那么，一个表现优异的员工大概多久会得到一次晋升？你们多久为他们进行一次培训？"

他想了很久，最后摇摇头，说道："晋升的机会很少，培训这是第一次。"

他的员工为什么总是喜欢跳槽？正是因为他没有给他们成长的机会。没有机会，就没有希望，看不到希望，员工当然不会在这里久留。

后来我给这位老板制定了一个"大雁计划"，帮助员工进行职业生涯规划，对他们进行系统地培养，让他们在公司里不斯地获得成长。

我的"大雁计划"是这样的：

根据业绩、测评结果，新员工中表现出色、业绩优秀的人，可以进入"大雁计划"的培训计划，作为后辈梯队人群来储备。这群人被称"大雁"，他们可能是专业方面的好手，或是有发展潜质、有能力的人。

如果能力达到要求又有岗位空缺的话，公司就会从"大雁"中挑选合适的人培养为新经理，对他们进行一个星期的培训后上岗。培训内容与团队的沟通技巧、团队的领导等相关，帮助他们进行角色转变。

在新经理工作两三年后，公司还要把他们集中在总部再进行一次培训，培养成资深经理，培训时间变为一年，内容也更为丰富。

伴着这样的职业生涯规划，在不同的阶段接受相应的训练与指导，让员工觉得"不是被掏空，而是不断地给自己打气"，从而提升自己的价值。

"大雁计划"在这家公司实施了一年以后，离职率下降了 50%。

（资料来源：李尚隆. 离开你，公司怎么管[M]. 天津：天津教育出版社，2012）

问题：

结合团队管理知识，谈谈该案例对你有哪些启发？

六、实务操作题

1. 以小组为单位，在调研收集相关资料的基础上，探讨如何提高销售员招聘面试技巧？

2. 实地调研某个企业，重点了解其销售员薪酬与奖励制度，运用所学知识分析该企业的销售员薪酬制度设计有什么优点和不足，并针对不足提出合理化建议。

3. 五分钟演讲：以影视剧片断为素材，谈如何实现有效沟通？

附　录

▶附录一　《实训报告》格式

_____学院

实 训 报 告

专业与班级：_____　课程：_____　第____小组　日期：20____年____月____日

教师 评语		成绩	
		教师 签字	
小组名单			
任务编号		任务名称　　　　　　　　　　　学时	
使用教材			

一、实训任务

一、实训目的

三、步骤与内容

四、实训总结（主要写收获与不足、改进思路与措施等，500字左右）

注：请用五号宋体字填写，内容多时可附页。

▶附录二 《推销技术》资源二维码清单

项　目	资　源	类型	来源备注
一、推销准备		1. 推销员职责（视频） 2. 推销员十大心态（微课）	1. 腾讯视频 2. 原创
二、接触顾客		3. 克服恐惧心理（视频） 4. 会议营销（案例）	3. 腾讯视频 4. 互联网
三、业务洽谈		5. 蓝一贵卖画（视频） 6. 中美建交台湾问题谈判（影视频） 7. 沈腾还价（影视频） 8. 中新纺织品谈判（案例）	5. 腾讯视频 6. 腾讯视频 7. 腾讯视频 8. 案例来自百度文库，分析为编者原创
四、异议处理		9. 化妆品异议处理（案例） 10. LSCPA 流程（案例） 11. 表达同理心（微课） 12. 三句话处理异议（视频）	9. 原创 10. 原创 11. 原创 12. 腾讯视频
五、促成交易		13. 销售成交流程设计（视频）	13. 腾讯视频

续表

项　　目	资　　源	类　　型	来源备注
六、交易善后		14. 接待退货客户（视频）	14. 腾讯视频
七、团队管理		15. 雪狼团队猎鸟（视频）	15. 腾讯视频

　　注：以上资源需先关注微信公众号"渔夫生意精"（yufu＿1919）免费获取，或扫描二维码

 关注。部分视频来自网络。

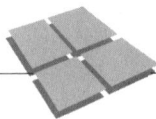

参考文献

1. 赵柳村. 推销与谈判实务[M]. 2 版. 广州：暨南大学出版社，2014.

2. 孙绍年. 商务谈判理论与实务[M]. 北京：清华大学出版社，北京交通大学出版社，2007.

3. 兰松生，等. 商务谈判理论与实务[M]. 长沙：湖南师范大学出版社，2012.

4. 李品媛. 商务谈判——理论、实务、案例、实训[M]. 北京：高等教育出版社，2010.

5. [德]尤塔·波特纳. 哈佛双赢谈判准则与技巧[M]. 马博磊，等译. 北京：北京时代华文书局，2017.

6. [美]杰伊·康拉德·莱文森，唐纳德·韦恩·亨顿. 游击谈判[M]. 陈芳芳，译. 北京：当代世界出版社，2015.

7. 王军旗. 商务谈判理论、技巧与案例[M]. 4 版. 北京：中国人民大学出版社，2014.

8. 赵柳村. 电话销售十步到位[M]. 北京：中国财富出版社，2015.

9. 尹彬. 现代推销技术[M]. 北京：高等教育出版社，2007.

10. 毕思勇. 推销技术[M]. 2 版. 北京：高等教育出版社，2015.

11. 庞如春，岳元峰. 现代推销技术[M]. 2 版. 北京：高等教育出版社，2012.

12. 王丽丽. 商务能力教程[M]. 2 版. 北京：高等教育出版社，2014.

13. 曹明元. 电话销售能力训练[M]. 北京：高等教育出版社，2014.

14. 郭奉元，黄金火. 现代推销技术[M]. 北京：高等教育出版社，2005.

15. 李智贤. 电话销售中的拒绝处理[M]. 北京：机械工业出版社，2011.

16. [美]迈克尔·唐纳森，米尼·唐纳森. 如何进行商务谈判[M]. 张建，等译. 北京：企业管理出版社，2000.

17. 张晓青. 现代推销实务[M]. 上海：上海财经大学出版社，2018.

18. 钟立群. 现代推销技术[M]. 北京：电子工业出版社，2006.

19. 蒋平. 现代推销技术[M]. 北京：中国原子能出版社，2013.

20. 王春凤，曹薇，范玲俐. 客户关系管理[M]. 上海：上海交通大学出版社，2016.

21. 张德. 人力资源开发与管理[M]. 北京：清华大学出版社，2007.

22. 加里·德斯勒. 人力资源管理[M]. 12 版. 北京：中国人民大学出版社，2014.

23. 龙立荣. 人员测评的理论与技术[M]. 武汉：武汉大学出版社，2009.